Springer-Lehrbuch

Michael Amberg · Freimut Bodendorf ·
Kathrin M. Möslein

Wertschöpfungsorientierte Wirtschaftsinformatik

Springer

Prof. Dr. Michael Amberg
Universität Erlangen-Nürnberg
Institut für Wirtschaftsinformatik (WIN)
Lehrstuhl Wirtschaftsinformatik III
Lange Gasse 20
90403 Nürnberg
Deutschland
amberg@wiso.uni-erlangen.de

Prof. Dr. Freimut Bodendorf
Universität Erlangen-Nürnberg
Institut für Wirtschaftsinformatik (WIN)
Lehrstuhl Wirtschaftsinformatik II
Lange Gasse 20
90403 Nürnberg
Deutschland
bodendorf@wiso.uni-erlangen.de

Kathrin M. Möslein
Universität Erlangen-Nürnberg
Institut für Wirtschaftsinformatik (WIN)
Lehrstuhl Wirtschaftsinformatik I
Lange Gasse 20
90403 Nürnberg
Deutschland
moeslein@wiso.uni-erlangen.de

ISSN 0937-7433
ISBN 978-3-642-16755-3   e-ISBN 978-3-642-16756-0
DOI 10.1007/978-3-642-16756-0
Springer Heidelberg Dordrecht London New York

Die Deutsche Nationalbibliothek verzeichnet diese Publikation in der Deutschen Nationalbibliografie; detaillierte bibliografische Daten sind im Internet über http://dnb.d-nb.de abrufbar.

© Springer-Verlag Berlin Heidelberg 2011
Dieses Werk ist urheberrechtlich geschützt. Die dadurch begründeten Rechte, insbesondere die der Übersetzung, des Nachdrucks, des Vortrags, der Entnahme von Abbildungen und Tabellen, der Funksendung, der Mikroverfilmung oder der Vervielfältigung auf anderen Wegen und der Speicherung in Datenverarbeitungsanlagen, bleiben, auch bei nur auszugsweiser Verwertung, vorbehalten. Eine Vervielfältigung dieses Werkes oder von Teilen dieses Werkes ist auch im Einzelfall nur in den Grenzen der gesetzlichen Bestimmungen des Urheberrechtsgesetzes der Bundesrepublik Deutschland vom 9. September 1965 in der jeweils geltenden Fassung zulässig. Sie ist grundsätzlich vergütungspflichtig. Zuwiderhandlungen unterliegen den Strafbestimmungen des Urheberrechtsgesetzes.
Die Wiedergabe von Gebrauchsnamen, Handelsnamen, Warenbezeichnungen usw. in diesem Werk berechtigt auch ohne besondere Kennzeichnung nicht zu der Annahme, dass solche Namen im Sinne der Warenzeichen- und Markenschutz-Gesetzgebung als frei zu betrachten wären und daher von jedermann benutzt werden dürften.

Einbandentwurf: WMXDesign GmbH, Heidelberg

Gedruckt auf säurefreiem Papier

Springer ist Teil der Fachverlagsgruppe Springer Science+Business Media (www.springer.com)

Vorwort

Wertschöpfungsorientierte Wirtschaftsinformatik – warum? Lange galt Informationstechnologie (IT) als zunächst unterstützend, begleitend und endlich auch ermöglichend – letztlich dennoch bestenfalls als „Sekundäraktivität" unternehmerischer Wertschöpfung im Sinne der Wertschöpfungskette Michael Porters. „You can see computing everywhere but in the productivity statistics", betonte Robert M. Solow bereits 1987 und verwies damit auf das sog. „Produktivitätsparadoxon der IT". Handelte es sich um ein Faktum? Um eine statistische Illusion? Oder ein Phänomen der Zeit? In seinem aufsehenerregenden Buch *„Does IT Matter?"* aus dem Jahr 2004 stellt Nicholas G. Carr in Frage, ob IT einen langfristigen Beitrag zur Wettbewerbsdifferenzierung und damit zum Geschäftserfolg eines Unternehmens leisten kann. Seither hat sich eine lebhafte Diskussion entwickelt, wie IT – über ihre Unterstützungs- und Ermöglichungsfunktion hinaus – direkt und messbar zum Erfolg von Organisationen beitragen kann. Inzwischen aber hat sich IT längst zu einem eigenständigen Treiber der Wertschöpfung entwickelt und ihr revolutionäres Potenzial dabei noch lange nicht ausgespielt.

„Gegenstand der Wirtschaftsinformatik (WI) sind Informations- und Kommunikationssysteme (IKS) in Wirtschaft und öffentlicher Verwaltung", macht Peter Mertens unter dem Titel *„Was ist Wirtschaftsinformatik?"* (www.wirtschaftsinformatik.de) deutlich und positioniert gemeinsam mit seinen Kollegen die Wirtschaftsinformatik als interdisziplinäres Fach zwischen Betriebswirtschaftslehre (BWL) und Informatik mit klarem Gestaltungsanspruch (Mertens et al. 2010). Diesem Verständnis folgt das vorliegende Buch und setzt den Fokus bewusst auf den Aspekt der Wertschöpfung durch IT. Die diesem Buch zugrunde liegende Konzeption wurde über mehrere Jahre in Lehrveranstaltungen an der Friedrich-Alexander-Universität Erlangen-Nürnberg entwickelt, erprobt und kontinuierlich ausgebaut. Gemeinsam mit unseren Studierenden der Nürnberger Wirtschaftsinformatik (WIN) wollen wir diese Wertschöpfungsorientierung der Wirtschaftsinformatik weiter explorieren und innovative Wertschöpfungsstrategien für Zukunftsmärkte mitgestalten. Insbesondere aus didaktischen Gründen ist das vorliegende Lehrbuch daher wie folgt strukturiert:

Der Einstieg über das ***„Projektmanagement"*** und ***„Technologiemanagement"*** führt in Kontext und Handlungsrahmen ein. Er fokussiert als greifbaren ersten Schritt die zentrale Organisationsform in der Wertschöpfungsgestaltung durch IT heute vielfach stattfindet – das *Projekt*, bevor im zweiten Schritt die *Technologie* mit ihren Entwicklungspfaden und Lebenszyklen aus Managementperspektive beleuchtet wird.

Im Zentrum stehen das *„Prozessmanagement"* und *„Service Management"*. Hier wird der betriebswirtschaftliche *Prozess* als Kristallisationskern unternehmerischer Wertschöpfung anfangs eingeführt und behandelt. Dies ermöglicht im nächsten Schritt *Dienstleistungen* und ihr Management in den Blickpunkt zu rücken: Als Leistungen mit Prozesscharakter stellen sie heute bereits die dominierende Klasse von Wertschöpfungsaktivitäten hoch entwickelter Volkswirtschaften dar.

Darauf aufbauend richtet sich die Betrachtung abschließend auf das *„Innovationsmanagement"* und *„Wertschöpfungsmanagement"* als die Zieldimensionen wertschöpfungsorientierter Gestaltung. Hierbei wird *Innovation* als Prozess und Resultat der Gestaltung des Neuen eingeführt. Die Diskussion des Managements der *Wertschöpfung* und seiner zentralen Koordinationsformen öffnet schließlich den Blick für die Notwendigkeit innovativer Wertschöpfungsstrategien in Unternehmen und Märkten.

Das Ziel dieses Lehrbuchs ist es, eine konzentrierte und systematische Einführung in die Wirtschaftsinformatik aus Wertschöpfungsperspektive zu liefern sowie zur wertschöpfungsorientierten Gestaltung anzuregen. Ein besonderes Anliegen ist es dabei, durchgängig einen konkreten und nachvollziehbaren Praxisbezug der Inhalte bereits für Bachelorstudierende im ersten Studiensemester herzustellen. Dazu dienen vor allem kurze Praxisbeispiele, die Anwendungen in Unternehmen und Märkten aufzeigen und Erfahrungen illustrieren. Das Buch richtet sich primär an die Studierenden in den wirtschaftswissenschaftlichen Bachelorstudiengängen der Friedrich-Alexander-Universität Erlangen-Nürnberg und stellt die Basisliteratur für die dortige Lehrveranstaltung „Grundlagen des E-Business" dar. Darüber hinaus möge es auch Studierende anderer Hochschulen und an Wirtschaftsinformatik Interessierte im Allgemeinen ansprechen. Das Buch ist dabei so angelegt, dass es in Kombination mit dem nun in der 10. Auflage vorliegenden Standardwerk *„Grundzüge der Wirtschaftsinformatik"* (Mertens et al. 2010), dessen Anlage konsequent auf die Darstellung integrierter Anwendungssysteme ausgerichtet ist, in der Lehre Einsatz finden kann. Querverweise erfolgen daher bewusst.

Viele haben zum Entstehen dieses Buches in seiner aktuellen Form beigetragen: Allen Studierenden der Nürnberger Wirtschaftsinformatik, die sich in den letzten Jahren an unseren Lehrveranstaltungen in großer Zahl und mit großem Engagement beteiligt haben, gilt unser Dank für ihr konstruktives Feedback zu den früheren Skriptversionen und ihre Geduld beim Warten auf das

Lehrbuch. Ein herzlicher Dank geht an die Teams der Nürnberger Lehrstühle für Wirtschaftsinformatik 1, 2 und 3, die bei der Unterstützung der Lehrveranstaltungen und in der Entstehung dieses Buches schon fast zu einem Team zusammengewachsen sind. Ganz besonderer Dank aber gilt unseren Mitarbeitern Hinnerk Brügmann, Christiane Rau, Bianca Vogel und Dr. Martin Wiener, die verschiedene Fassungen des Manuskripts unermüdlich kritisch gelesen, die redaktionelle Gestaltung des Buchs übernommen und uns zur Einhaltung des Zeitplans motiviert haben. Danken möchten wir auch unseren studentischen Hilfskräften Marlies Wachmeier und Paulina Lewandowski, die die Abbildungen überarbeitet, das Manuskript redigiert und die Literaturangaben überprüft haben. Ein herzliches Dankeschön geht auch an Herrn Werner Müller und Herrn Christian Rauscher, denn der Professionalität, Flexibilität und konsequenten Unterstützung des Springer-Verlags ist es schließlich zu verdanken, dass dieses Buchprojekt so rasch und unkompliziert zum Wohle der Studierenden realisiert werden konnte und sich als „lebendes Buch" in den nächsten Jahren schrittweise weiterentwickeln darf.

Alle Leser möchten wir daher ermuntern, an der Fortentwicklung des Buches mitzuwirken. Senden Sie uns Ihre Kommentare und Verbesserungsvorschläge, entwickeln Sie Ideen, Fallstudien und Zukunftskonzeptionen zur wertschöpfungsorientierten Wirtschaftsinformatik. Wir freuen uns über jeden Ihrer Beiträge!

Nürnberg, im Juni 2010

Prof. Dr. Michael Amberg
Prof. Dr. Freimut Bodendorf
Prof. Dr. Kathrin M. Möslein

autoren@wi.uni-erlangen.de

Inhaltsverzeichnis

Vorwort V

1 Projektmanagement 1
   1.1 Grundlagen 1
       1.1.1 Arten von Projekten 4
       1.1.2 Rollen in Projekten 5
       1.1.3 Organisation von Projekten 6
   1.2 Terminplanung 10
       1.2.1 Methode der Auflistung 10
       1.2.2 Balkendiagramm-Methode 11
       1.2.3 Netzplantechnik 12
   1.3 Aufwandsschätzung 13
       1.3.1 Algorithmische Methoden 13
       1.3.2 Vergleichsmethoden 14
       1.3.3 Kennzahlenmethoden 16
       1.3.4 Expertenbefragung 17
   1.4 Wirtschaftlichkeits- und Rentabilitätsplanung 17
       1.4.1 Statische Investitionsrechnung 18
       1.4.2 Dynamische Investitionsrechnung 19
       1.4.3 Nutzwertanalyse 21
   1.5 Risikoanalyse 23
       1.5.1 Risikoidentifikation 23
       1.5.2 Risikobewertung 24
   1.6 Vorgehensmodelle 24
   1.7 Multiprojektmanagement 27
   1.8 Projektmanagement-Standards 28
Links 31
Lernkontrollfragen 31
Literatur 32

2 Technologiemanagement 33
   2.1 Grundlagen 33
   2.2 Lebenszyklus von Technologien 34
   2.3 Klassifikation von Technologien 37
       2.3.1 Internet-Technologien 38

            2.3.2 Mobile Kommunikationstechnologien 40
            2.3.3 Zukunftstechnologien 42
      2.4 Methoden des Technologiemanagements 43
            2.4.1 Erkennen von Technologien 44
            2.4.2 Auswählen und Bewerten von Technologien 51
Lernkontrollfragen 57
Literatur 57

3 Prozessmanagement 59
      3.1 Betriebswirtschaftliche Prozesse 59
      3.2 Strategisches Prozessmanagement 60
      3.3 Operatives Prozessmanagement 61
            3.3.1 Ist-Modellierungsphase 62
            3.3.2 Analysephase 63
            3.3.3 Soll-Modellierungsphase 63
            3.3.4 Implementierungsphase 64
            3.3.5 Ausführungsphase 65
            3.3.6 Controllingphase 65
      3.4 Modellierung von Prozessen 66
            3.4.1 Prozessfelder 67
            3.4.2 Erweiterte Ereignisgesteuerte Prozessketten 69
      3.5 Anwendungssysteme zur Prozessunterstützung 73
            3.5.1 Business-Process-Management-Systeme 73
            3.5.2 Geschäftsprozess-Portale 75
            3.5.3 Workflow-Management-Systeme 76
            3.5.4 Workgroup-Support-Systeme 79
            3.5.5 Dokumenten-Management-Systeme 80
            3.5.6 Webservices 81
Lernkontrollfragen 83
Literatur 83

4 Servicemanagement 85
      4.1 Ziele des Servicemanagements 85
      4.2 Merkmale einer Dienstleistung 86
      4.3 Phasenmodell des Servicemanagements 88
      4.4 Servicestrategie 88
      4.5 Serviceinnovation 89
      4.6 Service Engineering 89
      4.7 Serviceproduktion 91
            4.7.1 Überblick 91

   4.7.2 Unterstützungssysteme für Mitarbeiter 92
   4.7.3 Self-Service-Systeme für Kunden 94
   4.7.4 Mobile Services 96
   4.7.5 Automatisierte Services 97
  4.8 Serviceevaluation 97
  4.9 Beispiele 99
   4.9.1 Handel/E-Commerce 99
   4.9.2 Gütertransport 101
   4.9.3 Tourismus 103
   4.9.4 Bankenbereich 104
   4.9.5 Gesundheitswesen 106
Lernkontrollfragen 109
Literatur 110

5 Innovationsmanagement 111
  5.1 Innovation und Innovationsmanagement 111
  5.2 Open Innovation 115
   5.2.1 Grundlagen 116
   5.2.2 Werkzeuge 120
   5.2.3 Herausforderungen und Spannungsfelder 125
  5.3 Rolle der Information für Innovation und Innovationsmanagement 127
   5.3.1 Grundbegriff Information 127
   5.3.2 Grundlagen menschlichen Informationsverhaltens 131
   5.3.3 Information, Innovation und Unternehmertum 134
Links 134
Lernkontrollfragen 134
Literatur 135

6 Wertschöpfungsmanagement 137
  6.1 Organisation der Wertschöpfung 137
   6.1.1 Von der Wertschöpfungskette zu Wertschöpfungs-
      netzwerken 138
   6.1.2 Koordinationsformen der Wertschöpfung 142
  6.2 Einfluss der Informations- und Kommunikationstechnik 146
   6.2.1 „Move-to-the-Market" 146
   6.2.2 Digitalisierung 148
   6.2.3 Innovative Wertschöpfungsstrategien 151
Lernkontrollfragen 155
Literatur 155

Sachverzeichnis 157

1 Projektmanagement

Am Ende dieses Kapitels sollten Sie ...

... *wissen, welche Arten, Rollen und Organisationsformen beim Management von Projekten unterschieden werden können.*

... *Methoden der Terminplanung, Aufwandsschätzung, Wirtschaftlichkeits- und Rentabilitätsplanung und Risikoanalyse kennen.*

... *über verschiedene Vorgehensmodelle im Bilde sein, die den organisatorischen Rahmen für ein Projekt beschreiben.*

... *wesentliche Formen des Multiprojektmanagements sowie anerkannte Projektmanagement-Standards kennen.*

1.1 Grundlagen

Unter Projektmanagement versteht man die Gesamtheit von Führungsaufgaben, -strukturen, -techniken und -mitteln für die Initiierung, Definition, Planung, Steuerung sowie den Abschluss von Projekten. Das Projektmanagement hat für die heutige, von großen Veränderungen geprägte Wirtschaft und Gesellschaft eine große Bedeutung erlangt. Dabei lässt sich der Begriff Projektmanagement in die Unterbegriffe „Projekt" und „Management" teilen.

Nach DIN 69901[1] ist ein *Projekt* durch folgende Aspekte charakterisiert:
- einmaliges Vorhaben,
- vorgegebenes Ziel,
- zeitliche, finanzielle oder sonstige Begrenzungen,
- klare Abgrenzung zu anderen Vorhaben und
- projektspezifische Organisation.

Der zweite Unterbegriff *Management* leitet sich vom englischen Wort „to manage" ab und bedeutet wörtlich „bewältigen", „leiten" oder „verwalten". Es beschäftigt sich mit dem planvollen Führen von Menschen und der sinnvollen Nutzung von Ressourcen zur Erreichung eines bestimmten Ziels. Management kann sowohl als organisatorische Verankerung („ein Management haben") als auch als Prozess bzw. Führungsaufgabe („Management machen") verstanden

---

[1] DIN-Norm 69901, Deutsches Institut für Normung e.V.

werden. Management ist dabei keine einmalige Angelegenheit, sondern eine Abfolge von Maßnahmen, Entscheidungen und Kontrollen, die linear oder iterativ ablaufen kann. Die wichtigsten Aufgaben dabei sind Zielsetzung, Planung, Steuerung und Kontrolle sowie Führung.

Beim *Projektmanagement* handelt es sich um ein spezielles Leitungs- und Organisationskonzept, das dazu dient, Wissen, Fähigkeiten, Methoden und Techniken der Planung, Steuerung und Kontrolle anzuwenden, um die vereinbarten Projektziele zu erreichen. Die wesentlichen Merkmale des Projektmanagements sind:

- *Zielorientierung:* Projekte müssen ein spezifisches Ziel erreichen, wobei der Weg dorthin (meist) nur grob vorgegeben wird und häufig nicht klar erkennbar ist.
- *Auftragsdenken:* Die Projektmitglieder agieren weitgehend eigenverantwortlich und tun ihr Möglichstes, damit die Projektaufgabe erfüllt wird.
- *Ganzheitlichkeit:* Die integrierte Betrachtung und vollständige Behandlung einer konkreten Aufgabe wird angestrebt.
- *Teamarbeit:* Mitarbeiter sind häufig gemeinschaftlich an der Erreichung des Projektziels tätig.
- *Flache Hierarchien:* Durch kurze Informations- und Entscheidungswege werden eine flüssige Kommunikation sowie eine schnelle Reaktionszeit unterstützt.

Beispiel 1.1: Software-Vermarktungsprojekt

Die Bedeutung dieser Kriterien hinsichtlich des Projektverständnisses lässt sich am Beispielprojekt Marketingkampagne für ein neues Softwareprodukt verdeutlichen:

Projekt	*Software-Marketingkampagne*
Ziel	Aufmerksamkeit für ein neues Softwareprodukt schaffen
Zeitliche Begrenzung	Drei Monate bis zum Software-Launch
Finanzielle Begrenzung	Budget von 500.000 €
Sonstige Begrenzungen	Deutschsprachige Märkte (DACH)
Abgrenzung zu anderen Vorhaben	z. B. Softwaredesign und -entwicklung
Projektspezifische Organisation	Marketingmitarbeiter aus DACH-Länderorganisationen arbeiten temporär zusammen

Das Management eines Projekts unterliegt den unterschiedlichsten Einflüssen und ist typischerweise ein permanenter Entscheidungsprozess, bei dem man

1.1 Grundlagen

versucht, ein möglichst gutes Ergebnis in möglichst kurzer Zeit zu möglichst geringen Kosten zu erreichen. Die Abwicklung eines Projekts sollte demnach sachgerecht (Quantität und Qualität), termingerecht (Zeit) und kostengerecht (Kosten) sein. Dabei tritt häufig ein Ziel-Mittel-Konflikt auf, was anhand einer als magisches Dreieck bezeichneten Abbildung verdeutlicht wird (siehe Abb. 1.1). Das Dreieck hat an seinen Ecken die drei Parameter: Zeit – Kosten – Quantität & Qualität. „Zieht" man an einer Ecke dieses Dreiecks, so beeinflusst dies unmittelbar die Position der anderen Ecken. Beispielsweise kann man die Entwicklungszeit eines neuen Produktes verkürzen. Dies hat allerdings häufig einen Anstieg der Entwicklungskosten und/oder ein Absinken der Produktqualität zur Folge.

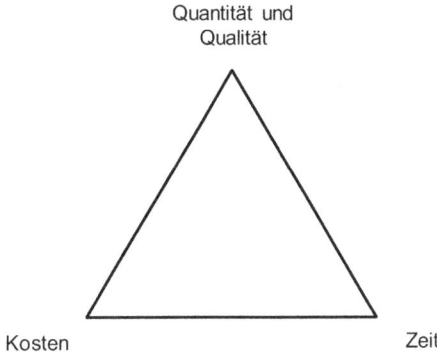

Abb. 1.1: Das magische Dreieck

Des Weiteren spielen die Begriffe „Prozess" und „Produkt" im Zusammenhang mit dem Projektmanagement eine wichtige Rolle. Wie Abb. 1.2 zeigt, stehen zu Beginn eines Projekts die Idee und die Formulierung des Projektziels, das z. B. die Erstellung eines auftragsgerechten Softwareprodukts sein kann. Hierfür ist in einem geordneten Projektablauf (= Prozess, siehe hierzu auch Kapitel 3) die Projektaufgabe zu bewältigen.

Ein *Produkt* bezeichnet ein Erzeugnis oder Ergebnis einer Tätigkeit und damit den Output eines Projekts. Produkte müssen nicht zwangsläufig materielle Sachgüter sein, sondern können auch Dokumente, Programme oder Dienstleistungen darstellen. Wichtigste Eigenschaft eines Produkts ist, dass es eine Beschaffenheit aufweist, die für den Kunden von Nutzen ist.

Ein *Prozess* kennzeichnet das eigentliche Vorgehen im Projekt zur Erstellung des Produkts. Zur Zielerreichung notwendige Aktivitäten werden zu Arbeitspaketen gebündelt und in definierte Abläufe eingeordnet. Dabei werden die notwendigen Vorgaben und die zu erreichenden Ergebnisse bindend festgelegt. Bestimmte Phasenenden (Meilensteine) werden als Entscheidungspunkte festgesetzt, die dazu dienen, den Entwicklungsprozess anhand einer Soll/Ist-Abfrage zu steuern. Der Strukturierungsgrad der Projekteinteilung in Abschnitte und Phasen, die klar umgrenzte Arbeitsinhalte haben, sollte mit steigender Projektgröße zunehmen (siehe hierzu auch Kapitel 3).

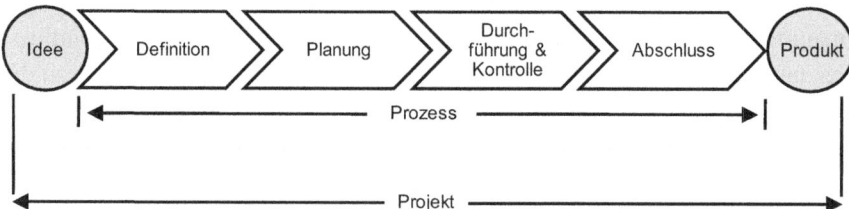

Abb. 1.2: Einordnung von Prozess und Produkt im Projektmanagement (Burghardt 2006)

1.1.1 Arten von Projekten

Zur Klassifizierung von Projekten werden häufig die folgenden Kriterien herangezogen:

- Projektdauer,
- Projektgröße und
- Projekttyp.

Projekte können eine *Dauer* von wenigen Monaten bis zu mehreren Jahren haben. Zu kürzeren Projekten zählen z. B. kleinere Studien und die Entwicklung einfacher Softwarewerkzeuge. Ein eher langfristiges Projekt ist beispielsweise die Einführung einer Enterprise Resource Planning (ERP)-Software (vgl. Abschnitt 3.5.1).

Projekte können auch nach ihrer *Größe* klassifiziert werden. Eine mögliche Einteilung orientiert sich an der Zahl der beteiligten Mitarbeiter. Sehr kleine Projekte haben weniger als drei Mitarbeiter, Projekte mittlerer Größe zehn bis 50 Mitarbeiter und sehr große Projekte mehr als 150 Mitarbeiter. Auch eine Einteilung nach Personenjahren ist möglich. Ein sehr kleines Projekt hat dann etwa 0,5 Personenjahre, ein mittleres fünf bis 50 Personenjahre und ein sehr großes mehr als 150 Personenjahre.

Hinsichtlich des *Typs* von Projekten lassen sich wiederum verschiedene Untergruppen bilden. Grundlegende Projektarten in Unternehmen sind:

- *Forschungs- und Entwicklungsprojekte* zielen auf die Entwicklung innovativer Ideen und Konzepte für bereits bestehende oder neue Produkte ab.
- *Rationalisierungsprojekte* dienen der Verbesserung bestehender Abläufe und Strukturen.

1.1 Grundlagen

- *Projektierungsprojekte* bereiten z. B. die Einführung eines unternehmensübergreifenden IT-Systems vor.
- *Vertriebsprojekte* beschäftigen sich mit der gezielten Ansprache von (Groß-)Kunden.
- *Betreuungsprojekte* befassen sich beispielsweise mit der Wartung und Unterstützung der Anwender von IT-Verfahren, Hardware- und Softwaresystemen sowie technischen Anlagen.
- *Dienstleistungsprojekte* sind insbesondere in der IT-Branche weit verbreitet. Dazu zählen unter anderem die Auslagerung von kompletten IT-Geschäftsprozessen an spezialisierte Anbieter oder die Integration von Standardsoftware.

1.1.2 Rollen in Projekten

Im Rahmen der Projektorganisation werden verschiedene Rollen definiert. Eine Schlüsselfigur ist dabei der/die Projektleiter/in. Dieser agiert an der Schnittstelle zwischen den Projektauftraggebern und -kunden sowie den internen und externen Projektmitgliedern. Grundsätzlich kann man folgende Projektrollen unterscheiden:

- Beim *Projektleiter* wird die Verantwortung für das Projekt gebündelt. Durch ihn werden klare und eindeutige Informations- und Entscheidungswege geschaffen.
- Die *Teilprojektleiter* arbeiten dem Projektleiter zu und übernehmen ihrerseits mitunter größere Teilaufgaben. Zwischen Projektleiter und Teilprojektleiter kann ein Auftraggeber-Auftragnehmer-Verhältnis bestehen, wobei der Teilprojektleiter für die von ihm übernommene Aufgabe die Verantwortung trägt.
- Die *Projektmitarbeiter* arbeiten dem (Teil-)Projektleiter zu und verantworten ihrerseits kleinere Teilaufgaben.
- Der *Sponsor* ist Auftraggeber, Förderer und/oder finanzieller Unterstützer des Projekts.
- Die *Anwender* sind Kunden und Leistungsberechtigte des Projektergebnisses.

Die Kenntnisse und Fähigkeiten, über die Projektmitglieder grundsätzlich verfügen sollen, werden oft differenziert betrachtet. Gebräuchlich ist eine Unterteilung in Fach-, Methoden-, Führungs- und Persönlichkeitskompetenz:

- *Fachkompetenz:* technische und kaufmännische Fachkenntnisse, Kenntnisse über das Unternehmen bzw. die Organisationseinheit

- *Methodenkompetenz:* Kenntnis von Projektmanagementmethoden, Organisationsfähigkeit, Improvisationsfähigkeit
- *Persönlichkeitskompetenz:* Teamfähigkeit, Kontaktfreudigkeit, Flexibilität, Lernbereitschaft
- *Führungskompetenz:* Führungserfahrung, Motivationsfähigkeit, Kommunikations- und Informationsfähigkeit, Fähigkeit zur Konfliktregelung, Entscheidungsfreudigkeit

1.1.3 Organisation von Projekten

Bei der Organisation von Projekten lassen sich die Aufbau- und Ablauforganisation unterscheiden. Diese stehen in einem Abhängigkeitsverhältnis zueinander und betrachten die gleichen Objekte aus verschiedenen Blickwinkeln. Während sich die Aufbauorganisation mit der Bildung von organisatorischen Potenzialen beschäftigt, wird der Prozess zur Nutzung dieser Potenziale in der Ablauforganisation bestimmt.

Aufbauorganisation

Innerhalb eines Projekts arbeiten häufig Mitarbeiter aus verschiedenen Unternehmensbereichen zusammen an neuartigen Aufgabenstellungen. Um Konflikte auf Führungs- und/oder Sachebene zu vermeiden, bietet sich der Einsatz spezieller Aufbaustrukturen an. Diese müssen sowohl die Stabilität als auch die Flexibilität des Projekts sicherstellen. Unter Stabilität ist dabei ein festgelegter Rahmen an Regelungen und Strukturen zu verstehen, der den Projektablauf vereinheitlicht und somit transparenter, beherrschbarer und leistungsfähiger macht. Jedoch muss die vorgegebene Struktur auch flexibel genug sein, um auf unvorhergesehene Ereignisse und neue Anforderungen reagieren zu können.

Klassischerweise werden in der Literatur folgende drei Formen von Aufbauorganisationen unterschieden:

- Reine Projektorganisation,
- Einfluss-Projektorganisation und
- Matrix-Projektorganisation.

Diese Projektstrukturen grenzen sich vor allem hinsichtlich der Form der Zusammenarbeit der beteiligten Unternehmensbereiche sowie der Kompetenz- und Verantwortungsverteilung voneinander ab.

Bei der *reinen Projektorganisation* wird für das Projekt eine zeitlich befristete, eigenständige Organisation gebildet, die der Projektleiter führt. Die Teammitglieder werden aus unterschiedlichen Unternehmensbereichen für die Dauer des Projekts dort angesiedelt und sind dem Projektleiter unterstellt

1.1 Grundlagen

(vgl. Abb. 1.3). Dieser verfügt über alle Projektressourcen und trägt die Verantwortung für den erfolgreichen Abschluss des Projekts. Das hat den Vorteil, dass sich alle Mitarbeiter vollständig auf die Projektaufgabe konzentrieren können. Des Weiteren besteht durch die klar definierten Hierarchien eine eindeutige Weisungskette, was die Reaktionsfähigkeit erhöht und eine straffe Führung ermöglicht. Jedoch gestaltet sich die Wiedereingliederung der Mitarbeiter in die Unternehmensbereiche nach Projektende oftmals schwierig. Besonders geeignet ist die reine Projektorganisation für umfangreiche Projekte, die nur wenige Bezugspunkte zu anderen Tätigkeiten des Unternehmens haben, wie beispielsweise die Entwicklung eines vollkommen neuen Produkts.

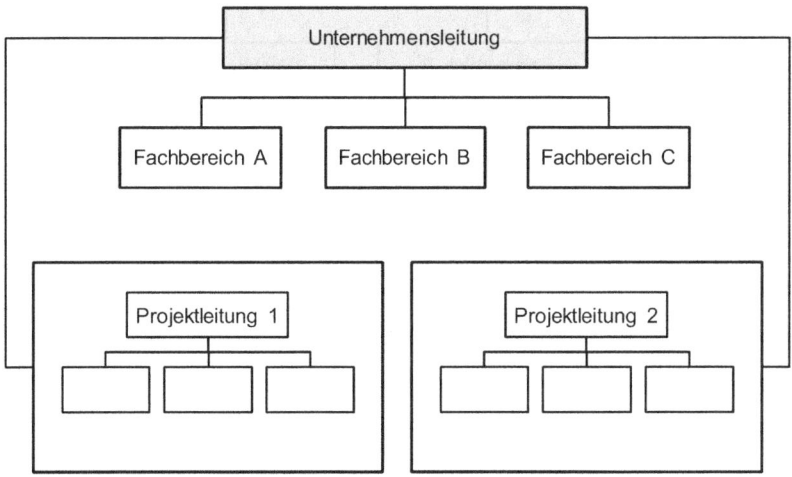

Abb. 1.3: Reine Projektorganisation

Die *Einfluss-Projektorganisation*, auch Stabs-Projektorganisation genannt, ist die schwächste Form der Projektstrukturierung. Die Projektmitarbeiter bleiben hier vollständig ihren bisherigen Vorgesetzten unterstellt (vgl. Abb. 1.4). Der Projektleiter ist ihnen gegenüber nicht weisungsberechtigt, sondern hat lediglich eine beratende und berichtende Funktion. Damit ist er für die Information der Entscheider und die Qualität der vorgeschlagenen Maßnahmen verantwortlich. Vorteilhaft an dieser Art der Projektorganisation ist, dass Mitarbeiter in verschiedenen Projekten gleichzeitig eingesetzt werden können und somit mehr Flexibilität hinsichtlich des Personaleinsatzes besteht. Auch der Austausch von Erfahrungen wird erleichtert. Nachteilig wirkt sich aus, dass es keinen klaren Verantwortlichen für das Projekt gibt und sich die Kommunikation über die Abteilungsgrenzen hinweg oft schwierig gestaltet. Auch die

Reaktionsgeschwindigkeit bei Problemen ist geringer als in anderen Strukturen, da die Vorgesetzten der einzelnen Abteilungen sich nicht exklusiv mit dem Projekt befassen. Die Einfluss-Projektorganisation bietet sich aufgrund ihrer Eigenschaften besonders für kleinere Projekte an.

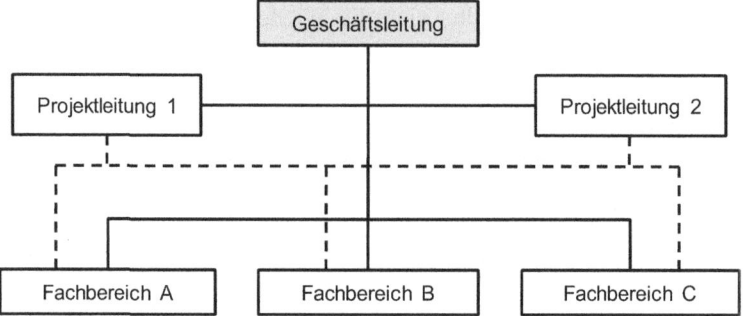

Abb. 1.4: Einfluss-Projektorganisation

Im Rahmen der *Matrix-Projektorganisation* werden die Projektmitarbeiter aus ihrem Unternehmensbereich in das Projekt delegiert und dem Projektleiter fachlich unterstellt (vgl. Abb 1.5). Disziplinarisch bleiben sie jedoch ihrem eigentlichen Vorgesetzten zugeordnet. Der Begriff Matrix bedeutet also, dass die vertikale Organisationsstruktur (Fachbereiche) von der horizontalen Projektstruktur überlagert wird. Der Projektleiter trägt dabei als Gesamtkoordinator die Verantwortung für die Planung, Steuerung und Kontrolle des Projekts

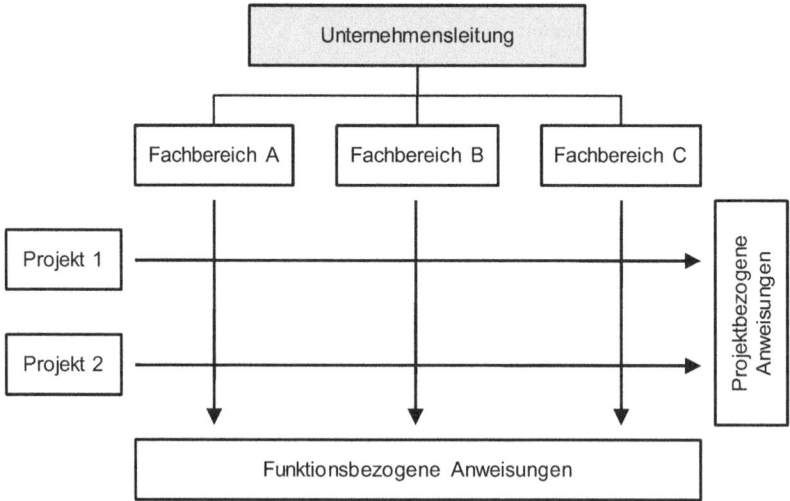

Abb. 1.5: Matrix-Projektorganisation

("Was muss getan werden?"). Die Teammitglieder sind für die fachliche Durchführung zuständig ("Wie muss es getan werden?"). Diese Situation birgt ein hohes Konfliktpotenzial, da Führungskräfte zum Teil eine Beschneidung ihrer Einflussmöglichkeiten fürchten. Vorteile der Matrix-Projektorganisation sind, dass die Koordination verschiedener Interessen sowie eine ganzheitliche Betrachtung begünstigt werden. Dem gegenüber stehen ein hoher Aufwand bezüglich Personal und Organisation, die Gefahr von Kompetenzstreitigkeiten sowie hohe Ansprüche an die Kommunikationsfähigkeit, Informationsbereitschaft und Kompetenz der Mitarbeiter. Damit ist die Matrix-Projektorganisation die aufwendigste Form der Projektstrukturierung.

Ablauforganisation

Um die Komplexität eines Projekts zu reduzieren, kann der Projektablauf in verschiedene Phasen eingeteilt werden. Dabei werden die Schnittstellen zwischen den Phasen präzise definiert und mit einem sog. Meilenstein, einem angestrebten Ergebniszwischenstand, gekennzeichnet. Der Ablauf eines Projekts kann, wie in Abb. 1.2 gezeigt wird, in die Phasen

- Projektdefinition,
- Projektplanung,
- Projektdurchführung und -kontrolle sowie
- Projektabschluss

gegliedert werden.

In der Phase der *Projektdefinition* werden die Grundlagen für die nachfolgende Projektplanung geschaffen. Dies umfasst die Gründung des Projekts, die Definition des Projektziels, die Organisation des Projekts sowie des Prozesses.

Die *SMART-Regel* nach Drucker (1954) bildet eine gute Hilfestellung, Ziele für ein konkretes Projekt geeignet zu definieren. Ziele sind besonders geeignet, wenn folgende Merkmale erfüllt sind:

- *S*pezifisch: Ziele müssen klar verständlich und eindeutig sein. Alle Beteiligten müssen wissen, was von ihnen erwartet wird.
- *M*essbar: Ziele müssen messbar sein. Man muss erkennen können, ob und inwieweit Fortschritte gemacht wurden und woran man den Zeitpunkt der Zielerreichung erkennen kann.
- *A*usführbar: Ziele müssen eigenständig erreichbar sein, da realistische Ziele die Motivation und Erfolgswahrscheinlichkeit erhöhen.
- *R*elevant: Ziele müssen ein wichtiges Instrument zum Erreichen der Vorgaben und Aufgaben sein.
- *T*erminiert: Ziele müssen einen festgelegten Anfangs- und Endpunkt haben.

Die *Projektplanung* erarbeitet die Vorgaben für die Projektdurchführung und -kontrolle. Bei der Erstellung des Detailkonzepts empfiehlt es sich, eine Gliederung in Arbeitspakete vorzunehmen. Vorteile kleiner Arbeitspakete sind im Wesentlichen die klare Abgrenzung der Aufgaben zueinander, die Zuweisung eindeutiger Verantwortlichkeiten sowie der überschaubare Aufwand.

Nach erfolgter Projektplanung beginnt die eigentliche *Projektdurchführung*, begleitet von der *Projektkontrolle*. Dazu gehören unter anderem die Aufgabenbereiche Terminkontrolle, Aufwands- und Kostenkontrolle, Fortschrittskontrolle, Qualitätssicherung, Projektdokumentation und Projektberichterstattung. Das Hauptelement dieser Phase ist der Soll/Ist-Vergleich, durch den Planabweichungen frühzeitig erkannt werden können. Abweichungen führen entweder zu einer Änderung der Planvorgaben oder zur Ergreifung geeigneter Maßnahmen innerhalb der Projektsteuerung.

Der *Projektabschluss* umfasst die Produktabnahme, die Projektabschlussanalyse, die Erfahrungssicherung und die Projektauflösung. Mit der Produktabnahme beginnt der Projektabschluss. Besonders wichtig in dieser Phase ist die Erfahrungssicherung für künftige Projekte. Neben „Lessons Learned" („Was war gut, was war schlecht?", „Wer hatte wann und womit Schwierigkeiten?") sollten Daten für die Bildung von Kennzahlen und den Aufbau eines Kennzahlensystems gesammelt werden. Der letzte Schritt im Projektmanagementprozess ist die Projektauflösung. Mit diesem eindeutigen Endpunkt und letzten Meilenstein werden die Projektmitarbeiter in neue Arbeitsgebiete überführt und die im Projekt gebundenen Ressourcen neuen Projekten zugeteilt.

1.2 Terminplanung

Im Kontext des Projektmanagements gibt es verschiedene Arten von Terminen. Neben Anfangs- und Endterminen werden auch Stichtage und Meilensteine betrachtet. Die Terminplanung hat die Schätzung der Zeitdauer aller Elemente des Projektablaufs zum Ziel. Dazu können Verfahren wie die Methode der Auflistung, die Balkendiagramm-Methode oder die Netzplantechnik eingesetzt werden.

1.2.1 Methode der Auflistung

Im Rahmen der Terminplanung kann das Projekt anhand der Methode der Auflistung strukturiert werden. Wie in Beispiel 1.2 dargestellt, werden hierbei die durchzuführenden Aktivitäten festgelegt und zusammen mit dem Verantwortli-

1.2 Terminplanung

chen bzw. den Beteiligten wie auch den angestrebten Ergebnissen und Terminen tabellarisch festgehalten.

Die Auflistung folgt den Fragen:

- Was? (Aktivität/Ergebnis)
- Macht wer? (Verantwortlicher)
- Mit wem? (Beteiligte)
- Bis wann? (Termin)

Beispiel 1.2: Auflistungsmethode

Ein Unternehmen plant, eine Werbeagentur mit der Erstellung einer neuen *Homepage* zu beauftragen. Hierzu soll zunächst eine Ausschreibung in Form eines (internen) Projekts durchgeführt werden. Projektziel ist, eine Entscheidungsvorlage für die Unternehmensleitung zu erarbeiten. Diese beauftragt Frau Müller mit der Projektdurchführung und teilt ihr hierfür zwei Mitarbeiter (Frau Stark und Herrn Weiß) zu

Aktivität	Ergebnis	Verantwortlicher	Beteiligte	Termin
Projektbeschreibung erstellen	Projektprofil	Frau Müller	Herr Weiß	Ende KW 1
Potenzielle Internet-Agenturen anfragen	Empfängerliste	Frau Stark	-	Ende KW 2
Ausschreibungsunterlagen erstellen und versenden	Request for Proposal (RfP)-Dokument	Frau Müller	Frau Stark, Herr Weiß	Ende KW 4
Angebote einholen	Angebotsdokumente	Frau Stark	-	Ende KW 7
Angebote auswerten	Entscheidungsvorlage	Frau Müller	Frau Stark, Herr Weiß	Ende KW 10

1.2.2 Balkendiagramm-Methode

Eine weitere Methode zur Terminplanung ist das Balkendiagramm. Es stellt die geplante Zeitdauer pro Aktivität (oder Arbeitspaket) als Balken dar (vgl. Abb. 1.6). Beim Balkendiagramm werden auf einer Zeitachse die einzelnen Aktivitäten abgetragen. Dabei kann man den Bearbeitungsstand am Balken vermerken. Durch eine entsprechende Farbgebung der Balken kann auch die Verknüpfung der einzelnen Aktivitäten untereinander oder deren Bearbeitungsstatus kenntlich gemacht werden.

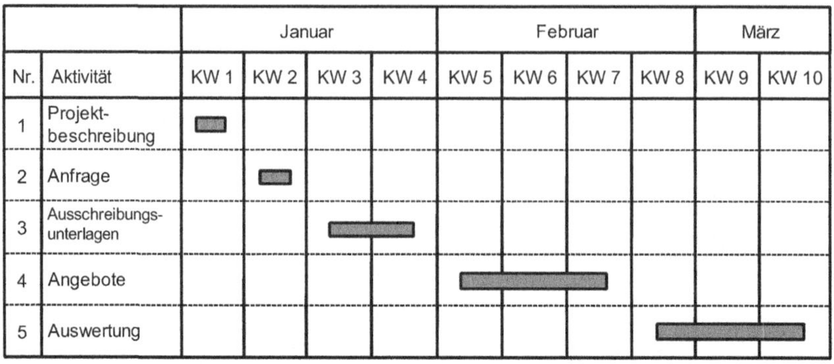

		Januar				Februar				März	
Nr.	Aktivität	KW 1	KW 2	KW 3	KW 4	KW 5	KW 6	KW 7	KW 8	KW 9	KW 10
1	Projektbeschreibung	▬									
2	Anfrage		▬								
3	Ausschreibungsunterlagen			▬▬							
4	Angebote					▬▬▬					
5	Auswertung								▬▬▬		

Abb. 1.6: Balkendiagramm-Methode

1.2.3 Netzplantechnik

Die Netzplantechnik wurde zur Terminplanung von Großprojekten entwickelt und baut auf dem Projektstrukturplan auf. Während der Projektstrukturplan den Aufbau eines Projekts abbildet, stellt der Netzplan den Ablauf desselben dar. Die einzelnen Aktivitäten werden dabei grafisch als logische und zeitliche Aufeinanderfolge von Vorgängen angeordnet. Weiterhin werden die Aktivitäten der untersten Strukturebene in diverse Teilarbeitspakete zerlegt. Anschließend werden die Aufgaben innerhalb der Teilarbeitspakete und ihre Beziehungen zueinander so dargestellt, dass für jedes Arbeitspaket sog. Teilnetze entstehen (vgl. Abb. 1.7). Nach dieser analytischen Phase werden die einzelnen Teilnetze zu einem Gesamtnetzplan zusammengefügt. Bei kleineren Projekten kann dies mittels Spreadsheets (z. B. Microsoft Excel) geschehen. Für komplexere Netzpläne eignet sich eine Projektplanungssoftware (Drews u. Hillebrand 2007).

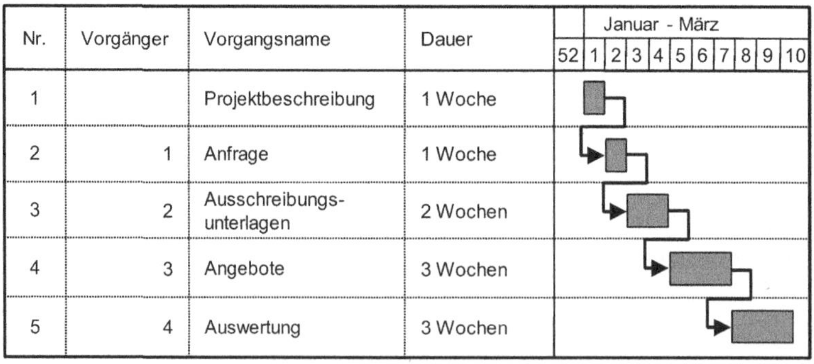

Nr.	Vorgänger	Vorgangsname	Dauer	Januar - März
				52 | 1 | 2 | 3 | 4 | 5 | 6 | 7 | 8 | 9 | 10
1		Projektbeschreibung	1 Woche	
2	1	Anfrage	1 Woche	
3	2	Ausschreibungsunterlagen	2 Wochen	
4	3	Angebote	3 Wochen	
5	4	Auswertung	3 Wochen	

Abb. 1.7: Netzplantechnik

1.3 Aufwandsschätzung

Durch die Aufwandsschätzung wird die Termin-, Kapazitäts- und Wirtschaftlichkeits- bzw. Rentabilitätsplanung unterstützt. Im Allgemeinen kann man algorithmische Methoden, Vergleichsmethoden und Kennzahlenmethoden unterscheiden. Eine weitere Methode zur Aufwandsschätzung ist die Expertenbefragung.

1.3.1 Algorithmische Methoden

Algorithmische Methoden verwenden immer eine mathematische Formel, die den zu erwartenden Aufwand von bestimmten Einflussgrößen ableitet. Zu den wichtigsten Ansätzen gehören die Gewichtungsmethode und die Methode der parametrischen Gleichungen.

Die *Gewichtungsmethode* basiert auf einem System an Faktoren, die den Aufwand bzw. die Kosten eines Projekts quantitativ beeinflussen. Dazu können sowohl objektive Faktoren (z. B. das Vorliegen bestimmter Bedingungen) als auch subjektive Faktoren (z. B. der Komplexitätsgrad) herangezogen werden. Die Bewertung geschieht nach entsprechenden Wertparametern, anhand derer ein Gesamtaufwand berechnet wird.

Beispiel 1.3: Gewichtungsmethode

Eine Gewichtungsmethode für die Schätzung des Aufwands eines Softwareentwicklungsprojekts ist die *IBM-Faktorenmethode*. Dabei werden folgende entwicklungsbestimmende Gewichtungsfaktoren (G) definiert:

- G_1: Anzahl der Formate bei Eingabe, Ausgabe und Änderung einer Softwarekomponente
- G_2: Art der Softwareverarbeitung (sprachabhängig)
- G_3: Problemkenntnisse der Programmierer
- G_4: Programmierfähigkeit der Programmierer
- G_5: Einfluss der projektintern und -extern verursachten Störungen auf den Arbeitsablauf
- Der Programmieraufwand A (in Personentagen) wird aus der Schätzgleichung $A = (G_1 + G_2) \times (G_3 + G_4)$ ermittelt. Für die voraussichtliche Programmierzeit T (in Tagen) ergibt sich $T = \frac{1}{n} \times A \times (1 + G_5)$, wobei n die Mitarbeiteranzahl darstellt. (Quelle: Burghardt 2006, S. 91)

Die *Methode der parametrischen Gleichungen* stellt einen mathematischen Zusammenhang zwischen monetär messbaren Einflussgrößen und dem daraus resultierenden Aufwand her. Dazu werden Daten aus abgeschlossenen Projekten herangezogen, wobei aus den Faktoren mit der höchsten Korrelation eine Gleichung erstellt wird. In dieser Gleichung wird der (positive oder negative) Einfluss eines jeden Faktors durch einen Koeffizienten beschrieben.

1.3.2 Vergleichsmethoden

Vergleichsmethoden versuchen bereits abgeschlossene Vorhaben mit dem geplanten Projekt zu vergleichen, um daraus den notwendigen Aufwand abzuleiten. Die gängigsten Vergleichsmethoden sind die Analogie- und Relationenmethode.

Die *Analogiemethode* vergleicht ein Vorhaben mit bereits abgeschlossenen Projekten anhand von Ähnlichkeitskriterien (z. B. Anwendungsgebiet, Komplexität, Produktumfang). Durch Analogieschlüsse können so Aussagen über Aufwand, Kosten und Dauer eines Projekts getroffen werden. Sind nur wenige abgeschlossene Projekte vorhanden, sind diese Schlussfolgerungen zum Teil sehr unpräzise. Auch Objektivität und Nachvollziehbarkeit sind bei der Analogiemethode kritisch zu bewerten.

Beispiel 1.4: Analogiemethode

Die Entwicklung einer Software für einen Kunden benötigte 2.000 Arbeitsstunden. Nun soll für einen weiteren Kunden ein ähnliches Projekt implementiert werden. Zu diesem Zweck werden die Funktionen dieser Software in folgende vier Kategorien eingeteilt:

1. 40 % der Funktionen sind aus dem ersten Projekt direkt wiederverwendbar,
2. 30 % sind geringfügig zu modifizieren,
3. 20 % sind grundlegend zu überarbeiten und
4. 10 % der Funktionen sind neu zu entwickeln und dabei sehr komplex.[2]

Aus diesen Daten kann der Softwareentwicklungsaufwand für das neue Projekt folgendermaßen geschätzt werden:

Funktion	Erfahrungswert (in Std.)	Faktor (in %)[3]	Schätzwert (in Std.)
1	800 (40 % von 2.000)	10	80
2	600 (30 % von 2.000)	25	150
3	400 (20 % von 2.000)	100	400
4	200 (10 % von 2.000) * 1,33	100	266

Als geschätzter Aufwand für die Implementierung der Software für den Kunden ergeben sich somit 896 Arbeitsstunden. (Quelle: Seibert 2010)

---

[2] Es wird ein Komplexitätszuschlag von 1,33 angenommen.

1.3 Aufwandsschätzung

Auch bei der *Relationenmethode* wird das zu schätzende Vorhaben mit abgeschlossenen Projekten verglichen. Im Gegensatz zur Analogiemethode ist der Ablauf jedoch durch Faktorlisten und Richtlinien formalisiert. Die subjektiven Einflussmöglichkeiten beschränken sich auf die Bewertung der Faktoren und die Auswahl der Vergleichsprojekte.

Beispiel 1.5: Relationenmethode

Ein neues Softwareprodukt soll in der Programmiersprache Java realisiert werden. Das Projektteam hat im Durchschnitt drei Jahre Programmiererfahrung, die Produktkomplexität wird als „mittel" eingestuft, die erforderliche Zuverlässigkeit als „hoch".

Ein ähnlich großes Referenzprodukt benötigte 120 Personenmonate (PM) und wurde in C programmiert, wobei C eine komplexere Programmiersprache ist als Java. Es wurde von einem Team mit durchschnittlich sechs Jahren Programmiererfahrung erstellt und wies eine mittlere Komplexität und Zuverlässigkeit auf.

Es werden folgende beispielhaften Faktorlisten[3] herangezogen. Dabei zeigen die Punktwerte, in welcher Richtung und Stärke die Faktoren den Aufwand beeinflussen.

Programmiersprache		*Spracherfahrung*		*Produktkomplexität*		*Zuverlässigkeit*	
Visual Basic	0,55	6 Jahre	0,84	Gering	0,87	Gering	0,92
C++, Java	1,0	3 Jahre	0,9	Durchschnitt	1,0	Durchschnitt	1,0
C	2,5	1 Jahr	1,0	Hoch	1,17	Hoch	1,1
Assembler	6,2	2 Monate	1,2				

Anhand dieser Listen lässt sich nun der Aufwand für das neue Projekt mithilfe von Relationen schätzen:

Kriterium	*Relation (neu zu alt)*
Programmiersprache	1,0 zu 2,5
Erfahrung	0,9 zu 0,84
Komplexität	1,0 zu 1,0
Zuverlässigkeit	1,1 zu 1,0

Dadurch ergibt sich der Aufwand: A = 120 PM * (1,0/2,5) * (0,9/0,84) * (1,0/1,0) * (1,1/1,0) = 56,6 PM. (Quelle: Seibert 2010)

---

[3] Die Faktoren stellen hierbei Heuristiken zur Schätzung der Wiederverwendung von Software dar. Je nach Art der Wiederverwendbarkeit (Übernahme, geringe Modifikation, grundlegende Überarbeitung oder Neuentwicklung) ergibt sich der Aufwand im Vergleich zu einer Neuentwicklung (10 %, 25 % bzw. 100 %).

1.3.3 Kennzahlenmethoden

Kennzahlenmethoden basieren ebenfalls auf Daten abgeschlossener Vorhaben, aus denen Kennzahlen abgeleitet werden. Diese werden zur Bewertung künftiger Aufgaben herangezogen. Zu den bedeutendsten Kennzahlenmethoden gehören die Multiplikator- und Prozentsatzmethode.

Bei der *Multiplikatormethode* wird ein Projekt in Kategorien und Teilprodukte zerlegt, um daraus den Aufwand pro Einheit zu berechnen und zu bewerten. Der Aufwand eines Teilprodukts wird normalerweise aus Erfahrungswerten aus vergangenen Projekten ermittelt. Die Berechnung des Aufwands erfolgt durch Multiplikation.

Beispiel 1.6: Multiplikatormethode

Bei einem durchschnittlichen Softwareprogrammierer rechnet man mit 1.200 Programmieranweisungen pro Monat. Die Kosten für einen solchen Programmierer pro Monat werden mit 9.000 € angesetzt. Die Kosten pro Anweisung betragen damit: 9.000 € / 1.200 = 7,50 €.

Ein neu zu entwickelndes Softwareprogramm mit 6.000 Anweisungen verursacht demnach Personalkosten in Höhe von: 6.000 * 7,50 € = 45.000 €.

Die *Prozentsatzmethode* kann in unterschiedlichen Varianten angewendet werden. Allen Varianten gemein ist, dass sie den Aufwand einer Teilaufwandsschätzung auf das Gesamtprojekt übertragen. Mit dieser Methode kann:

- aus dem Aufwand einer abgeschlossenen Projektphase auf den Gesamtaufwand des Projekts geschlossen werden,
- aus einer detailliert geschätzten Projektphase der Gesamtaufwand des Projekts hochgerechnet werden oder
- der mit anderen Schätzverfahren ermittelte Gesamtaufwand auf die einzelnen Projektphasen verteilt werden.

Dabei wird nach folgender Formel vorgegangen:

$$A_i = g \times A_j$$

A_i = Aufwand der Phase i
A_j = Aufwand der Phase j
g = Prozentwert

1.4 Wirtschaftlichkeits- und Rentabilitätsplanung

Beispiel 1.7: Prozentsatzmethode

Die relativen Phasenaufwände in Softwareprojekten verteilten sich in den USA im industriellen Durchschnitt (in den Jahren 1995 bis 2000) folgendermaßen:

Phase	Relativer Anteil
Analyse	17 %
Entwurf	17 %
Programmierung	32 %
Integration/Test	17 %
Dokumentation	7 %
Einführung	10 %

Liegt für ein Softwareprojekt eine Schätzung für eine Phase vor (z. B. sechs Personenmonate (PM) für die Programmierung), so wird der gesamte Projektaufwand mit 6 PM / 0,32 = 18 PM veranlagt. (Quelle: Seibert 2010)

1.3.4 Expertenbefragung

Im Rahmen der Expertenbefragung gibt es verschiedene Möglichkeiten die Erfahrungen und Einschätzungen des Projektleiters und der Projektmitarbeiter aufzunehmen. Die häufigsten sind:

- *Einzelschätzung:* Festlegung von Aufwand, Dauer und Kosten eines Projekts durch eine Einzelperson (z. B. Projektleiter).
- *Mehrfachbefragung:* Schätzung des Aufwands durch eine Gruppe von Experten aus unterschiedlichen Unternehmensbereichen.
- *Delphi-Methode:* Befragung mehrerer Experten nach einer vorgegebenen Systematik (vgl. Abschnitt 2.4.2).

1.4 Wirtschaftlichkeits- und Rentabilitätsplanung

Im Bereich der Wirtschaftlichkeits- und Rentabilitätsplanung[4] können monetäre, kostenorientierte Methoden und nicht monetäre, eher nutzenorientierte Methoden unterschieden werden. Bei der monetären Betrachtung wiederum unterscheidet man statische und dynamische Rechenmethoden. Liegen keine quantifizierbaren Merkmale zur monetären Bewertung vor oder sollen auch nicht quantifizierbare Kriterien in den Planungsprozess einfließen, findet zumeist die Nutzwertanalyse Anwendung.

---

[4] Im Gegensatz zur Rentabilität berücksichtigt die Wirtschaftlichkeit nicht zwingend das eingesetzte Kapital.

1.4.1 Statische Investitionsrechnung

Statische Investitionsrechnungen basieren auf Kosten und Erlösen sowie Aufwendungen und Erträgen, wobei der Zeitpunkt, zu dem diese anfallen, nicht berücksichtigt wird. Zu den wichtigsten statischen Investitionsrechnungen gehören die Kostenvergleichs-, die Amortisationsvergleichs- und die Rentabilitätsvergleichsrechnung.

Bei der *Kostenvergleichsrechnung* werden die Kosten verschiedener Investitionsalternativen gegenübergestellt, um die Alternative zu ermitteln, deren Kosten am niedrigsten sind. Voraussetzung ist, dass die Erträge der zu vergleichenden Alternativen gleich hoch sind, denn nur dann entspricht eine Kostenminimierung auch einer Gewinnmaximierung. Die Kostenvergleichsrechnung ist sehr einfach zu handhaben. Kostenveränderungen werden nicht berücksichtigt und auch Aussagen über die Rentabilität einer Alternative werden nicht getroffen.

Die *Rentabilitätsvergleichsrechnung*, auch Return-On-Investment-Methode (ROI-Methode) genannt, ermittelt die Rentabilität einer Investition durch den Quotienten aus dem Gewinn und dem durchschnittlichen Kapitaleinsatz:

$$Rentabilität\,[\%] = \frac{Erlöse\,[€] - Kosten\,[€]}{durchschnittlicher\,Kapitaleinsatz\,[€]} \times 100$$

Ein Vorhaben ist dann rentabel, wenn eine zuvor definierte Mindestrentabilität erreicht wird.

Die *Amortisationsrechnung*, auch als Kapitalrückflussrechnung oder Pay-off-Rechnung bezeichnet, ermittelt den Zeitraum, in dem die Kosten für eine Anschaffung über die finanziellen Vorteile eben dieser Anschaffung ausgeglichen werden.

$$Amortisationszeit\,[Jahre] = \frac{Anschaffungskosten\,[€]}{jährlicher\,Gewinn\,[€/Jahr] + jährliche\,Abschreibungen\,[€/Jahr]}$$

Nach dieser Rechenmethode ist ein Vorhaben dann rentabel, wenn die berechnete Zeitspanne kürzer als die zuvor festgelegte Laufzeit ist. Bei abweichenden Nutzungsdauern mehrerer Investitionsalternativen wird der Vergleich erschwert.

Wenn man unterschiedliche Investitionen miteinander vergleichen möchte, werden häufig sowohl die Gesamtkosten, die Rentabilität als auch die Amortisationszeit ermittelt.

1.4 Wirtschaftlichkeits- und Rentabilitätsplanung

Beispiel 1.8: Statische Investitionsrechnung

In einem Betrieb ist die Einführung eines *IT-Systems zur Teilautomatisierung von Bestellprozessen* geplant. Die Nutzungsdauer des IT-Systems ist auf drei Jahre beschränkt, da dann das Unternehmen auf eine voll automatisierte Lösung umsteigen möchte. Es stehen zwei alternative Projekte zur Auswahl. Die einmaligen Anschaffungskosten (AK) belaufen sich bei der ersten Projektalternative auf 200.000 €. Bei der zweiten Projektalternative betragen diese 300.000 €.

	Alternative 1	Alternative 2
Kosten (für Systemwartung)	-150.000 €	-300.000 €
Erlöse (durch Prozessverbesserungen)	450.000 €	900.000 €
(Jährlicher) *Gewinn*	300.000 € (100.000 € / Jahr)	600.000 € (200.000 € / Jahr)
Gesamtkosten (AK + Wartungskosten)	-350.000 €	-600.000 €
Rentabilität (Gewinn / AK)	150 %	200 %
Amortisationszeit (AK / jährlicher Gewinn)	2 Jahre	1,5 Jahre

Ein Vergleich der beiden Alternativen zeigt, dass zwar bei Alternative 1 die Gesamtkosten geringer sind, jedoch hier die Rentabilität niedriger und die Amortisationszeit länger ist.

1.4.2 Dynamische Investitionsrechnung

Anders als bei den statischen Investitionsrechnungen werden bei den dynamischen Investitionsrechnungen Zahlungsströme aus mehreren Perioden berücksichtigt. Zu den wichtigsten dynamischen Rechenmethoden zählen die Kapitalwert-, die interne Zinsfuß- und die Annuitätenmethode.

Bei der *Kapitalwertmethode* wird die Rentabilität einer Investition an der Summe der auf einen Bezugszeitpunkt abgezinsten Einnahmen und Ausgaben gemessen.

$$C_0 = \frac{E_1-A_1}{q} + \frac{E_2-A_2}{q^2} + \ldots + \frac{E_n-A_n}{q^n} - A_0 = BW_1 + BW_2 + \ldots + BW_n - A_0$$

C_0 = Kapitalwert
E = Einnahmen in den Nutzungsjahren 1 ... n
A = Ausgaben in den Nutzungsjahren 1 ... n
q = Kalkulationszinsfuß
A_0 = Anschaffungswert in der Periode 0
BW = Barwert in den Nutzungsjahren 1 ... n

Eine Investition ist dann rentabel, wenn ihr Kapitalwert größer oder gleich null ist. Die Zurechnung der Zahlungsströme in zeitlicher und mengenmäßiger Hinsicht ist jedoch häufig problematisch.

Mit der *internen Zinsfuß-Methode* kann die tatsächliche Verzinsung einer Investition errechnet werden. Der interne Zinsfuß ist der Zinssatz, zu dem der Kapitalwert eines Vorhabens gleich null ist bzw. der Barwert der Ausgaben dem Barwert der Einnahmen entspricht. Man stellt also das eingesetzte Kapital den in der Zukunft anfallenden Einnahmen gegenüber, welche mit einem bestimmten Zinssatz, dem internen Zinsfuß, auf die Gegenwart abgezinst werden.

$$r = i_1 - C_{01} \frac{i_2 - i_1}{C_{02} - C_{01}}$$

r = interner Zinsfuß
i = Versuchszinssatz (1 bzw. 2)
C_0 = Kapitalwert (bei i_1 bzw. i_2)

Eine Investition ist dann von Vorteil, wenn der interne Zinsfuß größer ist als der Kalkulationszinsfuß. Vergleicht man mehrere Alternativen, dann ist die Alternative am vorteilhaftesten, die den höchsten internen Zinsfuß aufweist. Ebenso wie bei der Kapitalwertmethode ist die Zurechnung der Zahlungsströme in zeitlicher und mengenmäßiger Hinsicht oft schwierig.

Mithilfe der *Annuitätenmethode* werden die durchschnittlichen jährlichen Einnahmen den durchschnittlichen jährlichen Ausgaben gegenübergestellt. Die Annuität entspricht somit dem durchschnittlichen, auf einen Bezugszeitpunkt abgezinsten Jahreseinnahmenüberschuss. Zunächst wird dazu der Kapitalwert einer Investition ermittelt, dessen Produkt mit dem Kapitalwiedergewinnungsfaktor dann die Annuität ergibt:

$$a = C_0 \frac{i(1+i)^n}{(1+i)^n - 1}$$

a = Annuität
C_0 = Kapitalwert
$\frac{i(1+i)^n}{(1+i)^n - 1}$ = Kapitalwiedergewinnungsfaktor

Ist die Annuität größer als null, dann ist die Investition vorteilhaft. Vergleicht man mehrere Investitionsalternativen, so ist die Alternative mit der höchsten Annuität am rentabelsten.

1.4 Wirtschaftlichkeits- und Rentabilitätsplanung

Beispiel 1.9: Kapitalwertmethode

Der Betrieb entscheidet sich nun doch, sofort auf ein IT-System zur Vollautomatisierung der Bestellprozesse umzusteigen. Die Nutzungsdauer ist erneut auf drei Jahre angesetzt. Die Systemanschaffungskosten betragen 950.000 €. Unterstellt man einen Kalkulationszinsfuß von 10 %, ergibt sich ein negativer Kapitalwert:

	Jahr 0	Jahr 1	Jahr 2	Jahr 3
Kosten (für Systemwartung)		-300.000 €	-200.000 €	-100.000 €
Erlöse (durch Prozessverbesserungen)		400.000 €	600.000 €	800.000 €
Gewinn (Einnahmen – Ausgaben)	-950.000 €	100.000 €	400.000 €	700.000 €
Quotient	-	1,1	$1,1^2$	$1,1^3$
Barwert	-950.000 €	90.909 €	330.579 €	525.920 €
Kapitalwert				-2.592 €

Eine Investition in dieses IT-System ist unter den genannten Rahmenbedingungen nicht vorteilhaft und sollte demnach nicht getätigt werden.

1.4.3 Nutzwertanalyse

Die Nutzwertanalyse ist ein nicht monetäres Verfahren zur Wirtschaftlichkeitsplanung, das vor allem subjektive Werte zur Entscheidungsfindung heranzieht. Durch die Gewichtung verschiedener, z. B. fachlicher oder sozialer Kriterien wird mithilfe der Multifaktorenrechnung eine Rangfolge der verschiedenen Alternativen gebildet. So lassen sich komplexe Sachverhalte vergleichen sowie Stärken und Schwächen verschiedener Lösungen ermitteln. Die Nutzwertanalyse gliedert sich in die Schritte

- Zielkriterienbestimmung,
- Zielkriteriengewichtung,
- Teilnutzenbestimmung,
- Nutzwertermittlung und
- Vorteilhaftigkeitsbewertung.

Beispiel 1.10: Nutzwertanalyse

Die Anwendung der Nutzwertanalyse kann verdeutlicht werden an der Entscheidung, ob ein „Diesel" (Alternative A) oder ein „Benziner" (Alternative B) beim Auto-Leasing gewählt werden sollte. Als Zielkriterien bieten sich z. B. die monatlichen Kosten (Z1), die Fahrfreude (Z2) und das Image (Z3) an.

Bei der Zielkriterienbestimmung werden zunächst alle relevanten Zielkriterien (z. B. Ziele, Anforderungen oder Eigenschaften) strukturiert. Dabei muss darauf geachtet werden, dass dieselben Eigenschaften nicht durch mehrere Kriterien festgehalten werden. Da im Allgemeinen nicht alle Kriterien die gleiche Bedeutung haben, werden diese im Rahmen der Zielkriteriengewichtung mit prozentualen Angaben bewertet.

Zielkriterium	Gewichtung
Z_1	0,7
Z_2	0,2
Z_3	0,1
Summe	1

Die Teilnutzenbestimmung gliedert sich in die Messung der Zielerreichung und deren Transformation in Teilnutzen. Der Zielerreichungsgrad ist das Ausmaß, in dem eine Alternative die Kriterien aus dem Kriterienkatalog erfüllt. Dies kann nominal, ordinal oder kardinal gemessen werden.

Zielkriterium	Gewichtungsfaktor	Zielerreichungsklassen	Teilnutzen
Z_1	0,7	> 500 €	1
		> 300 € und < 500 €	2
		< 300 €	3
Z_2	0,2	Klein	1
		Mittel	2
		Groß	3
Z_3	0,1	Schlecht	1
		Durchschnittlich	2
		Gut	3

Die zugeordneten Teilnutzen geben schließlich konkrete Punktewerte für die einzelnen Kriterien an.

Zielkriterium	Alternative A	Alternative B
Z_1	2	3
Z_2	3	1
Z_3	2	2

Im Rahmen der *Nutzwertermittlung* werden die zuvor bestimmten Teilnutzen zu einem Gesamtnutzen je Alternative verdichtet. Dabei werden die Teilnutzen mit dem Gewichtungsfaktor des Zielkriteriums multipliziert.

Zielkriterium	Alternative A	Alternative B
Z_1	1,4	2,1
Z_2	0,6	0,2
Z_3	0,2	0,2
Gesamtnutzen	2,2	2,5
Präferenz	2	1

Die Vorteilhaftigkeitsbewertung ermittelt durch Addition der Teilnutzen abschließend die Alternative mit dem höchsten Nutzwert. Im vorliegenden Beispiel sollte so die Alternative B (Benziner) gewählt werden.

1.5 Risikoanalyse

Unter einem Risiko ist im Projektmanagement das Ausmaß zu verstehen, mit dem die Erreichung der Projektziele durch negative Ereignisse innerhalb und außerhalb des Projekts gefährdet ist. Im Rahmen der Risikoanalyse wird untersucht, was die Zielerreichung beeinträchtigen oder verhindern könnte. Dazu gibt es verschiedene Methoden zur Risikoidentifikation und -bewertung.

1.5.1 Risikoidentifikation

In der ersten Phase der Risikoanalyse müssen die Risiken eines Projekts identifiziert werden. Zur Systematisierung potenzieller Risiken eignen sich Methoden wie die Risiko-Checkliste, die Risiko-Matrix und der Risikoanalyse-Workshop.

Die *Risiko-Checkliste* ist eine einfache Methode, um die potenziellen Risiken eines Projekts zu erfassen. Dazu werden Fragebögen an mehrere beteiligte Personen ausgegeben, die unabhängig voneinander festlegen, welche Risiken zutreffen und wie bedeutend sie für das Projekt sind. Durch Aggregation der einzelnen Fragebögen ergibt sich ein umfassendes Risikoprofil für das Projekt.

Eine ebenfalls relativ einfache Methode ist die sog. *Risiko-Matrix*. In dieser Matrix stehen die Ressourcen und Leistungen des Projekts (x-Achse) den verschiedenen Prozessschritten (y-Achse) gegenüber. In den einzelnen Feldern der Matrix werden die Risiken mit einer ersten Gewichtung vermerkt.

In einem *Risikoanalyse-Workshop* werden in Teamarbeit die möglichen Projektrisiken ermittelt und deren Relevanz bestimmt. Es ist sinnvoll, zunächst eine Abfrage über die Risiko-Checkliste oder die Risiko-Matrix durchzuführen, um dann die dort identifizierten Risiken im Risikoanalyse-Workshop eingehender zu untersuchen.

1.5.2 Risikobewertung

Im zweiten Schritt der Risikoanalyse müssen die in der Risikoidentifikation erfassten Risiken bewertet werden. Ein gängiges Verfahren zur Risikobewertung ist die FMEA-Methode (Failure Modes and Effects Analysis). Wichtigstes Instrument dabei ist das FMEA-Formular. Darin werden die ermittelten potenziellen Fehler eingetragen und anhand ihrer Auftrittswahrscheinlichkeit (A), ihrer Bedeutung (B) und der Wahrscheinlichkeit der Entdeckung (E) mit Werten zwischen 1 und 10 bewertet (vgl. Tabelle 1.1). Das mathematische Produkt dieser drei Werte (A*B*E) ergibt schließlich die Risikoprioritätszahl, welche das mit dem möglichen Fehler verbundene Risiko für das Projekt angibt. Ein Wert von 1 bedeutet kein Risiko, ein Wert von 1000 stellt dagegen ein extrem hohes Risiko dar. Anhand dieser Werte kann eine Rangfolge der zur Risikominimierung notwendigen Maßnahmen abgeleitet werden.

Tabelle 1.1: FMEA-Formular (Drews u. Hillebrand 2007)

Bewertungskriterien		1	2 bis 5	6 bis 9	10
Auftritts-wahrscheinlichkeit	A	unwahr-scheinlich	sehr gering	mäßig	hoch
Bedeutung (= Auswirkung des Fehlers)	B	kaum wahrnehmbar	unbedeutend	schwere Auswirkung	äußerst schwere Auswirkung
Wahrscheinlichkeit der Entdeckung vor Fertigstellung	E	hoch	mäßig	gering	unwahr-scheinlich

1.6 Vorgehensmodelle

Vorgehensmodelle, auch Prozessmodelle genannt, beschreiben den organisatorischen Rahmen für ein Projekt und werden vor allem in der Softwareentwicklung eingesetzt. Sie sollen zu einer disziplinierten und kontrollierbaren Entwicklung führen und legen unter anderem die folgenden Aspekte fest:

- durchzuführende Aktivitäten,
- Reihenfolge der Aktivitäten,
- Definition der Teilprodukte bzw. Ergebnisse,
- Fertigstellungskriterien,
- Verantwortlichkeiten und Kompetenzen,
- notwendige Mitarbeiterqualifikationen sowie
- anzuwendende Standards, Richtlinien, Methoden und Werkzeuge.

1.6 Vorgehensmodelle

Weit verbreitete und weitgehend akzeptierte Vorgehensmodelle sind das Wasserfallmodell, das Spiralmodell und das Prototypen-Modell.

Das *Wasserfallmodell* ist das älteste und bekannteste Vorgehensmodell und Grundlage vieler weiterer Ansätze. In diesem Modell erfolgt die Entwicklung in Schritten, die durch vordefinierte Start- und Endpunkte sowie eindeutig festgelegte Ergebnisse charakterisiert sind. Die Ergebnisse einer Phase gehen dann als Vorgabe in die nächste Phase ein. Der Name „Wasserfallmodell" resultiert aus der häufig gewählten Darstellungsweise der als Kaskade angeordneten Phasen. Eine Rückkopplung zwischen den einzelnen Phasen ist dabei möglich.

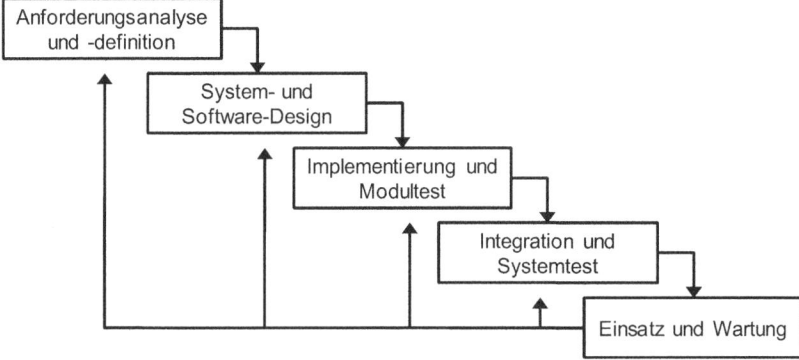

Abb. 1.8: Wasserfallmodell (Sommerville 2001)

In Anzahl und Inhalt der einzelnen Phasen gibt es eine Vielzahl von Variationen. Nach Sommerville (2001) kann man folgende Phasen unterscheiden (vgl. Abb. 1.8):

- *Anforderungsanalyse und -definition:* Durch Beratung mit den Nutzern werden die Leistungen, Beschränkungen und Ziele des Systems herausgearbeitet.
- *System- und Softwaredesign:* Der Systemdesign-Prozess gliedert sich in die Anforderungen an Hardware- und Softwaresysteme und konzipiert eine umfassende Systemarchitektur.
- *Implementierung und Modultest:* Während dieser Phase wird das Softwaredesign als Satz von Programmen oder Softwaremodulen umgesetzt. Der Modultest validiert, dass jedes Softwaremodul den Vorgaben entspricht.
- *Integration und Systemtest:* Die Softwaremodule oder Programme werden integriert und als komplettes System getestet, um sicherzustellen, dass die Softwareanforderungen erfüllt werden. Nach dem Systemtest wird das Softwaresystem an den Kunden ausgeliefert.

- *Einsatz und Wartung:* Das System wird installiert und in Betrieb genommen. Die Wartung beinhaltet die Korrektur von Fehlern, die in den vorangegangenen Phasen nicht registriert wurden, die Verbesserung der Implementierung der Softwaremodule, sofern neue Anforderungen erkannt werden, sowie die Steigerung der Systemleistung.

Das *Spiralmodell* nach Boehm (1988) beschreibt den Entwicklungsprozess als inkrementell-iteratives Vorgehen, d. h. als einen zyklischen Prozess der kontinuierlichen Verbesserung, der in (kleinen) Schritten vollzogen wird. Für jedes Teilprodukt und für jede Verfeinerungsebene sind vier zyklische Schritte zu durchlaufen. Die Ziele eines Zyklus ergeben sich aus den Ergebnissen des letzten Zyklus. Das Spiralmodell ist ein flexibles Modell, das auch die Integration anderer Prozessmodelle ermöglicht (vgl. Abb. 1.9).

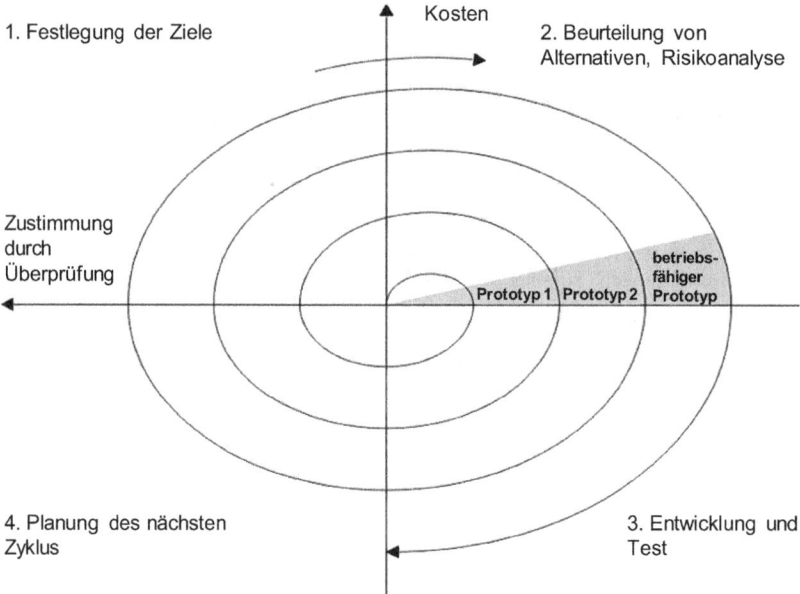

Abb. 1.9: Spiralmodell nach Boehm (1988)

Die vier zyklischen Schritte, die zu durchlaufen sind, stellen sich im Einzelnen wie folgt dar:

- *Schritt 1: Festlegung der Ziele*
  - Identifikation der Ziele des Teilprodukts (Leistung, Funktionalität etc.)
  - Identifikation alternativer Realisierungsmöglichkeiten (Systementwurf A und B, Wiederverwendung eines Altsystems, Kauf eines Neusystems)

- Identifikation der Randbedingungen, die bei den verschiedenen Alternativen zu beachten sind (Kosten, Zeit, Schnittstellen etc.)
- *Schritt 2: Beurteilung von Alternativen, Risikoanalyse*
  - Evaluierung der Alternativen unter Berücksichtigung der Ziele und Randbedingungen
  - Entwicklung einer kosteneffektiven Strategie (beispielsweise durch Prototypen, Simulationen oder Benutzerbefragungen)
- *Schritt 3: Entwicklung und Test*
  - Festlegung des Prozessmodells in Abhängigkeit von den (noch) bestehenden Risiken (z. B. Prototypenmodell oder Wasserfallmodell)
  - Möglicherweise Kombination verschiedener Prozessmodelle, wenn dadurch das Risiko minimiert wird
- *Schritt 4: Planung des nächsten Zyklus*
  - Aufteilung eines Produkts in Komponenten, die unabhängig voneinander weiterentwickelt werden
  - Überprüfung der Schritte 1 bis 3, einschließlich der Planung für den nächsten Zyklus durch die betroffenen Personengruppen oder Organisationen
  - Herstellung eines Einverständnisses über den nächsten Zyklus

Das *Prototypenmodell* wird bei unklaren Anforderungen oder alternativen Lösungen eingesetzt. Es unterstützt auf systematische Weise die frühzeitige Erstellung lauffähiger Modelle (Prototypen) des zukünftigen Systems. Prototypen dienen der Anforderungserhebung, der Sammlung von praktischen Erfahrungen, dem Experimentieren sowie als Diskussionsbasis. Grundlegende *Arten* von Prototypen sind:

- Demonstrationsprototypen (erster Eindruck),
- Prototypen im engeren Sinne (erste Funktionalität),
- Labormuster (technische Umsetzbarkeit) und
- Pilotsysteme (Kern des Systems).

Im Gegensatz zu fertigen Produkten ist der Prototyp ein Teil der Produktdefinition und wird inkrementell weiterentwickelt. Dadurch wird zwar das Entwicklungsrisiko reduziert, der Entwicklungsaufwand steigt jedoch.

1.7 Multiprojektmanagement

Unter *Multiprojektmanagement* wird die parallele Planung, Steuerung und Überwachung mehrerer, voneinander unabhängiger Projekte verstanden. In diesem Kontext muss eine Vielzahl operativer und strategischer Entscheidungen getroffen werden. Auf der strategischen Ebene ist sicherzustellen, dass das unternehmensweite Projektportfolio die Unternehmensziele unterstützt. Dabei werden unter anderem die folgenden Ziele verfolgt:

- Auswahl der Projekte, die den größten Nutzen stiften,
- Priorisierung der laufenden Projekte,
- Sicherstellung eines ausgewogenen Projektportfolios hinsichtlich der verbundenen Risiken und
- Veranschaulichung der Auswirkung von Planabweichungen.

In operativer Hinsicht müssen die Einzelprojekte wirtschaftlich, zeitlich und ressourcenmäßig gesteuert werden. Die wichtigsten Aspekte dabei sind projektübergreifende(s):

- Termin- und Kapazitätsplanung,
- Standardprojektabläufe,
- Wissensmanagement,
- Berichtswesen und
- Qualitätsmanagement.

Meist unterscheidet man im Rahmen des Multiprojektmanagements zwischen dem Programm- und dem Projektportfoliomanagement.

Das *Programmmanagement* ist die Planung, Steuerung und Kontrolle inhaltlich zusammengehöriger Projekte. Diese gehen gemeinsamen Zielen nach und müssen daher terminlich, finanziell sowie fachlich koordiniert werden.

Das *Projektportfoliomanagement* hingegen ist eine alle Projekte innerhalb eines Unternehmens betreffende Teilaufgabe des Multiprojektmanagements, die sich mit der Identifikation und der Auswahl geeigneter Projekte beschäftigt, welche dann als Projektportfolio bezeichnet werden. Im Gegensatz zum Projektmanagement, welches eher auf die effiziente Abwicklung von Projekten abzielt, soll das Projektportfoliomanagement die Effizienz der gesamten Projektlandschaft steigern. Das Projektportfoliomanagement wird dauerhaft im Unternehmen betrieben und daher häufig mit dem strategischen Multiprojektmanagement gleichgesetzt.

In einigen Unternehmen wird ein *Project Management Office* (PMO) eingesetzt. Diese Organisationseinheit soll die Einheitlichkeit der Terminologie, der eingesetzten Methoden, Formulare und Werkzeuge sowie der Kommunikation und des Berichtswesens in Bezug auf das Projektmanagement sicherstellen.

1.8 Projektmanagement-Standards

Im Gegensatz zu den bereits dargestellten Vorgehensmodellen, die das unternehmensspezifische Wissen mit dem Projektmanagementwissen verbinden,

1.8 Projektmanagement-Standards

sollen Projektmanagement-Standards eine möglichst allgemeine Sichtweise auf die Durchführung von Projekten gewähren. Im Vordergrund steht dabei die Etablierung und Förderung einer einheitlichen Terminologie. Die wichtigsten internationalen Projektmanagement-Standards und die Organisationen, die diese Standards herausgegeben haben, sind:

- Project Management Institute (PMI): Project Management Body of Knowledge (PMBOK) Guide
- International Project Management Association (IPMA): IPMA Competence Baseline (ICB)
- Office of Government Commerce (OGC): PRINCE2 (Projects in Controlled Environments)

Der *PMBOK Guide* ist der international am weitesten verbreitete Projektmanagement-Standard und gliedert sich in die drei Abschnitte Projektmanagementrahmen, Prozessgruppen und Wissensgebiete. Der Projektmanagementrahmen erläutert Grundbegriffe zum Verständnis des Projektmanagements und beschreibt den Projektlebenszyklus sowie die Projektorganisation. Die fünf Prozessgruppen enthalten insgesamt 44 Projektmanagementprozesse, die für jedes Projekt erforderlich sind. Diese Prozesse werden in neun Wissensgebiete eingeteilt:

- Integrationsmanagement,
- Inhalts- und Umfangsmanagement,
- Terminmanagement,
- Kostenmanagement,
- Qualitätsmanagement,
- Personalmanagement,
- Kommunikationsmanagement,
- Risikomanagement und
- Beschaffungsmanagement.

Die *ICB* ist ebenfalls ein internationaler Projektmanagement-Standard, der auf die benötigten Kompetenzen fokussiert und drei Kompetenzfelder unterscheidet:

- *Kontext-Kompetenzen* für das Projektmanagement (z. B. Projektorientierung, Einführung von Projekt-, Programm- und Portfoliomanagement oder Personalmanagement),
- *Technische Kompetenzen* für Projekte, Programme und Portfolios (z. B. Projektanforderungen und Projektziele, Beschaffung und Verträge oder Information und Dokumentation) sowie

- *Verhaltens-Kompetenzen* für Projektmitarbeiter (z. B. Führung, Kreativität oder Durchsetzungskraft).

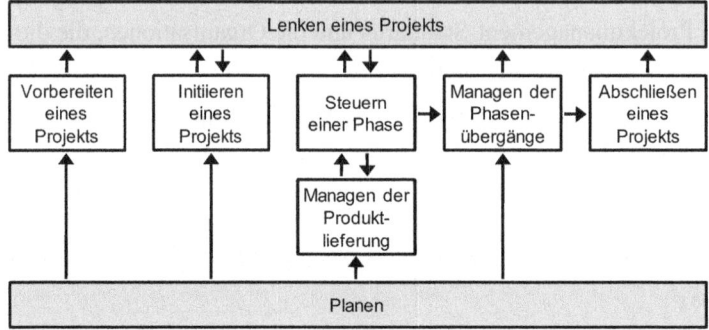

Abb. 1.10: PRINCE2-Prozesse

PRINCE2 ist ein prozessbasierter Projektmanagement-Standard, der Management, Steuerung und Organisation eines Projekts betrachtet. Um zu beschreiben, was in einem Projekt wann getan werden sollte, beinhaltet PRINCE2 acht Prozesse, die alle Aktivitäten eines Projekts, von der Initiierung bis zum Abschluss, umfassen (vgl. Abb. 1.10).

Eine Gegenüberstellung der wesentlichen Stärken und Schwächen der drei Projektmanagement-Standards findet sich in der folgenden Tabelle:

Tabelle 1.2: Gegenüberstellung der Projektmanagement-Standards (in Anlehnung an Stadler 2006)

Standard	Stärken	Schwächen
PMBOK Guide	De-facto Standard	Keine einheitliche Begriffsverwendung
	Leichte Anpassbarkeit an die unternehmensspezifischen Gegebenheiten	Mangelhafte Berücksichtigung von sozialen Aspekten (z. B. Führung)
	Internationaler Bekanntheitsgrad	Zu komplex für kleine Projektvorhaben
ICB	Fundiertes Zertifizierungssystem	
	Geeignetes Referenzmodell für die Entwicklung/Bewertung von Projektleitern	Hohe Kosten für Schulungen, Vorbereitung und Zertifizierung
PRINCE2	Starke Ergebnis- und Qualitätsorientierung	Vergleichsweise einfaches Zertifizierungssystem
	Vollständige Integration aller Projektmanagement-Prozesse und -Rollen	Geringer Verbreitungsgrad in Deutschland
	Hohe Praxisorientierung	Mögliche Überbürokratisierung
	Intuitive Einsetzbarkeit	Fehlende langfristige Personalentwicklungsmaßnahmen

Links

- Gesellschaft für Projektmanagement e.V.: www.gpm-infocenter.de
- PMO-Studie des Lehrstuhls für Wirtschaftsinformatik III: www.pmo-studie.de
- FMEA Infocenter: www.fmeainfocentre.com
- PMBOK: www.pmi.org
- ICB: www.ipma.ch
- PRINCE2: www.ogc.gov.uk/prince2

Lernkontrollfragen

- Wie definieren Sie den Begriff Projektmanagement?
- Nach welchen Kriterien lassen sich welche Arten von Projekten klassifizieren?
- Welche Projektrollen gibt es?
- Über welche grundlegenden Kompetenzen muss ein Projektleiter verfügen?
- Welche Modelle der Aufbauorganisation von Projekten gibt es?
- Welche Anweisungsarten können in der Matrix-Projektorganisation unterschieden werden?
- In welche Phasen kann man den Projektmanagementprozess unterteilen?
- Wozu dient die SMART-Regel und welche Merkmale beinhaltet sie?
- Welche Methoden zur Terminplanung gibt es?
- Was unterscheidet statische von dynamischen Investitionsrechnungen?
- Was versteht man unter Aufwandsschätzverfahren?
- Welche Arten der Expertenbefragung gibt es?
- Was unterscheidet monetäre von nicht monetären Verfahren zur Wirtschaftlichkeits- bzw. Rentabilitätsplanung?
- Was ist eine Annuität?
- Wie funktioniert die Nutzwertanalyse?
- Welche grundlegenden Teile der Risikoanalyse kann man unterscheiden?
- Wofür steht FMEA und wie lässt sich diese Methode charakterisieren?
- Welche Phasen werden im Wasserfallmodell durchlaufen?
- Wodurch ist das Spiralmodell charakterisiert?
- Welche Arten von Prototypen gibt es?
- Welche Ziele werden mit dem Multiprojektmanagement verfolgt?
- Was verstehen Sie unter Programmmanagement?
- Welche Ziele verfolgt ein Project Management Office?
- Wie heißen die drei wichtigsten internationalen Projektmanagement-Standards?

Literatur

Boehm BW (1988) A spiral model of software development and enhancement. IEEE Computer 21:61-72.

Burghardt M (2006) Projektmanagement – Leitfaden für die Planung, Überwachung und Steuerung von Entwicklungsprojekten, 7. Aufl. Publicis, Erlangen.

Drews G, Hillebrand N (2007) Lexikon der Projektmanagement-Methoden. Haufe, München.

Drucker PF (1954) The practice of management. Harper & Row, New York.

Heche D (2004) Praxis des Projektmanagements. Springer, Berlin.

Kessler H, Winkelhofer G (2004) Projektmanagement – Leitfaden zur Steuerung und Führung von Projekten, 4. Aufl. Springer, Berlin.

PMI, Project Management Institute (2004) A guide to the project management body of knowledge – PMBOK Guide, 3. Aufl. PMI, Newton Square.

Seibert S (2010) Basismethoden der Aufwandsschätzung. Überblick über grundlegende Methoden und Prinzipien der Aufwandsschätzung. http://www.siegfried-seibert.de. Abruf am 2010-06-07.

Sommerville I (2001) Software Engineering, 6. Aufl. Pearson, Harlow.

Stadler R (2006) Projekt-Management von der Stange. http://www.computerwoche.de/heftarchiv/2006/34/1215692/index.html. Abruf am 2010-06-07.

Winkelhofer G (2005) Management- und Projekt-Methoden – Ein Leitfaden für IT, Organisation und Unternehmensentwicklung, 3. Aufl. Springer, Berlin.

2 Technologiemanagement

Am Ende dieses Kapitels sollten Sie …

… *wichtige Ansätze kennen, die den Lebenszyklus von Technologien beschreiben.*

… *wissen, welche wesentlichen Internet-Technologien, mobilen Kommunikationstechnologien und Zukunftstechnologien existieren und wie diese klassifiziert werden können.*

… *über Methoden zum Erkennen, Auswählen und Bewerten von Technologien im Bilde sein.*

2.1 Grundlagen

Der Begriff *Technologie* lässt sich auf das griechische „téchne" (Technik i. S. v. Kunstfertigkeit) und „lógos" (Lehre) zurückführen und bedeutet damit „Lehre der Technik" oder „Kunstlehre". Im 18. und 19. Jahrhundert verstand man unter Technologie die Lehre von der Entwicklung der Technik und deren gesellschaftliche Zusammenhänge. Mit der Entstehung der Ingenieurwissenschaften schränkte man den Begriff immer mehr auf die Bedeutung „Verfahrenskunde" ein. Erst mit dem Gebrauch des amerikanischen Begriffs „technology" wurde Technologie wieder weiter gefasst. Technologie umfasst somit heute das Wissen über die naturwissenschaftlich-technischen Wirkungszusammenhänge, die zur Lösung technischer Probleme genutzt werden können und sich in Produkten und Verfahren wiederfinden.

Im englischen Sprachraum wird keine Unterscheidung zwischen den Begriffen *Technik* und *Technologie* vollzogen. Sie werden allgemein mit „technology" bezeichnet und beinhalten sowohl die Herstellung von Gegenständen als auch das Wissen über die damit einhergehenden Zusammenhänge. Im Deutschen kann Technik dagegen als die konkrete Anwendung einer Technologie in materieller Form mit dem Ziel der Problemlösung angesehen werden.

Unter *Management* wird sowohl eine Institution als auch eine Funktion verstanden. Das Management als Institution beinhaltet alle Instanzen in einem Unternehmen, die Entscheidungs- und Anordnungskompetenzen besitzen. Management als Funktion umfasst alle zur Steuerung des Unternehmens notwendigen Aufgaben wie Führung, Organisation, Planung, Disposition und Kontrolle (siehe hierzu auch Abschnitt 1.1).

Vor diesem Hintergrund ist *Technologiemanagement* die Gesamtheit aller Aktivitäten, die zur Erhaltung des Unternehmens sowie zur Stärkung der Marktposition durch Technologieveränderungen notwendig sind. Die dabei erforderlichen Tätigkeiten sind das Erkennen sowie das Auswählen und Bewerten von unternehmensrelevanten Technologien. Das Technologiemanagement ist somit die Schnittstelle zwischen den in einem Unternehmen verwendeten Technologien und den Managementaufgaben der Unternehmensführung.

Aufgabe des Technologiemanagements ist es sicherzustellen, dass die benötigten Technologien zum richtigen Zeitpunkt und zu angemessenen Kosten verfügbar sind, dass Geschäftsprozesse sowie Produkte effizient und effektiv gestaltet werden und dass das Unternehmen nicht den Anschluss an aktuelle und zukünftige Entwicklungen verpasst.

Die angrenzenden Disziplinen Technologiemanagement und *Innovationsmanagement* (vgl. Kapitel 5) überschneiden sich in bestimmten Bereichen. Technologiemanagement richtet sich im Gegensatz zum Innovationsmanagement nicht nur auf neuartige Technologien, sondern beschäftigt sich auch mit der Entwicklung, Steuerung und Erhaltung von bereits bestehenden Technologien während ihres gesamten Lebenszyklus (vgl. Abschnitt 2.2). Innovationsmanagement hingegen befasst sich nicht nur mit neuartigen Technologien, sondern auch anderen, nicht-technischen Innovationsprozessen. Technologieprognosen und -bewertungen, die im Rahmen des Technologiemanagements erstellt werden, streifen den Aufgabenbereich des Innovationsmanagements. Das Technologiemanagement kann daher als Initiator bezeichnet werden, der festlegt, welche technologischen Entwicklungen verfolgt bzw. welche etablierten Technologien verändert werden sollen, und definiert damit gewisse Aufgaben des Innovationsmanagements. Im Technologiemanagement stehen die Konzepterstellung und das Wissensmanagement im Vordergrund.

2.2 Lebenszyklus von Technologien

Technologien können sich entsprechend ihrer Lebenszeit in verschiedenen Entwicklungsstufen und Reifegraden befinden. Zur Beschreibung des Lebenszyklus von Technologien gibt es verschiedene Modelle. Ein gängiger Ansatz ist das S-Kurven-Konzept sowie dessen Erweiterung durch Nolan in das Stufen-Evolutionsmodell.

Das *S-Kurven-Konzept* dient dazu, die Fortentwicklung von Technologien zu erklären. Wie ein Produkt, so durchläuft auch eine Technologie verschiedene Lebensphasen. Das S-Kurven-Konzept teilt den Lebenszyklus einer Technologie anhand der Dimensionen Leistungsfähigkeit und Zeit in vier wesentliche Phasen ein (vgl. Abb. 2.1):

2.2 Lebenszyklus von Technologien

- *Schrittmachertechnologie:* Eine solche Technologie befindet sich noch in einem frühen Entwicklungsstadium, hat jedoch das Potenzial, die Wettbewerbslage in bestimmten Bereichen stark zu beeinflussen, wie z. B. die Nanotechnologie. Ggf. kann eine Schrittmachertechnologie zu einer Schlüsseltechnologie weiterentwickelt werden.
- *Schlüsseltechnologie:* Durch derartige Technologien ist es möglich, neue Technikbereiche zu erschließen. Schlüsseltechnologien befinden sich im Wachstum und haben bereits einen gewissen Bekanntheitsgrad erreicht. Dazu zählt z. B. Radio Frequency Identification (RFID).
- *Basistechnologie:* Wenn eine Schlüsseltechnologie einen Standard definiert hat sowie allgemein erprobt und anerkannt ist, bezeichnet man sie als Basistechnologie. Sie spielt als wirtschaftliche Grundlage eine wichtige Rolle. Für die Differenzierung eines Unternehmens im Wettbewerb ist sie jedoch nicht (mehr) entscheidend, da das Entwicklungspotenzial bei dieser gereiften Technologie entsprechend gering ist. Ein Beispiel ist der Ottomotor.
- *Verdrängte Technologie:* Die verdrängte Technologie befindet sich am Ende des Lebenszyklus und wird sukzessive durch Schrittmachertechnologien mit höherem Entwicklungspotenzial ersetzt. Beispielsweise ist die Datenspeicherung auf Lochkarten mittlerweile überholt.

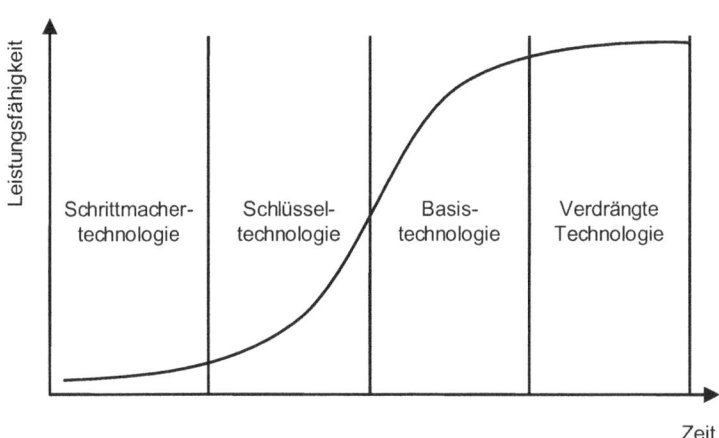

Abb. 2.1: S-Kurven-Konzept

Mithilfe des *Stufen-Evolutionsmodells* von Nolan sind Unternehmen in der Lage, die Reife einer bestimmten Technologie festzustellen und deren unternehmerischen Nutzen oder Mehrwert zu bestimmen. Das Stufen-Evolutionsmodell erweitert das Konzept der S-Kurve. Demzufolge werden „alte" Technologien mit dem Auftreten von technologischen Auslösern (z. B. der Entwicklung von Mikroprozessoren) von „neuen" abgelöst. Dies geschieht insbesondere dann, wenn sich eine solche Technologie selbst schon in der auslaufenden Phase befindet („verdrängte Technologie") (vgl. Abb. 2.2).

Im Stufen-Evolutionsmodell werden ebenfalls vier Lebenszyklusphasen einer Technologie charakterisiert (Nolan u. Koot 1992):

- Initiierung
- Verbreitung
- Führung (im Vergleich zu anderen Technologien)
- Integration (in die nächste Technologiegeneration)

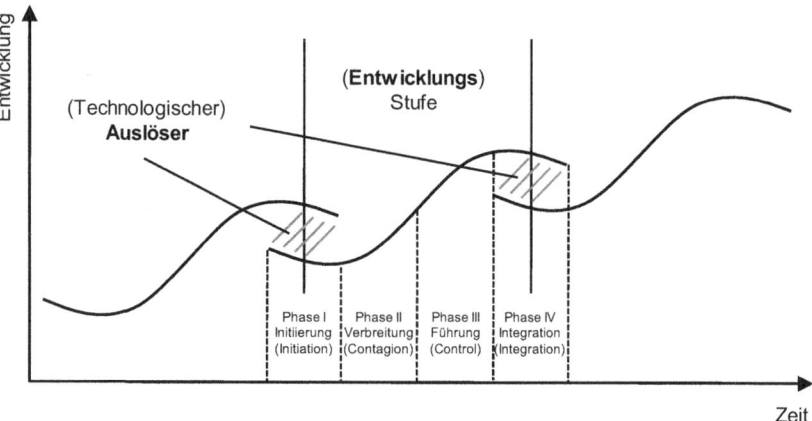

Abb. 2.2: Stufen-Evolutionsmodell (Nolan u. Koot 1992)

Meist kommt es in der auslaufenden Phase („Integration") einer Technologie zur Entwicklung einer alternativen (disruptiven) Technologie, die die ursprüngliche verdrängt. Die neue Technologie ist zu Beginn ihrer Laufzeit den herkömmlichen Technologien häufig noch unterlegen, besitzt aber oftmals das Potenzial, zu niedrigeren Preisen eine höhere Leistung zu erbringen.

Beispiel 2.1: Evolution der Computer und Programmiersprachen

Bis etwa 1950 füllten Rechengeräte komplette Räume. Danach setzte die Entwicklung von Transistoren ein, die 1947 erfunden wurden. Alte Elektronenröhren wurden damit durch diese sehr viel kleineren und schnelleren Bauteile ersetzt. Bis ca. 1980 kamen hauptsächlich sog. Mainframes (Zentralrechner) zum Einsatz, wobei den Nutzern lediglich Workstations zur Verfügung standen, über welche die Zentralrechner bedient werden konnten. Im Herbst 1971 präsentierten Ingenieure von Intel den ersten Mikroprozessor. Dies war die Geburtsstunde des *Personal Computers (PC)*. Es kam zur massenhaften Ausbreitung von Computersystemen, die immer kleiner und schneller wurden. Mitte der 90er wurde mit dem Internet der Grundstein zur Ausbreitung vernetzter Rechner gelegt.

Im Bereich der *Programmierung* ergab sich eine nahezu parallele Fortentwicklung, die vor allem auf die höhere Rechenleistung und damit auf die gestiegenen Anforderungen und die Komplexität der benötigten Software zurückzuführen ist. In der Zeit zwischen 1930 und 1950 wurde individuell in Maschinensprache mit dem Binärcode 0 und 1 programmiert. Mit der Entwicklung der Compiler bzw. Interpreter in den 50er und 60er Jahren des 20. Jahrhunderts wurde die Assembler-Phase eingeleitet. Zwischen 1960 und 1990 ergab sich aufgrund des technischen Fortschritts zunehmend die Möglichkeit, Software komplexer gestalten zu können, wobei das strukturierte Programmieren erfolgreich zum Einsatz kam, um große Softwareprogramme umzusetzen. Ab 1990 wurden hierzu zunehmend objektorientierte Programmiersprachen eingesetzt.

2.3 Klassifikation von Technologien

Bei der Vielzahl an unterschiedlichen Technologien schaffen Klassifikationen einen Überblick. Technologien können dabei nach unterschiedlichen Kriterien eingeteilt werden. Ein beliebtes Unterscheidungsmerkmal ist der Reifegrad von Technologien (vgl. S-Kurven-Konzept in Abschnitt 2.2). Andere mögliche Kriterien nach Gerpott (2005) sind in Tabelle 2.1 dargestellt.

Tabelle 2.1: Klassifikation von Technologien (Gerpott 2005)

Kriterium	*Ausprägung*
Branchenbezogene Anwendungsbreite	Querschnittstechnologie
	Spezifische Technologie
Einsatzgebiet	Produkttechnologie
	Prozesstechnologie
	Verfahrenstechnologie
Grad des Produktbezugs	Kerntechnologie
	Unterstützungstechnologie
Interdependenzen	Komplementärtechnologie
	Substitutions- bzw. Konkurrenztechnologie
Rechtliche Schützbarkeit	Geschützte Technologie
	Ungeschützte Technologie
Unternehmensinterne Anwendungsbreite/ Wettbewerbspotenzial	Kernkompetenztechnologie
	Randkompetenztechnologie

Da sich die Technologielandschaft in einem ständigen Wandel befindet, ist es schwer, eine allgemeingültige Übersicht zu erstellen, die alle auf dem Markt verfügbaren Technologien umfasst. Innerhalb von wenigen Jahren schreitet die Entwicklung so rasant voran, dass eine zuvor getroffene Einteilung schnell wieder überholt ist. So aktualisiert der Marktforscher Gartner seinen „Hype Cycle" (vgl. Abschnitt 2.3.3) jährlich, um aktuelle Technologieentwicklungen einbeziehen zu können.

Ähnliches gilt für die Klassifikation verschiedener Arten von Technologien. Derzeit wichtige Technologieklassen sind beispielsweise Multimedia-, Sicherheits-, Business Intelligence-, E-Business-, Internet- und mobile Kommunikationstechnologien. Die folgenden Abschnitte benennen grundlegende Internet-, mobile Kommunikations- und Zukunftstechnologien. Dabei zeigen sie die Eignung des S-Kurven-Konzepts zur Einordnung von unternehmensrelevanten Technologien.

2.3.1 Internet-Technologien

Das Internet ist das größte und meistgenutzte Netzwerk der Welt. Unter Verwendung von Standardtechnologien werden Millionen von Computern in verschiedenen Ländern als Netzwerk verbunden. Das Internet ist eine Plattform für Technologien wie das World Wide Web, E-Mail, FTP, Voice over IP, IPTV, RSS, Podcasts, Blogs, Wikis, Microblogging und soziale Netzwerke, welche sich in unterschiedlichen Lebenszyklusphasen befinden. Abb. 2.3 zeigt eine mögliche Einordnung dieser Technologien in das S-Kurven-Konzept.

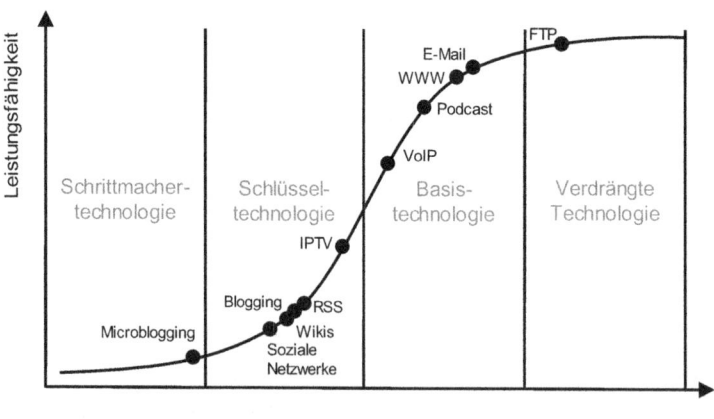

Abb. 2.3: Wichtige Internet-Technologien im S-Kurven-Konzept

Das *World Wide Web* ist ein Internet-Dienst, der aus einem Netz von Web-Seiten besteht. Zur Nutzung des World Wide Web ist ein Web-Browser (z. B.

2.3 Klassifikation von Technologien   39

Internet Explorer, Firefox, Google Chrome) notwendig, der Daten von einem Web-Server holt und beispielsweise auf einem Bildschirm darstellt.

E-Mail ist ein weiterer Dienst des Internets, bei dem „briefartige" Nachrichten elektronisch übermittelt werden. Zur Übertragung werden vorwiegend SMTP (Simple Mail Transfer Protocol) und IMAP (Internet Message Access Protocol) genutzt.

Das Netzwerkprotokoll *FTP* (File Transfer Protocol) dient der Dateiübertragung in TCP/IP-Netzwerken (Transmission Control Protocol / Internet Protocol). Es wird benutzt, um Dateien von einem Server auf einen Client herunterzuladen bzw. von einem Client auf einen Server hochzuladen oder Clientgesteuert Dateien zwischen zwei Endgeräten zu übertragen. Diese Funktionalität ist mittlerweile in die meisten Web-Browser integriert.

VoIP (Voice over IP) ermöglicht das Telefonieren über Computernetzwerke. Auf der Basis des Internetprotokolls (IP) werden die Gesprächsdaten übermittelt und herkömmliche Telefontechnologien wie ISDN, das Telefonnetz und weitere Komponenten ersetzt.

Im Zuge der fortschreitenden Digitalisierung des Fernsehens ist *IPTV* (Internet Protocol Television) eine weitere Technologie, die das Internet als Übertragungsweg nutzt. Multimediainhalte wie Video, Audio, Texte, Bilder und Daten werden dabei über IP-basierte Netze gesendet und mit Mobiltelefonen, Computern oder Fernsehgeräten empfangen.

RSS (Really Simple Syndication) ist eine Technologie zum Abonnement von Web-Inhalten. Dabei werden neue Informationen einer Web-Seite dynamisch im XML-Format (Extensible Markup Language) codiert und im Netz zugänglich gemacht. Der Nutzer kann Angebote über einen RSS-Reader abonnieren, welcher in regelmäßigen Abständen Anfragen zur Aktualisierung an den Server sendet und Änderungen live übermittelt. Da die Inhalte durch RSS in einem standardisierten Format vorhanden sind, eignen sie sich gut für die automatische Integration in eine andere Web-Seite und lassen sich leicht auf verschiedenen Endgeräten (z. B. Notebook, Mobiltelefon) darstellen.

Unter einem *Blog* oder Weblog versteht man die chronologische Publikation und Verbreitung von Web-Inhalten in Tagebuchform. Aspekte des eigenen Lebens und Meinungen zu spezifischen Themen können mit Tags kategorisiert und mit den Lesern diskutiert werden.

Ein *Podcast* ist eine Serie von Medienbeiträgen (Audio oder Video), die über Blogs und Online-Plattformen verbreitet oder über einen RSS-Feed automatisch bezogen werden können.

Wikis sind Zusammenstellungen von Web-Inhalten, die von mehreren Autoren erstellt, geändert oder gelöscht werden können. So werden die Erfahrungen und der Wissensschatz der Autoren kooperativ ausgedrückt. Das größte und bekannteste Wiki ist Wikipedia.

Microblogging ist eine Form des Bloggens, bei der kurze, SMS-ähnliche Textnachrichten (max. 200 Zeichen) publiziert werden. Die einzelnen Nachrichten sind privat oder öffentlich zugänglich und werden wie in einem Blog chronologisch dargestellt. Sie können über verschiedene Kanäle wie SMS oder E-Mail erstellt und abonniert werden. Der bekannteste Microblogging-Dienst ist Twitter.

Soziale Netzwerke sind Netzgemeinschaften oder Portale, mithilfe derer die Nutzer meist ein persönliches Profil, eine Kontaktliste sowie den Empfang und Versand von Nachrichten verwalten. Die populärsten sozialen Netzwerke in Deutschland sind XING, StudiVZ und Facebook.

Eine ausführliche Darstellung der Internet-Technologien ist im Buch „Grundzüge der Wirtschaftsinformatik" von Mertens et al. (2010) zu finden.

2.3.2 Mobile Kommunikationstechnologien

Neben dem Internet hat im 21. Jahrhundert wohl kaum eine andere Technologieklasse einen derartigen Wachstumsschub erfahren wie die mobilen Kommunikationstechnologien. Ihre Entwicklung hat das Kommunikationsverhalten der Menschen grundlegend verändert. Kommunikation ist nicht mehr an einen bestimmten Ort gebunden, sondern kann von überall aus und zu jedem Zeitpunkt stattfinden. Beispiele für mobile Kommunikationstechnologien sind Wireless LAN, GSM, GPRS, Bluetooth, RFID, UMTS, IrDA und WAP. Ordnet man diese in das S-Kurven-Konzept ein, ergibt sich folgendes Bild (vgl. Abb. 2.4):

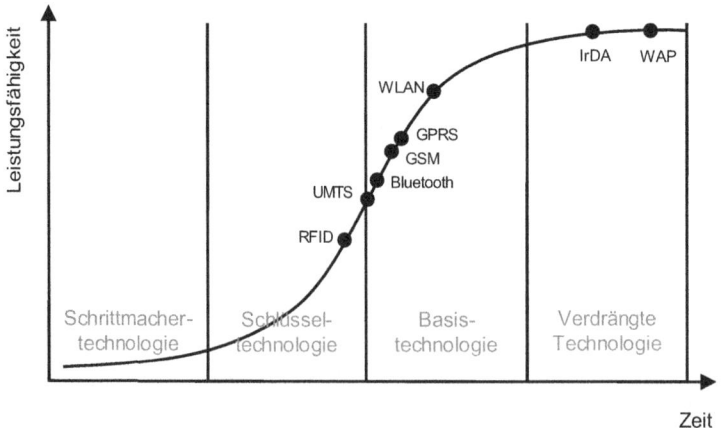

Abb. 2.4: Wichtige mobile Kommunikationstechnologien im S-Kurven-Konzept

2.3 Klassifikation von Technologien

Ein *Wireless LAN* (Local Area Network) ist ein drahtloses lokales Netzwerk, über das (mobile) Endgeräte kommunizieren können.

GSM (Global System for Mobile Communications) ist ein Mobilfunkstandard, der für die Telefonie und die Übertragung von SMS genutzt wird. Er ist der erste Standard der zweiten Mobilfunkgeneration (2G) und hat das A-Netz, B-Netz und C-Netz der frühen 90er Jahre abgelöst.

GPRS (General Packet Radio Service) ist eine paketorientierte Technologie zur Datenübertragung, die in GSM-Netzen benutzt wird. Dabei werden die Daten beim Sender in einzelne Pakete geteilt, übertragen und beim Empfänger wieder zusammengesetzt.

Bluetooth ist, wie auch Wireless LAN, zur Funkvernetzung von Geräten wie Mobiltelefonen und Notebooks geeignet, wobei die Reichweite hier wesentlich kürzer ist.

RFID ist eine Sender-Empfänger-Technologie, die eine automatische, berührungslose Identifikation von Gegenständen, Tieren oder Personen ermöglicht. Die mobilen Geräte sind sog. RFID-Transponder, die einen Sender- und Empfängerschaltkreis und einen Informationsspeicher mit den notwendigen Identifikationsmerkmalen enthalten. Das Gegenstück zum RFID-Transponder ist der RFID-Reader, der den Transponder mit Energie versorgt und dessen Daten empfängt, sobald sich dieser in seiner Reichweite befindet.

Beispiel 2.2: Metro Future Store – RFID

Die *Metro Group* will durch ihren *Future Store* ein neues Einkaufserlebnis vermitteln. Grundlage für diesen Store ist die RFID-Technologie. Beispielsweise verändern sich Lagereingangsprozesse durch die RFID-Technik maßgeblich. Wo früher mit Barcodescannern einzelne Paletten oder sogar Pakete gescannt werden mussten, können nun ganze Ladungen beim Passieren eines Tors, das RFID-Signale lesen kann, aufgenommen werden. Sichtkontakt zu den RFID-Etiketten braucht der Scanner nicht. Den größten Mehrwert liefert das Geschäftsmodell, das um diese RFID-Technologie herum aufgebaut wurde. Zum einen wird der Kunde über den gesamten Einkaufsverlauf hinweg mit Tipps und Ratschlägen versorgt. Auf Basis von früheren Einkäufen, die auf einer Kundenkarte gespeichert werden, teilt der intelligente Einkaufswagen dem Kunden direkt aktuelle Angebote mit. Zum anderen kann der Kunde schon von Zuhause aus Einkaufslisten erstellen und auf seinem Account speichern. Der Einkaufswagen zeigt dann die beste Route zu den einzelnen Produkten an und vereinfacht damit den Einkaufsprozess. Zusätzliche Infoterminals und der Metro-Einkaufsassistent (MASSI) informieren über die eingekauften Produkte, indem sie den RFID-Chip auf der

Produktverpackung, auf dem Produktdaten und andere Informationen gespeichert sind, auslesen. Beim Bezahlvorgang müssen die einzelnen Produkte nicht gescannt werden, sondern werden durch das Passieren eines RFID-Scanners automatisch identifiziert. Dies verbessert nicht nur die Geschwindigkeit des Einkaufs, sondern auch den Komfort und die Sicherheit.

UMTS (Universal Mobile Telecommunications System) ist ein Mobilfunkstandard der dritten Generation (3G), mit dem höhere Datenübertragungsraten als mit dem Standard der zweiten Generation, GSM, möglich sind.

Eine Technologie, die häufig als Beispiel für eine verdrängte Technologie herangezogen wird, ist die Infrarot-Technologie *IrDA* (Infrared Data Association). Diese wird wohl aufgrund des erforderlichen Sichtkontakts zwischen Sender und Empfänger durch die einfacher zu handhabende Bluetooth-Technologie ersetzt.

Auch das *WAP* (Wireless Application Protocol), das Internet-Inhalte für langsamere Übertragungswege verfügbar machen sollte, wird aufgrund neuerer Entwicklungen kaum noch genutzt.

Weitere mobile Kommunikationstechnologien sind z. B. das Datenübertragungsverfahren HSDPA (High Speed Downlink Packet Access), EDGE (Enhanced Data Rates for GSM Evolution) oder Near Field Communication (NFC).

2.3.3 Zukunftstechnologien

Ebenso wie das S-Kurven-Modell beurteilt auch der jährlich aktualisierte *Hype Cycle for Emerging Technologies* (vgl. Abb. 2.5) des Marktforschers Gartner verschiedene Phasen, die eine Technologie nach ihrer Einführung durchläuft (Gartner 2009). Eingeordnet in die Dimensionen Zeit und Aufmerksamkeit bzw. Sichtbarkeit wird der Hype Cycle in fünf Abschnitte unterteilt:

- Technology Trigger („Technologischer Auslöser")
- Peak of Inflated Expectations („Gipfel der überzogenen Erwartungen")
- Trough of Disillusionment („Tal der Enttäuschungen")
- Slope of Enlightment („Pfad der Erleuchtung")
- Plateau of Productivity („Plateau der Produktivität")

2.4 Methoden des Technologiemanagements

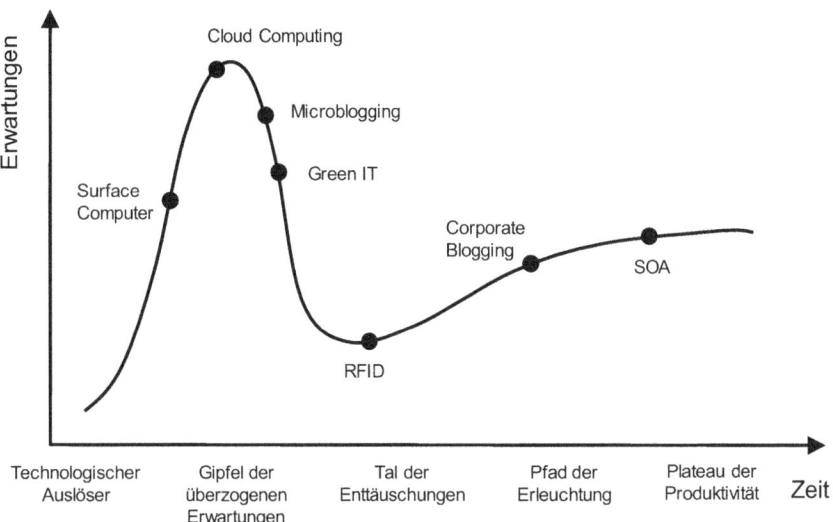

Abb. 2.5: Gartner Hype Cycle for Emerging Technologies 2009 (Gartner 2009)

2.4 Methoden des Technologiemanagements

Analog zu Technologiearten lassen sich auch Methoden des Technologiemanagements in den Lebenszyklus von Technologien einordnen. Für jeden Abschnitt, insbesondere für die Übergangsphasen zwischen verschiedenen Entwicklungsstufen (vgl. Abb. 2.2.), gibt es spezielle Methoden, um neue Technologien frühzeitig zu erkennen, auszuwählen, zu bewerten und möglichst vor der Konkurrenz einzuführen.

Die Technologiefilterung kann als Trichterprozess dargestellt werden. Durch die Auswahl geeigneter Methoden soll erreicht werden, dass keine Technologien herausgefiltert werden, die eventuell über ein signifikantes Marktpotenzial verfügen. Andererseits muss der Filter die Eigenschaft haben, „schlechte" Technologien auszusortieren. Somit liegt eine wesentliche Schwierigkeit in der Bewertungsphase (vgl. Abb. 2.6). Zur Unterstützung dieses Prozesses werden verschiedene Methoden eingesetzt.

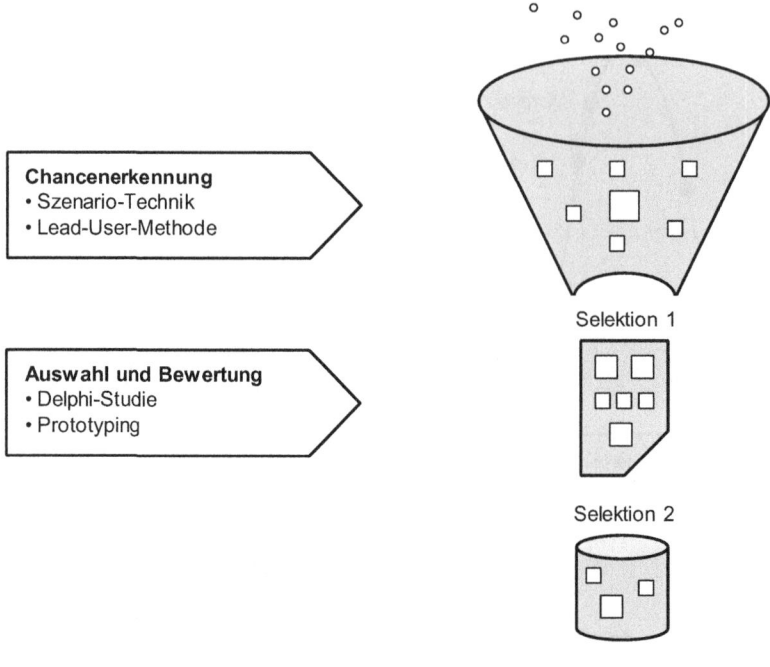

Abb. 2.6: Trichterprozess der Technologiefilterung

2.4.1 Erkennen von Technologien

Zum Erkennen von Technologien eignen sich unterschiedliche Methoden, die ein strukturiertes und systematisches Vorgehen unterstützen. Dazu gehören unter anderem die im Folgenden dargestellte Szenario-Technik und die Lead-User-Methode. Aber auch das Technologie-Roadmapping oder das Technologie-Screening und -Monitoring werden häufig eingesetzt.

Szenario-Technik

Ein *Szenario* ist eine allgemein verständliche Beschreibung einer möglichen Situation in der Zukunft, die auf einem komplexen Netz von Einflussfaktoren beruht. Ein Szenario kann darüber hinaus die Darstellung einer Entwicklung enthalten, die aus der Gegenwart zu einem zukünftigen Szenario führt.

Mithilfe der *Szenario-Technik* werden realistische, zukünftige Entwicklungsmöglichkeiten bei relativ großer Unsicherheit in Abhängigkeit von bestimmten Rahmenbedingungen aufgezeigt. Anhand von Überlegungen, welche zukünftigen Situationen denkbar wären, wird versucht zu antizipieren, wie man auf entsprechende Veränderungen reagieren kann. Tritt ein zuvor bedachter

2.4 Methoden des Technologiemanagements

Zustand ein, kann ggf. auf einen bereits angefertigten Plan bzw. entsprechende Handlungsalternativen zurückgegriffen werden. Die Begriffe „Szenario-Technik", „Szenario-Analyse" und „Szenario-Methode" werden dabei oft synonym verwendet.

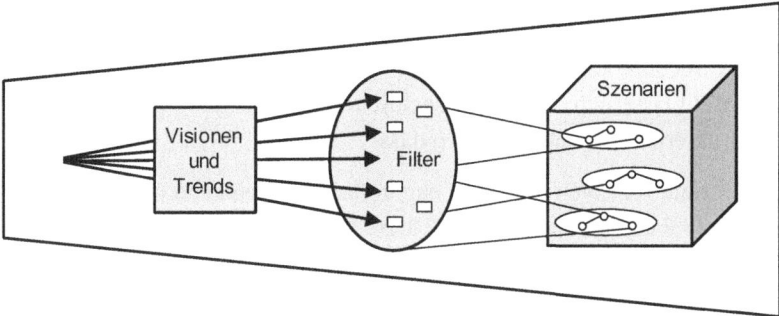

Abb. 2.7: Szenario-Trichter

Für einen Betrachtungszeitpunkt in der Zukunft existieren auf Basis verschiedener Trends und Visionen eine große Anzahl plausibler Zukunftsalternativen bzw. -szenarien (vgl. Abb. 2.7).

Die Szenario-Technik wird insbesondere dann angewendet, wenn:

- vernetzte und hoch komplexe Problemstellungen vorliegen, die schlecht strukturiert sind und bei denen qualitative Aspekte eine gewichtige Rolle spielen,
- qualitative als auch quantitative Planungen mit mittel- bis langfristigem Horizont erstellt werden sollen,
- Wissensaustausch zwischen den Beteiligten angestrebt wird,
- Kreativität zur Problemlösung benötigt wird und/oder
- die Zukunft in Bezug auf ein Problem nicht vorhersehbar ist.

Im Technologiemanagement lassen sich technologische Entwicklungen in unterschiedlichen wirtschaftlichen, technologischen, wissenschaftlichen und gesellschaftlichen Umfeldern prognostizieren. In verschiedenen Szenarien wird die Technologie unter bestimmten Ausprägungen des Umfelds betrachtet. Die Szenario-Technik dient als Hilfsmittel zur Ableitung von Handlungsempfehlungen für unterschiedliche Zustände und soll Signale identifizieren, die Anzeichen für Zustandsänderungen darstellen. Zudem soll sie bestehende Annahmen und Strategien hinterfragen und überprüfen.

Die Ableitung der Strategie aus jedem möglichen Szenario ist jedoch kaum praktikabel. Eine sinnvolle Beschränkung auf etwa zwei bis fünf Szenarien erweist sich vielfach als völlig ausreichend. Häufig beschränken sich Analysen auf die folgenden drei Szenarien:

- *Positives Extremszenario* (Best Case)
- *Negatives Extremszenario* (Worst Case) und
- *Trendszenario* (Fortschreibung der historischen Entwicklung in die Zukunft).

Die Szenario-Technik kann auf vielfältige Problemfelder angewendet werden. Ein Problemfeld lässt sich durch eine sachliche, zeitliche und räumliche Komponente charakterisieren. Das bedeutet, dass:

- das Problemfeld sehr weit oder sehr eng gefasst werden kann (sachlich),
- kurzfristige (5 Jahre), mittelfristige (10-20 Jahre) und langfristige (>20 Jahre) Szenarien erstellt werden können (zeitlich) und
- das Problem auf einen lokalen, regionalen, nationalen oder sogar internationalen Raum bezogen werden kann (räumlich).

Ein zweckmäßiges Vorgehen für die Szenario-Technik verfolgt acht Schritte (vgl. Abb. 2.8): Im ersten Schritt, der *Aufgabenanalyse*, wird die zu untersuchende Problemstellung analysiert und exakt definiert. Dies umfasst insbesondere die Bestimmung der Deskriptoren, d. h. der Variablen, deren Entwicklung in den nächsten Schritten analysiert und prognostiziert werden soll.

In der *Einflussanalyse* werden die Einflussfaktoren, d. h. die Variablen, die sich auf die Entwicklung der Deskriptoren auswirken, bestimmt. Außerdem werden Interdependenzen zwischen Einflussfaktoren untersucht.

Mit den *Trendprojektionen* erfolgen die Beschreibung des Ist-Zustands und die Voraussage der zukünftigen Entwicklung der Deskriptoren (beispielsweise durch Experten). Ist keine eindeutige Voraussage möglich, müssen alternative Projektionen entwickelt werden.

Durch die *Alternativenbündelung* wird die Konsistenz und Verträglichkeit der einzelnen Projektionen geprüft und zu Annahmebündeln zusammengefasst. Ein solches Annahmebündel repräsentiert folglich eine konsistente, zukünftige Entwicklung.

Aus der Zusammenfassung mehrerer Annahmebündel entstehen im Rahmen der *Szenario-Interpretation* schließlich Szenarien. Hierfür können z. B. mehrere Worst-Case-Annahmebündel zu einem Worst-Case-Szenario aggregiert werden. Mithilfe der verschiedenen Szenarien können dann mögliche Entwicklungen dargestellt werden.

In der *Konsequenzanalyse* werden die Folgen der einzelnen Szenarien auf die Problemstellung projiziert. Damit kann beispielsweise eine Stärken-Schwächen-Analyse durchgeführt werden, die die Basis für die spätere Strategieentwicklung schafft.

2.4 Methoden des Technologiemanagements 47

Die *Störereignisanalyse* dient der Identifikation von potenziellen externen oder internen Störereignissen sowie Entscheidungspunkten. Diese ist wichtig, um eventuelle Auswirkungen dieser Ereignisse abzuschätzen.

Ziel des *Szenario-Transfers* ist die Strategieformulierung. Darauf aufbauend lassen sich konkrete Handlungs- bzw. Krisenpläne entwickeln. Ausgehend von dieser neuen Strategie sollte auch eine Validierung in Bezug auf die bestehende Ausgangssituation stattfinden.

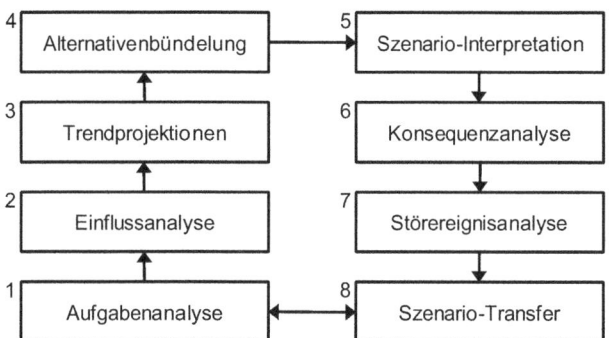

Abb. 2.8: Ablauf der Szenario-Technik

Beispiel 2.3: Royal Dutch / Shell – Szenario-Technik

Das wohl bekannteste Beispiel für die Anwendung der Szenario-Technik im Bereich der strategischen Unternehmensplanung ist die „Year 2000"-Studie von *Royal Dutch / Shell*. Das Unternehmen ist in der Mineralölindustrie tätig. Da in dieser Branche große Unsicherheit bezüglich zukünftiger Entwicklungen besteht, Investitionsprojekte aber langfristig sind, benötigte das Unternehmen in den 60er Jahren zuverlässige Aussagen über die Zukunft. Als sich bei zunehmendem Planungshorizont, respektive bei zunehmender Unsicherheit und Komplexität, immer mehr Widersprüche ergaben, führte Shell die sog. Eventualplanung auf Basis von Szenarien ein. Diese beruhten ausschließlich auf ungewichteten, alternativen Größen und stellten lediglich Entwicklungsszenarien dar. Die interessante Erkenntnis der Planer war, dass vieles nur ungewiss erscheint, in Wirklichkeit aber vorherbestimmt ist.

Durch die Berücksichtigung der aktuellen Umstände und der voraussichtlichen Entwicklung kamen die Szenario-Planer zu der Erkenntnis, dass die Macht der OPEC steigen und der Weltölverbrauch zunehmen würde. So konnten die Entwickler auch davon ausgehen, dass es zu einer Störung der Ölversorgung und einer damit verbundenen Krise kommen würde. Um das

Top-Management zu überzeugen, wurden drei verschiedene Szenarien konstruiert. Das erste Szenario ging von dauerhaft niedrigem Wirtschaftswachstum aus. Im Zweiten wurden mehrere Störereignisse betrachtet und im Dritten ging man von extrem günstigen politischen Entwicklungen aus. Nun konnte man für jedes Szenario die mögliche Reaktion des Unternehmens planen.

Aufgrund der geringen Akzeptanz dieser Lösung im Management erweiterten die Entwickler die formulierten Krisenszenarien zu sog. „Phantomszenarien", bei denen sich die bisherigen Annahmen als unrealistisch herausstellten. Sie kamen zu der Erkenntnis, dass es nur eine Frage der Zeit sei, bis eine Ölkrise eintreten würde. Die verschiedenen Bereiche des Unternehmens wurden daraufhin auf die zukünftigen Veränderungen vorbereitet. Außerdem wies Shell auf die Möglichkeiten des Energiesparens hin und förderte alternative Energien.

Als die Krise schließlich tatsächlich eintrat, konnte Shell seine Alternativpläne umsetzen, während andere Unternehmen die Krise noch analysierten. Genauso arbeiteten sie an Aufschwungszenarien für die Zeit nach der Ölkrise und waren die Gewinner des darauffolgenden Booms. Royal Dutch / Shell wuchs in den 70er Jahren vom acht- zum zweitgrößten Mineralölkonzern der Welt. Dies war aber nur der Anfang der Szenario-Planung bei Shell. Seitdem werden etwa alle vier Jahre Szenarien konstruiert. Diese sollen dabei nicht die Zukunft vorhersagen, sondern die Denkweise des Managements beeinflussen und das Unternehmen besser auf die Zukunft vorbereiten.

Lead-User-Methode

Als *Lead-User* bezeichnete Kunden verfügen bezüglich ihrer Produktanforderungen über weitergehende Bedürfnisse, die andere Kunden (noch) nicht verspüren und welche durch das bestehende Marktangebot nicht befriedigt werden können. Der Lead-User befindet sich folglich in fortschrittlichen Anwendungssituationen. Durch diese Unzufriedenheit im Hinblick auf das bestehende Marktangebot hat er also einen hohen Anreiz, innovative Lösungen zu entwickeln.

Das Konzept der *Lead-User* wurde in den 80er Jahren entwickelt und dient der Generierung von Neuproduktideen. Es zielt darauf ab, durch die Einbindung von trendbewussten, fortschrittlichen Kunden in den Technologiemanagementprozess das Misserfolgsrisiko von neuen Technologien zu identifizieren und zu reduzieren. Im Vergleich zur herkömmlichen Marktforschung ist die Erfolgsquote dieser Methode oftmals höher. Gleichzeitig ist sie kosten-

2.4 Methoden des Technologiemanagements

günstiger. Da die Lead-User jedoch teilweise nicht zur Zielgruppe gehören, kann die Methodenanwendung auch falsche Stoßrichtungen aufzeigen.

Bei der Anwendung des Lead-User-Konzepts werden zunächst Projektgruppen im Unternehmen gebildet. Diese Gruppen identifizieren diejenigen Lead-User, mit denen im Anschluss innovative Lösungen generiert werden sollen. Vor der eigentlichen Markteinführung helfen Analysen auf Testmärkten, notwendige Anpassungen oder Weiterentwicklungen zu erkennen.

Die Lead-User-Methode wird meist im Anfangsstadium eines Innovationsprojekts angewandt. Sie kommt zum Einsatz, wenn es darum geht, Ansätze für radikale Innovationen, sog. „Breakthroughs", zu entwickeln. Dies basiert auf der Tatsache, dass grundlegende und radikale Innovationen nicht mit herkömmlichen Instrumenten der Marktforschung ausfindig gemacht werden können. Daher wenden viele erfolgreiche Unternehmen aus den unterschiedlichsten Branchen, wie beispielsweise HILTI, Kellogg, Johnson & Johnson, 3M oder Nortel Networks, die Lead-User-Methode an. Diese läuft in fünf Phasen ab (vgl. Abb. 2.9):

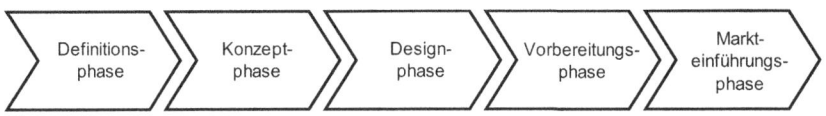

Abb. 2.9: Ablauf der Lead-User Methode

In der *Definitionsphase* werden interdisziplinäre Teams gebildet. Um einen effektiven Projektverlauf zu gewährleisten, umfasst jedes Team nicht mehr als sechs Mitglieder, wobei jedes Mitglied die Hälfte seiner regulären Arbeitszeit für das Lead-User-Projekt aufwendet. Nach der Teambildung wird das Suchfeld bestimmt, also der Bereich für den Innovationen gefunden, Kundenprozesse analysiert und relevante Kriterien der Kundenzufriedenheit identifiziert werden sollen. In diesem Rahmen sind Projektziele zu definieren, z. B. Entwicklungszeiten, Marktdifferenzierung oder Innovationsgrad.

Bevor nach Lead-Usern gesucht wird, müssen in der *Konzeptphase* zunächst bedeutende Trends und Entwicklungen in Technologie, Wirtschaft, Gesellschaft etc. identifiziert werden. Dabei sind vor allem Expertengespräche hilfreich. Als Sekundärquellen können Datenbanken, das Internet und Literatur verwendet werden. Diese fungieren nicht nur als Informationsquellen für Trends und Bedürfnisse, sondern können Hinweise auf innovative Kunden geben, die potenzielle Lead-User darstellen.

Um Lead-User ausfindig zu machen, sind vom Projektteam zunächst Indikatoren festzulegen, nach denen sie die Lead-User auswählen. Indikatoren sind beispielsweise innovative Ideen, Erfahrungswissen oder auch Kritik an vorhandenen Produkten. Die Suche nach Lead-Usern kann auf verschiedene Art und Weise erfolgen, z. B.:

- *Screening-Suche:* Bei einem Screening werden aus einer großen Anzahl von Usern die Lead-User mithilfe der zuvor festgelegten Indikatoren herausgefiltert. Dies kann beispielsweise durch Befragung erfolgen. Voraussetzung für dieses Vorgehen ist, dass die Anzahl der User nicht zu groß ist, um keine Anwender von dem Screening ausschließen zu müssen.
- *Networking-Pyramiding-Suche:* Bei dieser Suchart nähert man sich Schritt für Schritt einem Team aus Lead-Usern. So wird zuerst nur eine kleine Anzahl von Kunden zum Thema befragt. Gleichzeitig werden bei dieser Befragung auch weitere Lead-User ermittelt. Dieses Vorgehen basiert auf Weiterempfehlungen durch eigene Kunden.

Generell sollte die Suche sowohl auf dem Zielmarkt als auch auf analogen Märkten stattfinden, da besonders die Ermittlung von Lösungsalternativen gute Ansätze für neue Innovationen liefern kann.

In der *Designphase* werden beispielsweise im Rahmen eines Workshops, an dem Lead-User und Mitarbeiter des Unternehmens teilnehmen, vorhandene Innovationsideen weiterentwickelt (und möglicherweise neu kombiniert). Ziel des Workshops ist es, die Ideen im Rahmen von Modellen oder Konzepten zu präsentieren. Abschließend werden die Ergebnisse bewertet und den Entscheidungsträgern im Unternehmen vorgestellt. Dadurch wird der Erfüllungsgrad der Kundenerwartung, in diesem Fall der Lead-User, getestet und ggf. bestätigt.

Dem durch das Lead-User-Konzept gesteigerten Innovationsgrad im Entwicklungsprozess stehen unter Umständen Probleme bei der Einführung auf dem Markt für die breite Masse bzw. für eine bestimmte Zielgruppe entgegen. Positive Tests unter den Pionierkunden garantieren nicht zwangsläufig eine erfolgreiche Einführung bei „normalen" Kunden. Deshalb sollten der eigentlichen Markteinführung in der *Vorbereitungsphase* mittels Methoden der Marktforschung Testläufe vorgeschaltet werden. So besteht die Möglichkeit, Testmärkte (mit entweder ähnlichen oder sich von den Pioniergruppen unterscheidenden Anwendern) zu simulieren oder Minimarkttests bzw. Score-Tests durchzuführen. Dadurch sollen Funktionalität und Produktqualität unter Praxisbedingungen geprüft werden.

Nach Bestätigung der Innovation mithilfe der in der Vorbereitungsphase durchgeführten Testmarktforschung wird das Produkt bzw. die Leistung in der *Markteinführungsphase* auf die Zielmärkte gebracht. Durch Rückmeldungen von Kunden können weitere Verbesserungsvorschläge, Anpassungen oder Entwicklungsperspektiven ermittelt werden.

2.4 Methoden des Technologiemanagements

Beispiel 2.4: HILTI – Lead-User-Methode

HILTI, ein Unternehmen der Bau- und Befestigungsindustrie, arbeitete bereits in den 80er Jahren mit der Lead-User-Methode. Die erste Anwendung wurde im Suchfeld der Befestigung von Rohrleitungen (Wasser, Klima, Sanitär) und Lüftungsschächten in Gebäuden durchgeführt. Die Trendanalyse, die gemeinsam mit Planungsingenieuren durchgeführt wurde, ergab einen hohen Bedarf für ein flexibles und einfach handhabbares Befestigungssystem, wodurch eine wesentlich schnellere Montage ermöglicht werden sollte.

Aus einer Gruppe von über 150 Anwendern wurde mithilfe des Screening-Ansatzes eine Gruppe von 14 Lead-Usern ausgewählt, die alle zuvor festgelegten Lead-User-Indikatoren erfüllten. Einige dieser Anwender hatten in Ermangelung funktionstüchtiger Systeme eigene Lösungen aus Einzelkomponenten verschiedener Hersteller konstruiert. Aus dem Workshop ging ein Konzept für ein innovatives Befestigungssystem hervor, das kurze Zeit später patentiert wurde. Die daraus entwickelten Produkte waren die Grundlage für den neuen Geschäftsbereich „Montagetechnik" und sind fester Bestandteil des HILTI-Verkaufsprogramms.

2.4.2 Auswählen und Bewerten von Technologien

Zur Auswahl und Bewertung von Technologien, die für ein Unternehmen von Relevanz sind, existieren ebenfalls eine Reihe von Methoden. Sehr bekannt sind in diesem Zusammenhang neben der Machbarkeitsanalyse und der Quality-Function-Deployment (QFD)-Methode, die nachfolgend vorgestellte Delphi-Methode und das Prototyping.

Delphi-Methode

Bei der Delphi-Methode handelt es sich um einen mehrstufigen, formalisierten Befragungsprozess, bei dem ein Panel aus mehreren Experten die zukünftigen Entwicklungen auf einem bestimmten Gebiet einschätzt. Eine Besonderheit ist, dass die Teilnehmer des Panels untereinander anonym bleiben. Die Delphi-Methode wurde in der amerikanischen „Denkfabrik" RAND (Research and Development) ab dem Jahr 1950 im Auftrag der US-Luftwaffe entwickelt. Der Codename dieses Forschungsvorhabens war „Project Delphi". 1964 wurde schließlich das RAND-Paper mit dem Titel „Report on a Long-Range Forecasting Study" von T. J. Gordon und O. Helmer veröffentlicht. Darin sind die Grundzüge der heute unter dem Namen „Delphi" bekannten Methodik beschrieben. Zielsetzung dieses Forschungsprojekts war es, die Auswirkungen des technologischen Fortschritts auf das Militär und damit die Art und Weise der Kriegsführung zu untersuchen. Die Delphi-Methode zielt darauf ab, die Richtung und Geschwindigkeit zukünftiger Entwicklungen und deren Auswirkungen auf eine bestimmte Domäne abzuschätzen. Hierfür zieht die Delphi-Methode die fachliche Meinung einer Reihe von Experten heran. Die auf diese Weise gewonnene Zukunftsprognose stützt sich somit nicht auf mathematische Formeln oder Modelle, sondern allein auf die Meinung der Befragten.

Typischerweise wird die Delphi-Methode zur Bestimmung von Entwicklungsprognosen im Technologiebereich eingesetzt. Gegenstand der Methodenanwendung sind komplexe und langfristige Probleme, die einen Prognosezeitraum von zehn oder mehr Jahren umfassen. Bei der Anwendung dieses Verfahrens sollte so genau wie möglich klar sein, worin das Ziel der jeweiligen Studie besteht.

Bei der Delphi-Methode nimmt ein Expertengremium wiederholt Stellung zu einem Fragebogen, welcher die zu prognostizierenden Aspekte des untersuchten Themengebiets enthält. Ein Hauptmerkmal der Delphi-Methode ist die Kontaktsperre zwischen den befragten Experten. Sämtliche Kommunikation wird über die Projektleitung abgewickelt. Ziel dieser Anonymität ist die Eliminierung gruppendynamischer Prozesse. Es soll verhindert werden, dass dominante oder fachlich besonders ausgezeichnete bzw. anerkannte Persönlichkeiten das Urteil anderer Mitglieder unverhältnismäßig beeinflussen. Die Delphi-Methode verläuft typischerweise in vier Phasen:

- Erstellung eines Fragebogens,
- Auswahl der Teilnehmer,
- Durchführung der Studie und
- Abschluss bzw. Abbruch der Studie.

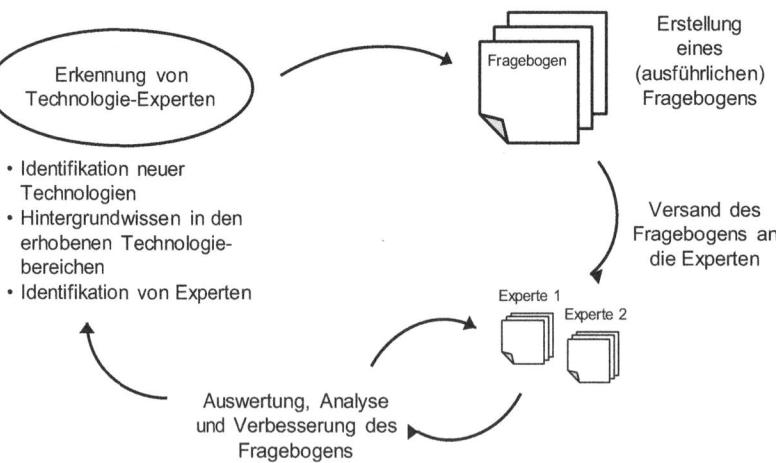

Abb. 2.10: Kreislauf bei der Delphi-Methode

2.4 Methoden des Technologiemanagements

Die Erstellung eines ausführlichen *Fragebogens* zu den zu untersuchenden Problemstellungen basiert unter anderem auf Wissen aus dem Bereich der Forschungs- und Entwicklungs (F&E)-Abteilung. Die enthaltenen Fragen sollten das Problem möglichst vollständig abdecken, da nach Beginn der Befragung keine Änderungen am Fragenschema mehr durchgeführt werden können. Somit hängt das Ergebnis einer Delphi-Studie auch maßgeblich von der Qualität der gestellten Fragen ab. Die Konzeption eines solchen Fragenkatalogs wird in der Regel von einer kleinen Expertengruppe durchgeführt, dem sog. Moderatorenteam. Im ersten Durchgang werden hauptsächlich offene Fragestellungen verwendet. In den folgenden Durchläufen wird dann versucht, die Fragen zu klassifizieren und in ein geschlossenes Format zu transformieren.

Die *Auswahl der Teilnehmer* sollte ein möglichst breites Spektrum des zu untersuchenden Sachverhalts abdecken d. h. die Mitglieder des Panels sollten das Problem aus verschiedenen Blickwinkeln betrachten. Für die Anzahl der Teilnehmer gibt es keine festen Richtwerte, so kann bei manchen Fragestellungen bereits ein Panel aus 25 Experten ausreichend sein. Je komplexer eine Fragestellung ist, umso höher sollte allerdings die Anzahl der Panelmitglieder sein.

Zur eigentlichen *Durchführung der Studie* wird der Fragebogen an die Experten versendet. Bei einer Delphi-Studie können beliebig viele Iterationen angesetzt werden. Eine Iteration gliedert sich wiederum in die folgenden Schritte: Jeder der Experten beantwortet den Fragenkatalog und übermittelt seine Ergebnisse an die Projektleitung. Die Experten erhalten dann ein Feedback, wo sie mit ihrem Standpunkt innerhalb der Gruppe stehen. Hierbei wird der Gruppentrend, die Mehrheitsmeinung bzw. herrschende Meinung, ermittelt und es werden Gegentrends, also von der Allgemeinheit abweichende Meinungen, aufgezeigt. Bei stark divergierenden Einschätzungen kann vom jeweiligen Teilnehmer eine Begründung angefordert werden.

Durch das Reflektieren zwischen dem eigenen Standpunkt und den Standpunkten der Gruppe ist zu erwarten, dass die Einschätzungen der Experten bis zu einem gewissen Grad zueinander konvergieren. Dies kann z. B. geschehen, wenn extreme Meinungen noch einmal überdacht werden oder Teilnehmer durch das Gruppenfeedback neue Überlegungen in ihre Standpunkte einbeziehen. Ab einem gewissen Grad an Übereinstimmung können die Organisatoren die Studie abbrechen. In der Praxis hat sich gezeigt, dass Delphi-Studien selten mehr als drei Durchgänge andauern, da dann die Fluktuation bereits zu groß wäre und sich die Standpunkte der Teilnehmer nur noch vernachlässigbar ändern würden.

Beispiel 2.5: Internationale Delphi-Studie 2030

Die Delphi-Methode wird beispielsweise in der „Internationalen Delphi-Studie 2030" angewandt. Sie zeigt zentrale Entwicklungen, Herausforderungen und Chancen der Informations- und Kommunikationstechnologien (IKT) auf und prognostiziert zukünftige Trends und Innovationen in diesem Bereich. Die Studie unterstreicht die Auswirkungen der IKT und damit vor allem der Digitalisierung aller Lebensbereiche auf die Gesellschaft.

Bis Mitte des Jahres 2009 bewerteten 551 internationale Experten aus Wirtschaft, Wissenschaft und Politik in zwei Befragungswellen 144 Zukunftsszenarien. Dabei wurden vier Themenschwerpunkte gesetzt, die die Entwicklung und Anwendung der IKT bis 2030 abschätzen. Der erste Block beschäftigt sich dabei mit gesellschaftlichen Implikationen der IKT-Entwicklung. Der nächste Abschnitt behandelt die Innovationspolitik im Bereich der IKT. Darauf folgen die Blöcke „Infrastrukturentwicklung und Schlüsseltechnologien" sowie „Innovationstreiber in zentralen Anwendungsbranchen".

Die Studie kommt zu dem Schluss, dass die Digitalisierung und die IKT-Durchdringung aller Lebensbereiche stetig zunehmen werden, weist jedoch auch auf Probleme wie die digitale Spaltung hin. So werden in spätestens zehn Jahren mehr als 95 % der erwachsenen Bevölkerung in Europa und den USA das Internet aktiv und umfassend nutzen. Voraussetzung für den Übergang zu einer modernen Informationsgesellschaft sind dabei das Vertrauen der Menschen im Umgang mit den IKT und leistungsfähige Kommunikationsinfrastrukturen. Eine zentrale Entwicklung ist die mobile Nutzung des Internets. Hierdurch werden nicht nur neue Anwendungsfelder geschaffen, sondern auch starke Auswirkungen auf Schlüsselbranchen in Deutschland erwartet.

Prototyping

Prototyping ist eine Methode zur Technologieentwicklung, bei der eine Reihe von lauffähigen Modellen des Endprodukts mit wachsendem Funktionsumfang entwickelt und dem Kunden präsentiert werden. Ziel des Prototyping ist es, mithilfe von frühzeitig lauffähigen Modellen (Prototypen) zu experimentieren und Fragen unterschiedlicher Art zu klären. Auf diese Weise ist es möglich, risikoreiche Projekte kalkulierbar zu machen. Im Bereich der Softwareentwicklung wird das Prototyping z. B. zur Verbesserung der Softwarequalität eingesetzt. Außerdem dient es zur Unterstützung der Kommunikation zwischen Entwicklern und Benutzern bei der Erfassung, Beschreibung und Überprüfung von

2.4 Methoden des Technologiemanagements

Benutzeranforderungen. Weitere Zielsetzungen des Prototyping sind die Initiierung von Lernprozessen sowie die Senkung von Entwicklungs- und Wartungskosten.

Prototyping wird meist verwendet, wenn Unklarheiten bei den Anforderungen bestehen. Prinzipiell kann das Prototyping sowohl für einfache als auch für qualitativ und quantitativ komplexe Projekte verwendet werden. Als Hilfsmittel stehen verschiedene Werkzeuge (Tools) zur Verfügung. Darüber hinaus gibt es noch die herkömmliche Methode des Paper Prototyping, bei dem ein Mensch die Aufgabe des Computers übernimmt und Prototypen mit Papier und Bleistift konstruiert.

Im Wesentlichen können zwei Arten von Prototypen unterschieden werden. Der *Software-Prototyp* zeigt ausgewählte Eigenschaften des späteren Zielprodukts, damit diese im praktischen Einsatz getestet werden können. Somit wird ein Prototyp als eine erste betriebsfähige Version eines Endprodukts gesehen. Hier sind drei begriffsbestimmende Merkmale zu nennen:

- *Betriebsfähigkeit:* Mithilfe von Experimenten am oder mit dem betriebsfähigen Prototyp werden Informationen über das spätere Produkt gesammelt.
- *Erste Version:* Bei einem Prototyp handelt es sich zunächst immer um eine erste Fassung des späteren Produkts.
- *Zeitlicher Bezug:* Zwischen Prototyp und späterem Produkt liegt eine Zeitspanne, in der die Prototypenweiterentwicklung stattfindet.

Der *technische Prototyp* verfügt über ähnliche Eigenschaften wie der Software-Prototyp. Er wird im Bereich der konstruktiven Ingenieurwissenschaften eingesetzt. Im Gegensatz zum Software-Prototyp ist er meist das erste Muster einer Produktserie wie es z. B. bei der Entwicklung von Kraftfahrzeugen der Fall ist.

Es lassen sich drei bedeutende Varianten des Prototyping festhalten: Basis-Prototyping, Rapid Prototyping und Virtual Prototyping.

Das *Basis-Prototyping* wird meist verwendet, wenn es Unklarheiten bei den Anforderungen an ein System gibt oder wenn andere Lösungswege zur Problemlösung nicht geeignet sind. Grundsätzlich kann man hier horizontale und vertikale Prototypen unterscheiden (vgl. Abb. 2.11).

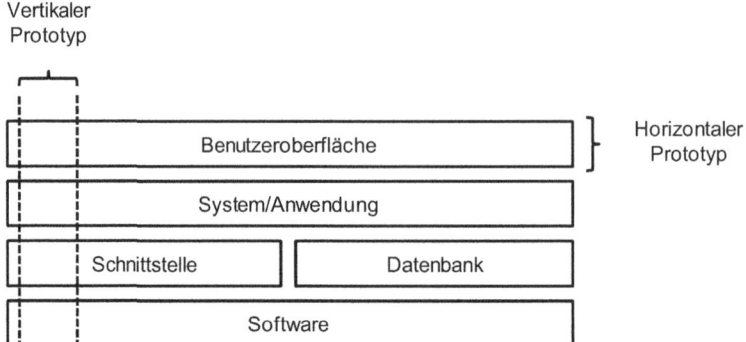

Abb. 2.11: Ausprägungen des Basis-Prototyping

Neben der Unterscheidung nach „Schnittrichtung" kann man Basis-Prototypen auch anhand des verfolgten Ziels klassifizieren:

- *Explorativ:* Endbenutzer haben noch keine klaren Vorstellungen vom gewünschten Produkt und können somit gegenüber den Entwicklern keine genauen Anforderungen formulieren. Ein Prototyp dient als Anschauungsbeispiel und hilft, die konkreten Anforderungen zu klären.
- *Experimentell:* Die Implementierung bzw. Herstellung eines Produkts ist ressourcenaufwendig. Ein experimenteller Prototyp dient in diesem Fall dem Nachweis der Umsetzbarkeit der angestrebten Problemlösung.
- *Evolutionär:* Der Prototyp wird sukzessive in mehreren Entwicklungszyklen iterativ erweitert. Am Ende jedes Zyklus steht eine betriebsfähige Version, die mit jeder sich anschließenden Iteration zusätzliche Funktionalität erhält oder an veränderte Anforderungen angepasst wird.
- *Mischform:* Mischformen eignen sich insbesondere dann, wenn mehrere der genannten Ziele verfolgt werden. So werden z. B. explorative Prototypen oft evolutionär entwickelt.

Das *Rapid Prototyping (schnelles Prototyping)* ist aus der Nachfrage der Unternehmen nach einem kostengünstigen und in sehr kurzer Zeit zu entwickelndem Prototyp entstanden. Im Bereich der Softwareentwicklung führt das Rapid Prototyping zu einer schnellen Entwicklung von lauffähigen Softwareprodukten, die direkt eingesetzt und schnell an neue Anforderungen angepasst werden können.

Die dritte grundlegende Form des Prototyping ist das *Virtual Prototyping*. Ein physischer Prototyp existiert hier nicht mehr, stattdessen wird ein Produkt lediglich am PC modelliert und getestet. Danach erfolgt direkt die Markteinführung des fertigen Produkts. Das Virtual Prototyping kann zudem auch als

Werkzeug gesehen werden, mit dessen Hilfe nach der Markteinführung weitere Produktverbesserungen vorgenommen und Fehler korrigiert werden können. Virtual Prototyping wird hauptsächlich im Bereich der ingenieurmäßigen Entwicklung eingesetzt, da Softwareprototypen im Allgemeinen nicht weiter virtualisiert werden.

In der Praxis etablieren sich das Rapid und Virtual Prototyping als Formen der Prototyping-Methode, die eine Verkürzung der Produktentwicklungsprozesse unterstützen. Während das Rapid Prototyping das schnelle Erstellen von physischen Prototypen ermöglicht, steht beim Virtual Prototyping die Entwicklung von digitalen Prototypen im Vordergrund.

Lernkontrollfragen

- Wie definieren Sie den Begriff Technologiemanagement?
- Welche Aufgaben werden mit dem Technologiemanagement verfolgt?
- Was unterscheidet das Innovationsmanagement vom Technologiemanagement?
- Wozu dient das S-Kurven-Konzept?
- Welche Phasen werden im S-Kurven-Konzept unterschieden?
- Beschreiben Sie das Stufen-Evolutionsmodell von Nolan!
- Nach welchen Kriterien kann man Technologien klassifizieren?
- Welche Internet-Technologien kennen Sie?
- Welche mobilen Kommunikationstechnologien kennen Sie?
- Welche Dimensionen definieren den Gartner Hype Cycle?
- Wie läuft der Trichterprozess der Technologiefilterung ab?
- Welche Methoden eignen sich zum Erkennen von Technologien?
- Wann wendet man die Szenario-Technik an?
- Welche Szenarien werden bei der Szenario-Technik häufig analysiert?
- Welche Phasen umfasst die Lead-User-Methode?
- Welche Methoden zum Auswählen und Bewerten von Technologien kennen Sie?
- Wie läuft die Delphi-Methode ab?
- Welche Merkmale hat ein Software-Prototyp?

Literatur

Gartner (2009) Gartner's 2009 hype cycle special report evaluates maturity of 1.650 technologies. http://www.gartner.com/it/page.jsp?id=1124212. Abruf am 2010-06-01.

Gerpott TJ (2005) Strategisches Technologie- und Innovationsmanagement: Eine konzentrierte Einführung, 2. Aufl. Schäffer-Poeschel, Stuttgart.

Gordon TJ, Helmer O (1964) Report on a long-range forecasting study, report no. P-2982. The RAND Corporation, Santa Monica.

Laudon KC, Laudon JP (2006) Management information systems – Managing the digital firm, 10. Aufl. Pearson, Upper Saddle River.

Mertens P, Bodendorf F, König W, Picot A, Schumann M, Hess T (2010) Grundzüge der Wirtschaftsinformatik, 10. Aufl. Springer, Berlin.

Münchner Kreis, European Center for Information and Communication Technologies (EICT), Deutsche Telekom, TNS Infratest (2009) Zukunft und Zukunftsfähigkeit der IKT und Medien – Internationale Delphi-Studie 2030. http://www.tns-infratest.com/presse/pdf/Zukunft_IKT/Zukunft_und_ Zukunftsfaehigkeit_der_IKT_2009.pdf. Abruf am 2010-06-01.

Nolan RL, Koot WJD (1992) Nolan stages theory today: a framework for senior and IT management to manage information technology. https://www.os3.nl /_media/2006-2007/courses/icp/nolan_stages_theory.pdf. Abruf am 2010-06-01.

Strebel H (2003) Innovations- und Technologiemanagement. WUV, Wien.

3 Prozessmanagement

Am Ende dieses Kapitels sollten Sie ...

... *sich der Bedeutung einer prozessualen Sicht auf die Tätigkeit eines Unternehmens bewusst sein,*

... *die Verbindung zwischen den Unternehmenszielen, der Unternehmensstrategie und den Prozessen eines Unternehmens kennen,*

... *wissen, wie Prozesse modelliert werden,*

... *zwischen Prozessen und Workflows unterscheiden können,*

... *einen Einblick haben, wie Informationssysteme das Management und die Ausführung von Prozessen unterstützen.*

3.1 Betriebswirtschaftliche Prozesse

Sowohl bei der innerbetrieblichen Leistungserstellung als auch bei dem zwischenbetrieblichen Leistungsaustausch rückt das Paradigma der Prozessorientierung immer stärker in den Mittelpunkt. Alle Aktivitäten, die zur Erzeugung eines bestimmten Ergebnisses (Output) oder zur Erledigung einer bestimmten Aufgabe zusammenwirken, werden zu einem betriebswirtschaftlichen Prozess zusammengefasst. Oft verwendet man auch den Begriff Geschäftsprozess. Die funktionale Unternehmensstruktur, z. B. bestehend aus Einkauf, Lagerhaltung, Produktion, Vertrieb, unterstützt dabei die Prozesse.

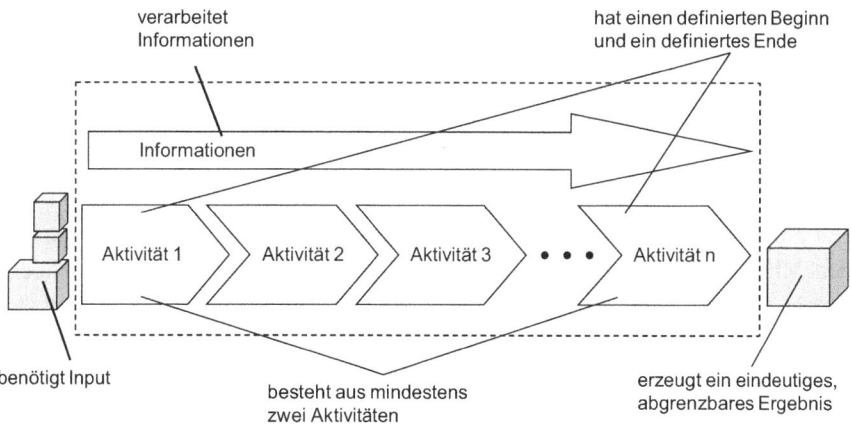

Abb. 3.1: Betriebswirtschaftlicher Prozess

Ein Prozess besteht aus einer zeitlich-logischen Abfolge von Aktivitäten, die von unterschiedlichen Funktionseinheiten im Unternehmen erbracht werden (Weske 2007; Becker et al. 2005). Jede Aktivität hat eine zeitliche Ausdehnung und ist durch ein Beginn- und Endereignis begrenzt (vgl. Abb. 3.1).

Betriebswirtschaftliche Prozesse sind nicht durch Abteilungs- oder andere funktionale Grenzen limitiert, sondern können sich „quer" durch ganze Geschäftseinheiten oder sogar über verschiedene Unternehmen hinweg erstrecken. Betrachtet man die Geschäftsabwicklung mit externen Partnern, z. B. die Koordination und Interaktion mit Kunden oder Lieferanten, so spricht man von Transaktionsprozessen bzw. Transaktionen.

3.2 Strategisches Prozessmanagement

Unternehmen erarbeiten Strategien (z. B. Wettbewerbs- oder Produkt-Markt-Strategien), um Wege aufzuzeigen, wie die Unternehmensziele erreicht werden sollen. Prozesse setzen diese Unternehmensstrategien in die Praxis um. Prozesse sind daher strategiekonform zu gestalten, um die Erreichung der Unternehmensziele zu gewährleisten bzw. zu unterstützen.

Abb. 3.2 skizziert die Beziehung zwischen Zielen, Strategien und Prozessgestaltung.

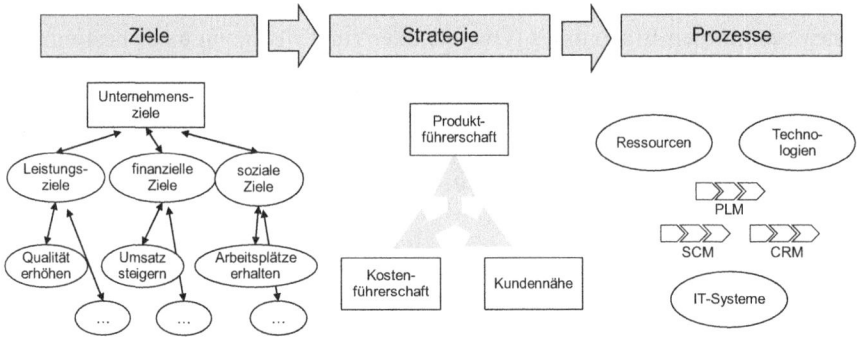

Abb. 3.2: Ziele – Strategie – Prozesse

Hat ein Unternehmen die Vorstellung, sich durch Produktführerschaft von seinen Mitbewerbern zu differenzieren, dann will es z. B. durch qualitativ hochwertige, innovative Produkte Wettbewerbsvorteile erlangen. In diesem Fall stehen insbesondere Product-Lifecycle-Management (PLM)-Prozesse, d. h. der Produktlebenszyklus von Forschung und Entwicklung bis zur Vermarktung und zum Support, im Zentrum der Prozessbetrachtung. Ziel ist es hierbei, kurze Entwicklungszyklen zu gewährleisten und einen schnellen Marktzugang zu ermöglichen. Die Informationstechnologie kann zu diesem Zweck durch Produktdaten-Management-Systeme oder Systeme zur standortübergreifenden innerbetrieblichen Zusammenarbeit in der Forschung und Entwicklung Prozesse durch (Teil-) Automatisierung effizienter gestalten (Weske 2007). Andere wichtige Prozessgruppen unterstützen das Kundenbeziehungsmanagement (Customer Relationship Management, CRM) und das Wertschöpfungsmanagement (Supply Chain Management, SCM).

Beispiel 3.1: Strategieanpassung bei McDonalds

Das Unternehmen McDonalds ist Betreiber von weltweit vertretenen Fast-Food-Restaurants. Bis vor einigen Jahren wurde v. a. eine Strategie der (selektiven) Kostenführerschaft bei Einhaltung bestimmter Qualitätsstandards (schnelle Bedienung, gleichbleibende Produktauswahl) verfolgt. Die Prozesse des Unternehmens wurden entsprechend auf eine Standardisierung bei der Zubereitung und Abwicklung hin ausgerichtet.

In jüngerer Zeit wurde die Unternehmensstrategie angepasst um neue Kundengruppen zu erschließen und sich stärker von Wettbewerbern wie Burger King abzuheben. Das Speisenangebot wurde diversifiziert, um verstärkt gesundheitsbewusste Kunden anzusprechen. Mit McCafé stellte man der bisherigen Marke eine Premium-Variante zur Seite.

Um diese neue Strategie durchzusetzen, mussten insbesondere die Prozesse im Bereich der Produktentwicklung, der Herstellungs- und Lieferlogistik sowie der Abwicklung angepasst werden. So war für das Unternehmen beispielsweise die Ausgabe von Mehrweg-Geschirr ein Novum.

3.3 Operatives Prozessmanagement

Ziel des Prozessmanagements ist die Planung und Bereitstellung von effektiven und effizienten Prozesslösungen, die je nach verfolgter Unternehmensstrategie z. B. den Kundennutzen erhöhen oder die unternehmensinternen Kosten senken (Schmelzer u. Sesselmann 2008).

Das operative Prozessmanagement umfasst die institutionalisierte, permanente und zielorientierte Planung, Umsetzung, Kontrolle und Verbesserung entlang des Prozessmanagement-Lebenszyklus. Dem operativen Management von betriebswirtschaftlichen Prozessen liegt ein Vorgehensmodell mit sechs Phasen zugrunde, auf die im Folgenden näher eingegangen wird (vgl. Abb. 3.3).

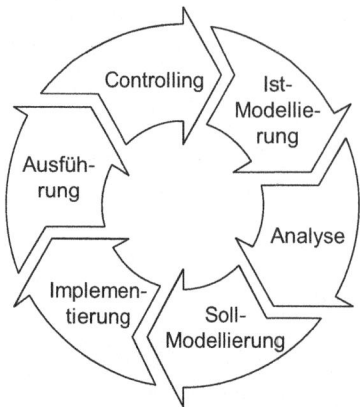

Abb. 3.3: Lebenszyklus des operativen Prozessmanagements

3.3.1 Ist-Modellierungsphase

Bevor Prozesse in einem Unternehmen analysiert und neu gestaltet werden können, ist zunächst der Ist-Zustand zu erfassen. Im Fokus stehen hierbei insbesondere prozessbezogene Aktivitäten, Ereignisse, Dateninput und Datenoutput, Prozessbeteiligte und Prozessverantwortliche sowie die innerhalb der Prozesse genutzten Anwendungssysteme.

Auf Basis der Ist-Erfassung können Schwachstellen identifiziert und Verbesserungspotenziale lokalisiert werden. Darüber hinaus schafft die Ist-Modellierung die Voraussetzungen für den Entwurf von Soll-Prozessen und gewährt den beteiligten Personen Einblick in die bestehende Struktur. Da durch die Erfassung des Ist-Zustands alle relevanten Sachverhalte bekannt sind, können diese auch in der Soll-Modellierung (vgl. Abschnitt 3.3.3) entsprechend berücksichtigt werden.

Üblicherweise wird zwischen zwei möglichen Vorgehensweisen zur Identifikation bestehender Prozesse unterschieden (Schmelzer u. Sesselmann 2008): Beim *Top-Down* Ansatz wird die Wertschöpfungskette des Unternehmens anfangs auf einer hohen Abstraktionsebene betrachtet und sukzessive in feinere Einheiten gegliedert. Der *Bottom-Up* Ansatz geht in umgekehrter Richtung vor. Einzelne, im Unternehmen vorkommende Arbeits- und Prozessschritte werden zu übergreifenden Abläufen auf einer höheren Abstraktionsebene zusammengefasst. Dieses Vorgehen bietet sich insbesondere an, wenn grundlegende Tätigkeiten oder elementare Aufgaben im Unternehmen bereits dokumentiert sind. Allerdings stellt sich die überschneidungsfreie Definition von Prozessen mit gleichem Detaillierungsgrad oft als Herausforderung in der Modellierung dar.

3.3.2 Analysephase

Nach dem Abschluss der Ist-Modellierung werden die identifizierten und modellierten Prozesse analysiert. Ziel hierbei ist es Schwachstellen in den bestehenden Abläufen aufzudecken und daraus Verbesserungspotenziale abzuleiten.

Zur Erhebung von Prozessmerkmalen (z. B. Durchlaufzeiten oder Kosten) und zur Identifikation organisatorischer und IV-technischer Schwachstellen existiert eine Reihe von Analysemethoden, die unterschiedliche qualitative und quantitative Aspekte fokussieren. Welche dieser Aspekte im Rahmen der Analysephase insbesondere betrachtet werden, hängt von den im strategischen Prozessmanagement definierten Zielen ab (vgl. Abschnitt 3.2). Beispielsweise können folgende Untersuchungen durchgeführt werden:

- Die *Durchlaufzeitenanalyse* betrachtet die Zeitdauer zwischen dem Anfangsereignis und dem Endereignis eines Prozesses und ermittelt z. B. die relativen Anteile von Liege-, Transport-, Kontroll- und Bearbeitungszeit an der gesamten Durchlaufzeit.
- Mittels der *Prozesskostenanalyse* werden die Gesamtkosten eines Prozesses aus den einzelnen Teilprozesskosten abgeleitet. Dies ermöglicht einen Einblick in „kostentreibende" Prozessabschnitte und liefert somit Ansatzpunkte für Gestaltungsmaßnahmen zur Verbesserung der Kostenstruktur und der Liquidität des Unternehmens.
- Im Mittelpunkt der *Kommunikationsanalyse* steht die Erhebung und Analyse der Kommunikationsbeziehungen innerhalb von Prozessen. Beispielhafte Fragestellungen in der Kommunikationsanalyse sind: Wer kommuniziert mit wem, wie häufig und über welchen Kanal? Dadurch können Medienbrüche und Kommunikationsbedarfe erkannt und entsprechende Maßnahmen (z. B. Bereitstellung von elektronischen Formularen) ergriffen werden.
- Im Rahmen der „Line of Visibility"-Analyse wird untersucht, welche Sichtbarkeit einzelne Prozessabschnitte für Partner, Kunden, Lieferanten oder unternehmenseigene Funktionalbereiche haben. Z. B. stellen solche Prozessteile, welche der Kunde wahrnimmt (die also oberhalb der sog. Sichtbarkeitslinie liegen), potenzielle Ansatzpunkte für Verbesserungsaktivitäten dar, die auf eine verbesserte Kundeninteraktion im Rahmen von Marketing, Vertrieb und Support abzielen.

3.3.3 Soll-Modellierungsphase

Ausgehend von den in der Analysephase erkannten Schwachstellen und Verbesserungspotenzialen erfolgt anschließend die Modellierung der Soll-Prozesse. Notwendig sind hierzu insbesondere die Formulierung von Prozesszielen und Prozessprinzipien sowie die Auswahl und Umsetzung von Verbesserungsansätzen (z. B. Redesign, Harmonisierung, Automatisierung oder Outsourcing) und die Konzeption einer geeigneten IV-Unterstützung.

Um Prozesse zielgerichtet entwerfen zu können, bedarf es einer konkreten Vorstellung über die gewünschte Art der Verbesserung. Hierbei sind beispielsweise Anforderungen aus Kundensicht oder auch aus einer innerbetrieblichen Perspektive zu berücksichtigen.

Falls der zu modellierende Prozess für das Unternehmen keine besondere strategische Bedeutung besitzt, ist zu prüfen, ob ggf. branchenüblich etablierte Abläufe („Best-Practices") Verwendung finden können. Hierdurch gleicht sich das Unternehmen zwar seinen Wettbewerbern an, kann allerdings (insbesondere für stark standardisierte Prozese) unter Umständen hohe Kostensenkungspotenziale realisieren.

3.3.4 Implementierungsphase

Im Rahmen der Implementierungsphase erfolgt die konsequente Einführung der Sollprozesse im Unternehmen oder Fachbereich. Dies beinhaltet üblicherweise auch die Schulung bzw. das Training der beteiligten Mitarbeiter und Rollen. Zusätzlich sind die prozessunterstützenden IT-Systeme im Unternehmen zu realisieren oder bestehende Systeme an die umgestalteten Geschäftsabläufe anzupassen.

Die Einführung neuer Prozesse bzw. die Änderung bestehender Abläufe hat in den meisten Fällen einen starken Einfluss auf die Tätigkeiten und Job-Profile der Mitarbeiter des Unternehmens. Hierdurch ergibt sich die Notwendigkeit, Mitarbeiter und ggf. weitere involvierte Gruppen (Stakeholder) frühzeitig in die Implementierungsphase einzubeziehen um Verständnis für die geplanten Änderungen zu schaffen und die Unterstützung der Mitarbeiter bei der Implementierung sicherzustellen. Für dieses sog. Change-Management haben sich in der Vergangenheit fünf konkrete Anforderungen herauskristallisiert:

- Grundlage ist eine klare Zielvorstellung:
  - Welche Ziele haben wir uns für die Zukunft gesetzt?
  - Wann werden wir diese Ziele erreichen?
  - Warum sind diese Ziele unternehmensrelevant?
- Die spezifische Unternehmenssituation, welche Prozessänderungen erfordert, muss kommuniziert und von allen Beteiligten verstanden werden.
- Diese Kommunikation muss so früh wie möglich erfolgen und die unterschiedlichen Stakeholder adäquat adressieren.
- Die Änderungen müssen durch Mitarbeiter innerhalb der Organisation befürwortet und mitgetragen werden.

- Es bedarf eines klaren Plans zur vollständigen Umsetzung der Änderungsziele einschließlich terminlich festgelegter Meilensteine.

Neben der rechtzeitigen Kommunikation von bevorstehenden Prozessänderungen spielt die Schulung von Mitarbeitern bezüglich der neuen Prozessabläufe eine kritische Rolle im Change-Management. Da diese Prozessabläufe durch die entsprechenden Mitarbeiter des Unternehmens „gelebt" werden müssen, sind die Schulungsmaßnahmen speziell auf die Überwindung von ggf. bestehender Ablehnung gegenüber Neuem („Resistance to Change") sowie auf die konkreten Veränderungen der individuellen Arbeitsabläufe abzustimmen. Die spezifischen Anforderungen an Schulungsmaßnahmen lassen sich mithilfe eines Soll-Ist-Vergleiches zwischen den neuen und bisherigen Prozessen ermitteln.

3.3.5 Ausführungsphase

Nach ihrer Implementierung werden die Prozesse im Rahmen der laufenden Geschäftstätigkeit des Unternehmens ausgeführt. Die Nutzung prozessorientierter IT-Systeme wie Business-Process-Management-Systeme (vgl. Abschnitt 3.5.1) oder Workflow-Management-Systeme (vgl. Abschnitt 3.5.3) kann die Prozessausführung weitgehend unterstützen oder sogar teilweise automatisieren.

3.3.6 Controllingphase

In der Controllingphase werden die Prozessabläufe im Unternehmen kontinuierlich beobachtet und bewertet. Ziel dieses Vorgehens ist es, Erkenntnisse aus der Prozessleistung abzuleiten und entsprechend gestaltend tätig zu werden. Voraussetzung hierfür ist der Aufbau eines sog. Performance-Measurement-Systems. Es basiert auf Prozesszielen und definiert Kennzahlen verschiedener Dimensionen (z. B. Kosten, Zeit, Qualität), mit denen neben der aktuellen Leistung auch die zukünftigen Leistungspotenziale einer Organisation gemessen werden können. Performance Measurement ist damit ein Hilfsmittel für das Management der Unternehmensentwicklung (Schmelzer u. Sesselmann 2008).

Eine notwendige Voraussetzung für das Performance Measurement sind definierte Kennzahlen, die an bestimmten Meilensteinen im Prozessablauf bestimmt werden. Als Meilenstein bezeichnet man festgelegte Ereignisse, die sowohl einen wichtigen Vorgang abschließen als auch den Start anderer (wichtiger) Vorgänge darstellen (z. B. Produkt ist lieferfertig). Kennzahlen im Prozessumfeld dienen der Beurteilung der Leistungsfähigkeit (Performance) einzelner Prozesse sowie der Objektivierung und Visualisierung von Prozesszielen und Verbesserungsbemühungen. Am häufigsten werden Kennzahlen zu Qualität, Zeit und Kosten eines Prozesses ermittelt. Die definierten Kennzahlen werden im Rahmen des Process Monitoring vielfach IT-gestützt erhoben und automatisierte Berichte an Prozessverantwortliche bzw. Entscheider erstellt.

Ein bedeutendes Instrument des Performance Measurement ist die *Balanced Scorecard* (BSC), mit der Prozessziele (z. B. verbesserte Reaktion auf Kundenanfragen) aus der Unternehmensstrategie abgeleitet und in operative Kennzahlen (z. B. Durchlaufzeit, Termingenauigkeit) umgesetzt werden.

Das *Prozess-Benchmarking* ist ein Instrument zur Analyse der Prozessleistung, das darauf abzielt, von anderen Organisationen zu lernen, die als Vertreter von besonders guten Prozesspraktiken gelten. Voraussetzung dafür ist die Vergleichbarkeit der betrachteten Prozesse. Es werden das interne (Vergleich mit Organisationseinheiten des eigenen Unternehmens) und das externe Benchmarking (Vergleich mit anderen Unternehmen) unterschieden. Das externe Benchmarking bietet höhere Chancen auf Erkenntnisgewinn. Allerdings bestehen hier in der Praxis Probleme bezüglich der mangelnden Bereitschaft zur Offenlegung von Daten und der eingeschränkten Vergleichbarkeit der Prozesse.

Die Analyse der Prozessleistung im laufenden Betrieb führt zur Erkennung von Schwachstellen und möglichen Verbesserungspotenzialen. Dies kann wiederum konkrete Initiativen zur Prozessverbesserung zur Folge haben. Hierdurch beginnt ein weiterer Durchlauf des Prozesslebenszyklus. Derartige wiederholte Durchläufe führen im Sinne eines kontinuierlichen Verbesserungsprozesses zu stetig höherer Prozessreife und -leistung.

3.4 Modellierung von Prozessen

Die systematische und einheitliche Dokumentation von Prozessen ist Voraussetzung für eine substanzielle Beschreibung des Ist-Zustands (vgl. Abschnitt 3.3.1) sowie für die Verbesserung bzw. Neugestaltung der Prozesslandschaft (vgl. Abschnitt 3.3.3).

Ziele der Prozessmodellierung sind insbesondere:

- Ist-Zustand konkretisieren und transparent machen,
- Basis für Schwachstellenanalyse schaffen,
- Werkzeug für die organisatorische Verbesserung und Konzeption der IT-Unterstützung bereitstellen,
- Einheitliche Darstellung von Prozessen gewährleisten,
- Prozessbeschreibungen auch für Außenstehende verständlich machen,

3.4 Modellierung von Prozessen

- Maschinelle Nutzung der Modelle (z. B. für eine Prozesssimulation) ermöglichen und
- Wiederverwendbarkeit von Teilmodellen für „ähnliche" Prozesse erreichen.

Verbreitete Methoden für die Prozessmodellierung sind (erweiterte) Ereignisgesteuerte Prozessketten, die Unified Modeling Language (UML) oder die Business Process Modeling Notation (BPMN).

3.4.1 Prozessfelder

Die Zielvorgaben der Unternehmensstrategie bzw. der daraus abgeleiteten Geschäftsfeld- und Funktionalstrategien bilden den Ausgangspunkt für das Management von Prozessen. Sie geben die Gestaltungsanforderungen vor, sind gleichzeitig aber auch Anhaltspunkt für eine erste Abgrenzung von Prozessgruppen. Anschließend gilt es, derartig identifizierte Prozessgruppen inhaltlich auszugestalten. Dabei entstehen zumeist hierarchische Prozessmodelle. Je detaillierter die Prozessbeschreibungen werden, desto stärker macht sich der Einfluss der unterstützenden IT-Systeme auf die Gestaltung der Prozesse bemerkbar. Übernimmt z. B. die Informationstechnologie die Prozesssteuerung, so entstehen auf der operativen Ebene Workflow-Modelle, die unmittelbar durch entsprechende Workflow-Management-Systeme interpretiert und ausgeführt werden können (siehe hierzu auch Abschnitt 3.5.3).

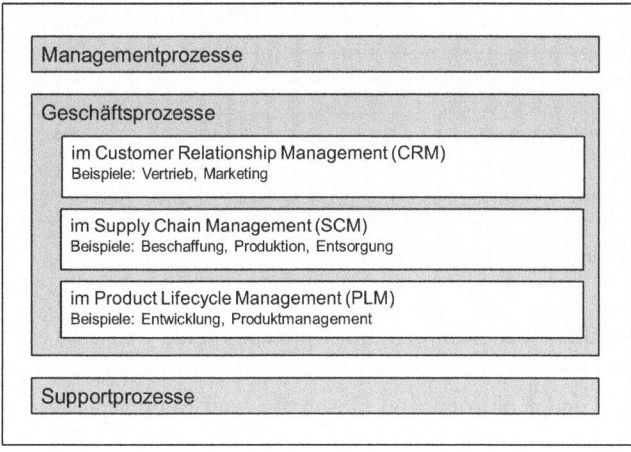

Abb. 3.4: Prozessfelder

Eine gebräuchliche Strukturierung der „Prozesslandschaft" umfasst drei grundlegende Prozessfelder (vgl. Abb. 3.4) (Becker et al. 2005, Mertens et al. 2010):

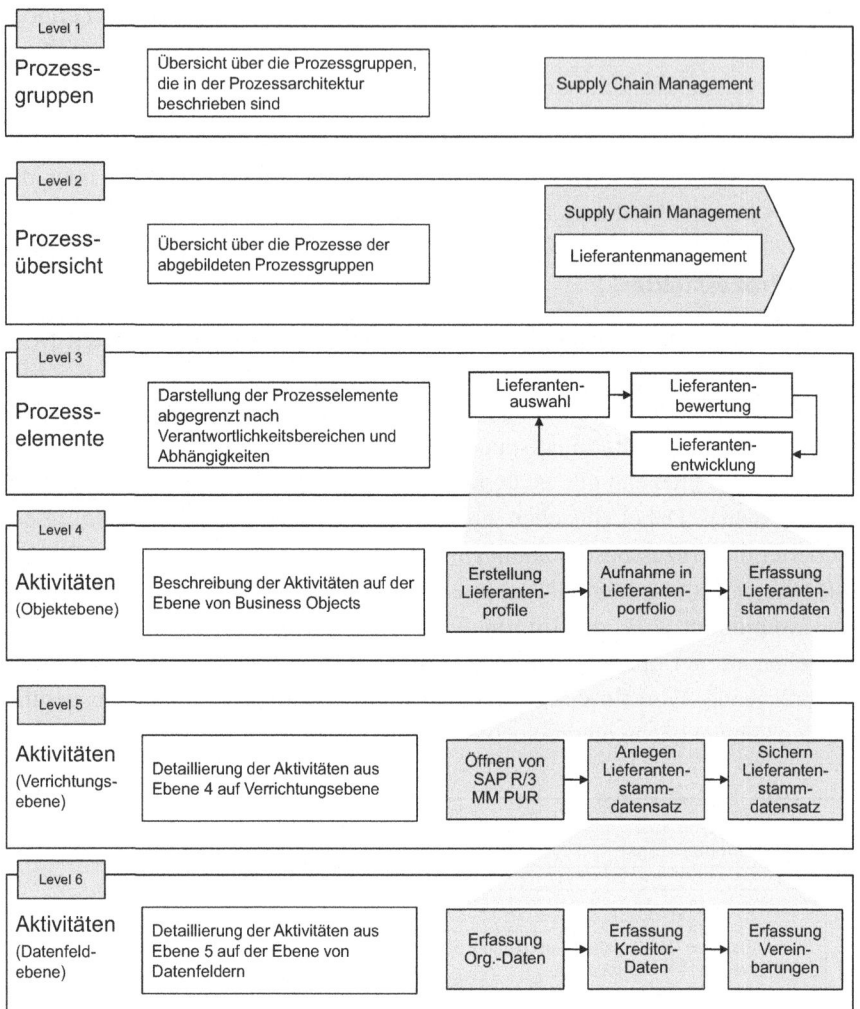

Abb. 3.5: Beispiel der Gliederung von Prozessebenen

Managementprozesse bilden den Rahmen für wertschöpfende Prozesse. Sie richten sich an den Unternehmenszielen aus und stellen die systematische Planung, Durchführung und Kontrolle von Geschäfts- und Supportprozessen sicher. Beispiele für Managementprozesse sind die strategische und finanzielle Unternehmensplanung, das Projektcontrolling oder die interne Revision eines Unternehmens.

Geschäftsprozesse enthalten die wertschöpfenden Aktivitäten des Unternehmens. Sie dienen dazu, sich als Unternehmen wettbewerbsstrategisch zu positionieren. Eine Teilmenge der Geschäftsprozesse sind die sog. Kernprozesse, welche die wesentlichen technologischen, vertrieblichen und organisatorischen Fähigkeiten eines Unternehmens (Kernkompetenzen) darstellen, die für den langfristigen Unternehmenserfolg von zentraler Bedeutung sind. Kernprozesse differenzieren das Unternehmen von seinen Wettbewerbern in Bezug auf strategische Wettbewerbsvorteile wie z. B. Kostenstruktur, Produktqualität oder Innovationskraft. Spezifische Merkmale von Kernprozessen sind (Schmelzer u. Sesselmann 2008):

- essenziell, um Shareholder-Erwartungen und finanzielle Ziele zu erreichen,
- kritisch für Unternehmenserfolg,
- maßgeblich für das Erreichen strategischer Ziele und
- prägend für die Unternehmens-„Identität".

Supportprozesse dienen zur Unterstützung von Geschäfts-, Management- und anderen Prozessen. Beispiele sind Prozesse im Qualitätsmanagement, Finanzmanagement, Wissensmanagement oder Personalmanagement.

Prozesse werden auf mehreren Ebenen (Levels) mit unterschiedlichem Detaillierungsgrad spezifiziert. Wie in Abb. 3.5 beispielhaft dargestellt, steigt mit höherem Level die Detaillierung der Modellierung (Schmelzer u. Sesselmann 2008).

3.4.2 Erweiterte Ereignisgesteuerte Prozessketten

Eine verbreitete Methode zur Modellierung von betriebswirtschaftlichen Prozessen sind Ereignisgesteuerte Prozessketten (EPK). Sie stellen den Kontrollfluss sowie die zeitlichen und logischen Abhängigkeiten zwischen Prozessschritten grafisch dar. Ein Prozess besteht dabei aus Aktivitäten bzw. Funktionen (z. B. „Ware prüfen"), die von Ereignissen (z. B. „Ware ist eingetroffen") ausgelöst werden und ihrerseits wieder Ereignisse erzeugen (z. B. „Ware ist fehlerfrei").

Abb. 3.6 zeigt die primären Elemente einer EPK: Funktionen, Ereignisse, Logische Verknüpfungen, Kontrollfluss und Prozesswegweiser.

Die EPK-Elemente können wie folgt definiert werden (Mertens et al. 2010):

- *Ereignisse* sind passive Objekttypen. Sie lösen Funktionen aus und sind wiederum Ergebnis ausgeführter Funktionen. Von einem Ereignis können mehrere Funktionen parallel ausgehen. Andererseits kann der Abschluss mehrerer Funktionen zu einem Ereignis führen. Ereignisse beschreiben einen eingetretenen Zustand bzw. ein Objekt, das eine Zustandsänderung erfahren hat. Die Bezeichnung eines Ereignisses setzt sich oft aus einem Informationsobjekt und dem eingetretenen Zustand zusammen. Beispiele sind „Auftrag ist eingegangen", „Auftrag ist angelegt" oder „Angebot wurde erstellt".

- *Funktionen* kennzeichnen Aktivitäten und ändern den Zustand von Objekten. Die Bezeichnung einer Funktion setzt sich deshalb in der Regel aus dem Informationsobjekt und einer Beschreibung der Verrichtung zusammen. Beispiele sind „Auftrag anlegen" oder „Bestellung prüfen". Funktionen können von mehr als einem Ereignis ausgelöst werden und auch mehrere Ereignisse zur Folge haben. So hängt z. B. das Ereignis „Kunde ist kreditwürdig" von mehreren Vorbedingungen ab, die überprüft werden müssen. Umgekehrt kann ein Ereignis auch mehrere Funktionen auslösen oder Ergebnis mehrerer Funktionen sein.
- Um diese Konstrukte abzubilden, kommen sog. *Verknüpfungsoperatoren (Konnektoren)* zum Einsatz. Sie kennzeichnen die Verknüpfung von Ereignissen und Funktionen als Konjunktion („Logisches Und"), Adjunktion („Logisches Oder") oder Disjunktion („Exklusives Oder").
- Der *Kontrollfluss* innerhalb einer EPK stellt die zeitliche und logische Abhängigkeit zwischen Funktionen und Ereignissen dar.
- *Prozesswegweiser* zeigen die Verbindung zu einem anderen Prozess (-modell) und dienen als Navigationshilfsmittel.

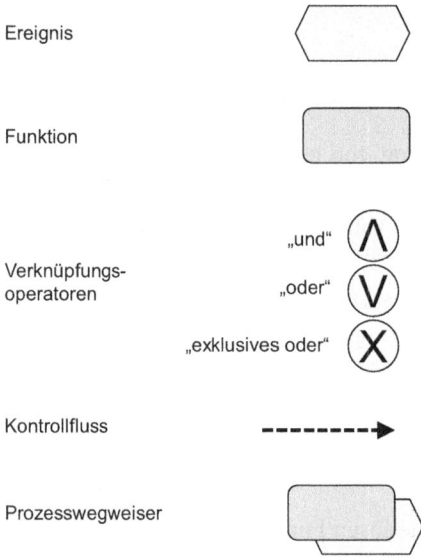

Abb. 3.6: Elemente einer EPK

3.4 Modellierung von Prozessen

Beispiel 3.2: EPK-Modellierung eines Angebotserstellungsprozesses

Innerhalb eines Angebotserstellungsprozesses existieren zwei alternative Startereignisse, die einen sequenziellen Prozessablauf von Angebotserstellung, Angebotsversand und Angebotsüberwachung auslösen. Im Rahmen der Angebotsüberwachung wird je nach Kundenreaktion die Auftragsabwicklung angestoßen oder eine Rückfrage beim Kunden eingeleitet. Prozesswegweiser symbolisieren die Verbindung zum jeweiligen Folgeprozess.

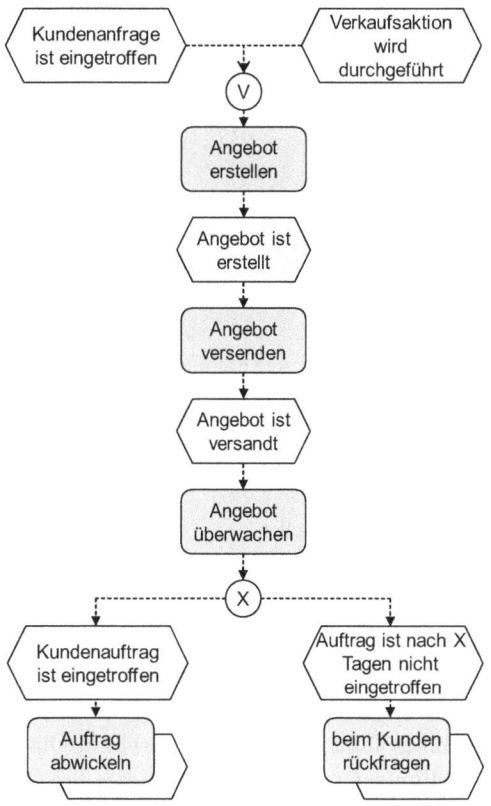

Abb. 3.7: Darstellung eines Angebotsprozesses als EPK

Vielfach sind die Elemente der EPK-Modellierung nicht ausreichend um alle relevanten Aspekte eines Prozessablaufs darzustellen. Zur Modellierung von komplexeren Prozesszusammenhängen bieten erweiterte Ereignisgesteuerte Prozessketten (eEPK) zusätzliche Modellierungsbausteine. Einige wichtige Beispiele zeigt Abb. 3.8 (Mertens et al. 2010):

- eine *organisatorische Einheit* als Teil der Unternehmensstruktur wie beispielsweise eine Abteilung, eine Rolle oder auch eine spezielle Person,
- ein *Informationsobjekt*, *Materialobjekt* oder *Ressourcenobjekt* als eine Entität aus der realen Welt,
- ein *Anwendungssystem* oder Softwarewerkzeug zur Unterstützung der Prozessaktivität bzw. -funktion,
- *Daten* oder Datenbanken, die von Funktionen während ihrer Ausführung benötigt werden und
- *Dokumente* als Teil des elektronischen sowie papiergebundenen Informationsflusses.

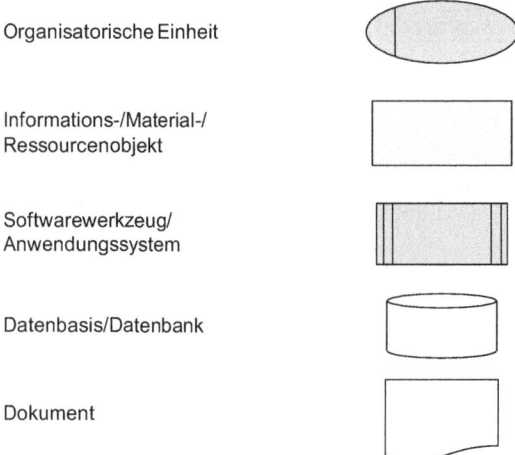

Abb. 3.8: Ausgewählte ergänzende Elemente in eEPK-Modellen

Beispiel 3.3: eEPK-Modellierung eines Angebotserstellungsprozesses

Während der Angebotserstellung sind bestimmte organisatorische Einheiten, wie der Vertrieb oder die Poststelle, beteiligt. Weiterhin stellen Dokumente und Informationen in Datenbanken Input (Kundenanfrage) bzw. Output (Angebot) von Funktionen dar. Mittels der erweiterten Elemente lassen sich diese Zusammenhänge im bestehenden eEPK-Modell ergänzen.

3.5 Anwendungssysteme zur Prozessunterstützung

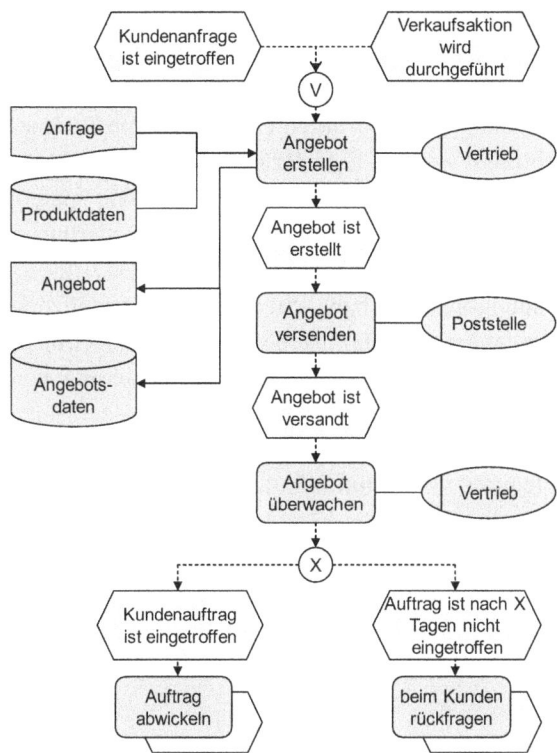

Abb. 3.9: Erweiterte Darstellung eines Angebotsprozesses als eEPK

3.5 Anwendungssysteme zur Prozessunterstützung

3.5.1 Business-Process-Management-Systeme

Ausgehend von der Spezifikation und Modellierung eines Prozesses entsteht durch die Workflow-Verfeinerung (vgl. Abschnitt 3.5.3) eine maschinenlesbare Prozessbeschreibung, die von einer sog. Process Engine zur automatisierten Steuerung des Prozesses verwendet wird. Über ein Monitoring und Controlling der ausgeführten Prozessinstanzen können Verbesserungsmöglichkeiten aufgedeckt und die Sollprozesse entsprechend weiterentwickelt werden. (Mertens et al. 2010)

Business-Process-Management-Systeme (BPMS) unterstützen alle Phasen des Prozessmanagement-Lebenszyklus (vgl. Abschnitt 3.3) sowie verschiedene Arten von Prozessen: sowohl vollautomatisch durchgeführte als auch solche mit hohen personellen Anteilen, sowohl stark strukturierte, als auch wenig strukturierte.

Basisparadigma, um die Vision eines BPMS umzusetzen, ist die Trennung von Prozessen, Anwendungssystemen und Datenhaltung. Bei heutigen Systemen zum Enterprise Resource Planning (ERP) ist beispielsweise die Ablauflogik oft fest programmiert und kann höchstens durch Einstellung von Parametern in gewissem Umfang beeinflusst werden. Eine darüber hinausgehende Anpassung an unternehmensspezifische Prozesse erfordert – ebenso wie spätere Änderungen – aufwendige Eingriffe. Schnelle und flexible Prozessänderungen sind somit kaum möglich.

Bei BPMS werden Anwendungssysteme bzw. -module zur Unterstützung der Geschäftsprozesse über standardisierte Schnittstellen aufgerufen. Der fachlogische Ablauf und damit die Sequenzialisierung und Parallelisierung von Aktivitäten werden auf der Prozessebene beschrieben. Die für die einzelnen Aktivitäten relevanten Anwendungsmodule werden durch die Process Engine z. B. als Webservices aufgerufen (vgl. Abschnitt 3.5.6). Neben diesen serviceorientiert eingebundenen Anwendungsmodulen können auch Funktionen von anderen Unternehmensapplikationen (z. B. zur Kapazitäts- und Ressourcenplanung) aufgerufen werden. Man nennt derartige Technologien zur (An-)Kopplung von verschiedenen Softwaresystemen bzw. Systemkomponenten sowie zur entsprechenden Datentransformation und -übertragung auch Enterprise Application Integration (EAI).

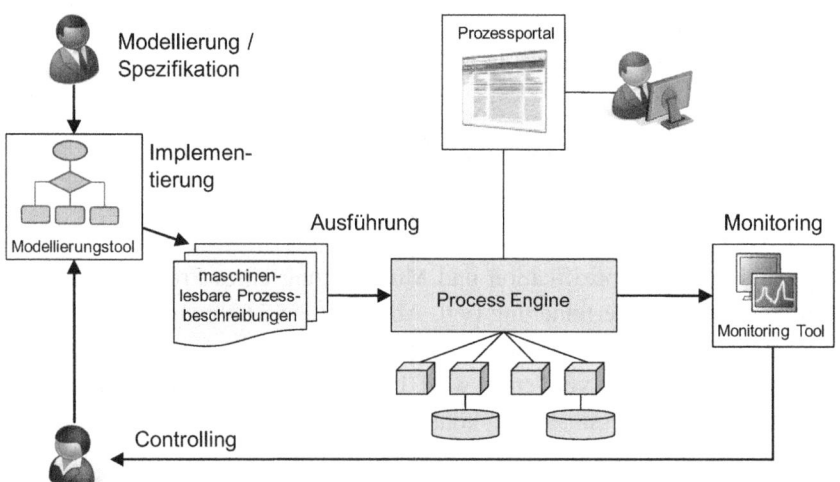

Abb. 3.10: Konzept eines BPMS

Abb. 3.10 zeigt das Konzept eines BPMS. Im ersten Schritt modelliert man Prozesse aus der Sicht der Anwender. Diese Prozessmodelle werden anschließend in eine maschinenlesbare Form transformiert. Die Process Engine interpretiert und führt die Modelle aus. Informationen über Prozessablauf und ggf. auftretende Störungen werden vom BPMS erfasst und an Monitoring- und Controlling-Komponenten weitergeleitet (Mertens et al. 2010).

3.5.2 Geschäftsprozess-Portale

Ziel des Portaleinsatzes im Rahmen des Prozessmanagements ist die prozessorientierte Integration der aus Anwendersicht für die Geschäftstätigkeit notwendigen Funktionen und Dienste.

Ein Geschäftsprozess-Portal bietet über die bloße Darstellung von Informationen hinaus die Möglichkeit, Geschäftsprozesse zu steuern und abzuwickeln. Das Prozess-Portal ermöglicht einen personalisierten Zugang für die am Prozess beteiligten Rollen. Ziel ist es, gekapselte Funktionsbausteine über eine einheitliche Plattform dem richtigen Rollenträger zur richtigen Zeit am richtigen Ort für die Prozesse, an denen er beteiligt ist, bereitzustellen. Geschäftsprozess-Portale können auch Prozessbeteiligte außerhalb des Unternehmens einbinden; sie spielen also auch bei den unternehmensübergreifenden Transaktionsprozessen eine große Rolle (Mertens et al. 2010).

Die zur Prozessabwicklung benötigten Applikationen werden über sog. Portlets modular in der Oberfläche des Portals angezeigt und können dort vom Mitarbeiter aufgerufen sowie auch mithilfe von Portalfunktionen miteinander verknüpft werden. Die Applikationen sind dabei z. B. Softwaremodule von Anwendungssystemen oder Webservices. Abb. 3.11 zeigt typische Komponenten eines solchen Portals.

Abb. 3.11: Typische Komponenten eines Geschäftsprozess-Portals

Ein beispielhaftes Architekturkonzept, bei dem ein Prozessportal, eine Process Engine sowie weitere angebundene Anwendungsmodule in einem BPMS integriert sind, ist in Abb. 3.12 dargestellt (Mertens et al. 2010). Die zentrale Process Engine kann z. B. aus einem kombinierten Workflow- und Dokumenten-Management-System bestehen. Die sog. Middleware ermöglicht eine einfache Verknüpfung verschiedener Anwendungsmodule und einen automatisierten Datenaustausch.

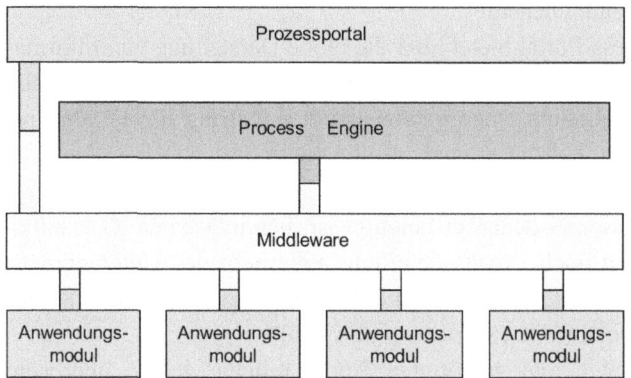

Abb. 3.12: Integration eines Geschäftsprozess-Portals in ein BPMS

3.5.3 Workflow-Management-Systeme

Damit ein Geschäftsprozess vollständig oder teilweise durch IV unterstützt oder automatisch ausgeführt werden kann, sind neben der zeitlich-logischen Abfolge der Aktivitäten insbesondere Datenquellen, -senken und -flüsse sowie die benötigten IV-Anwendungssysteme (Applikationen) zu spezifizieren. Aus einem Prozessmodell wird so ein Workflowmodell (vgl. Abb. 3.13), das die Process Engine eines BPMS interpretiert und entsprechend die Prozessausführung steuert.

Ein Workflow ist ein (teil-)automatisierter Geschäftsprozess, der aus einem Netzwerk von Aktivitäten besteht, die wiederum einzelne Arbeitsschritte beinhalten. Er hat einen definierten Anfang (Auslöser), einen organisierten Ablauf (Aktivitätenreihenfolge) und ein definiertes Ende (Ergebnis) (Jablonski 1995).

Während im Rahmen der Planung, Analyse und Modellierung von Geschäftsprozessen die inhaltliche Gestaltung und Ausrichtung der Prozesse anhand betriebswirtschaftlicher Aspekte (z. B. Zielorientierung oder Wertschöpfungsbeitrag) im Vordergrund stehen, zielt das Workflow-Management auf die Unterstützung der operativen Ausführung der modellierten Prozesse ab (Mertens et al. 2010).

3.5 Anwendungssysteme zur Prozessunterstützung

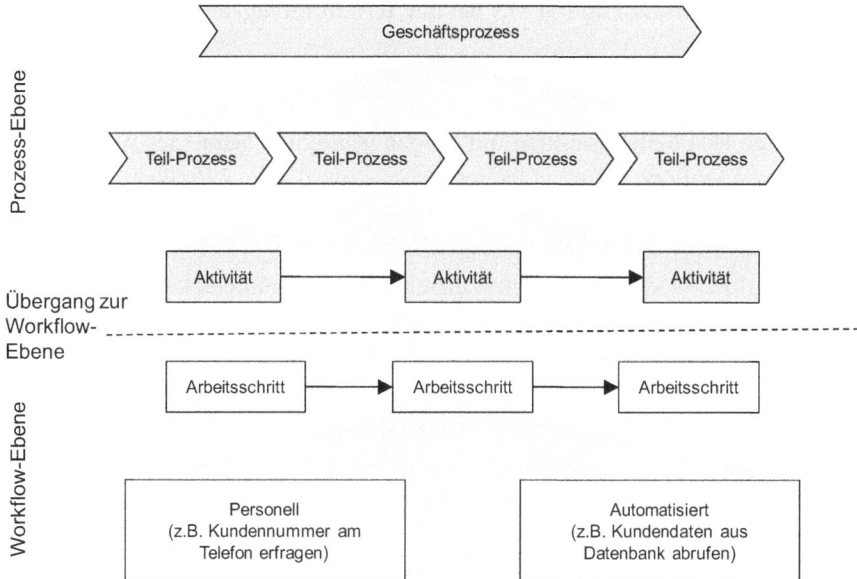

Abb. 3.13: Workflow-Verfeinerung eines Geschäftsprozesses

Workflow-Management-Systeme (WMS) werden zur Steuerung, Koordination, Abwicklung und Kontrolle von Geschäftsprozessen eingesetzt. Die einzelnen Aktivitäten können personell, rechnergestützt oder vollständig automatisiert durchgeführt werden. Dokumente werden dazu in möglichst papierloser, elektronischer Form, einzeln oder in elektronischen Vorgangsmappen gruppiert, eingeholt, bearbeitet, abgelegt und weitergeleitet. Geeignet sind WMS v. a. für dokumentenintensive, stark arbeitsteilige, standardisierte Geschäftsprozesse mit Wiederholungs- und Routinecharakter (Jablonski 1995).

Neben der Verwaltung anstehender, laufender und abgeschlossener Geschäftsprozesse sowie der Bereitstellung von Statusinformationen z. B. über den Arbeitsfortschritt oder die Auslastung der beteiligten Ressourcen nimmt das WMS auch aktive Kontrollaufgaben wahr. Diese betreffen insbesondere die Überwachung von Start- und End-Terminen und vorgangsbezogenen Wiedervorlagen. Kann ein Bearbeiter die von ihm angenommenen Aufgaben nicht termingerecht erfüllen, z. B. aufgrund eines Krankheitsfalles, so muss das WMS Ausnahmeroutinen aktivieren und die Aufgabe einem anderen Bearbeiter (Stellvertreter) übergeben.

Beispiel 3.4: Einsatz eines WMS bei der Kreditantragsbearbeitung

In einer Bank löst das Eintreffen eines Kreditantrags (Startereignis) einen Workflow aus. Das WMS initialisiert eine Workflow-Instanz, d. h. einen konkreten Bearbeitungsauftrag mit Vorgangsnummer, Name des Auftraggebers usw. Liegt der Antrag in Papierform vor, wird daraus ein elektronisches Dokument generiert (Imaging), das im Dokumenten-Management-System (DMS) abgelegt und dem WMS zugeleitet wird. Das WMS lädt das passende Workflow-Modell, identifiziert die erste durchzuführende Aktivität (Teilaufgabe 1) und sendet dem zugeordneten Mitarbeiter eine entsprechende Vorgangsinformation und Bearbeitungsaufforderung. Der Mitarbeiter lässt sich vom DMS die Vorgangsdokumente anzeigen, ruft benötigte Anwendungssysteme auf oder verwendet Standardwerkzeuge z. B. zur Textverarbeitung oder Tabellenkalkulation. Nach Beendigung der Teilaufgabe 1 erhält das WMS eine Erledigungsanzeige und die Ergebnisdokumente werden im DMS abgelegt. Daraufhin bestimmt das WMS über das Workflow-Modell die nächste(n) zu bearbeitende(n) Aktivität(en) und triggert in entsprechender Weise die zuständigen Bearbeiter. Wird nach der letzten Aktivität des Workflow-Modells das Endereignis erreicht, so terminiert das WMS die Workflow-Instanz.

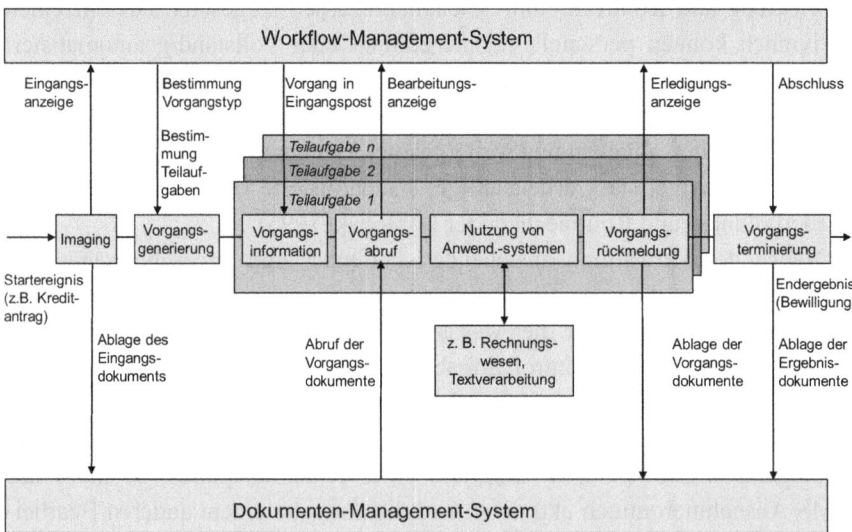

Abb. 3.14: Einsatz eines WMS bei der Bearbeitung eines Kreditantrags

3.5 Anwendungssysteme zur Prozessunterstützung 79

3.5.4 Workgroup-Support-Systeme

Während Workflow-Management-Systeme vor allem für die Steuerung stark strukturierter Arbeitsprozesse geeignet sind, können Workgroup-Support-Systeme schwächer strukturierte Abläufe unterstützen. Sie ermöglichen zeitlich und/oder räumlich verteilt arbeitenden Teams z. B. die gemeinsame Bearbeitung eines Objekts, das vereinfachte Treffen von Gruppenentscheidungen oder die gemeinsame Ideenfindung (Riemer 2009).

Allgemein spricht man auch von Computer Supported Collaborative Work. Hierzu existiert eine Vielfalt von Unterstützungssystemen, darunter z. B.:

- *Conferencing-Systeme:* Sie erlauben Personen, am gleichen Ort oder insbesondere an räumlich getrennten Orten, synchron oder asynchron zu kommunizieren. Computerkonferenzsysteme stellen Funktionen und Methoden zur Strukturierung, Speicherung sowie Weiterverarbeitung von Diskussionsbeiträgen zur Verfügung. Sie basieren auf dem Ansatz von Informationstafeln, auf denen die Teilnehmer Mitteilungen an alle Beteiligten anbringen.
- *Co-Authoring-Systeme:* Sie dienen der gemeinsamen Erstellung und Bearbeitung eines Dokuments durch mehrere Mitarbeiter (Joint Editing). Im Rahmen der fortschreitenden Verbreitung von Web 2.0-Applikationen werden in Unternehmen zunehmend Wikis zum Co-Authoring verwendet (vgl. Abschnitt 2.3.1).
- *Screen-Sharing-Systeme:* Vom eigenen Arbeitsplatzrechner aus wird der Bildschirminhalt eines anderen Teammitgliedes eingesehen. Bei zusätzlicher Nutzung eines Sprachkommunikationsmediums kann über konkrete Sachverhalte diskutiert und gegenseitig Hilfe geleistet werden.
- *Gemeinsame Ablagesysteme:* Informationen, die mehrere Teammitglieder zur Aufgabenbewältigung benötigen, stehen in gemeinsamen Datenbank- oder Dokumentenverwaltungssystemen zum Abruf bereit.

Beispiel 3.5: Einsatz von Workgroup-Support-Systemen

Nach telefonischer Terminabstimmung treffen sich die Ärzte eines Krankenhauses mit Vertretern des Universitätsklinikums monatlich, um sich über neue Behandlungsmethoden auszutauschen. Hierzu wird vor jedem Treffen ein Diskussionspapier durch die Teilnehmer erstellt.

Workgroup-Support-Systeme können in diesem Szenario in mehrfacher Hinsicht eingesetzt werden. Electronic-Conferencing-Systeme ermöglichen Telefon-/Videokonferenzen, bei denen die Teilnehmer der monatlichen Besprechung synchron an entfernten Orten miteinander diskutieren. Durch Co-Autoren-Systeme kann das Diskussionspapier im Vorfeld des Treffens durch die Ärzte kooperativ erstellt und bearbeitet werden.

3.5.5 Dokumenten-Management-Systeme

Dokumenten-Management-Systeme (DMS) dienen der Speicherung, Verwaltung und Wiedergewinnung von elektronischen Dokumenten (Krcmar 2009). DMS werden dort eingesetzt, wo umfangreiche Unterlagen für einen mehrfachen, oft auch simultanen Zugriff von verschiedenen Stellen aus vorzuhalten sind. Dabei werden nicht nur rein elektronisch erstellte Dokumente, sondern auch vormals papierbasierte Dokumente erfasst. DMS haben durch die bildorientierte Ablage (z. B. aus eingescannten Dokumenten und Multimediadaten) einen relativ großen Speicherbedarf und sind oft in Form eines Client-Server-Konzeptes realisiert (vgl. Abb. 3.15).

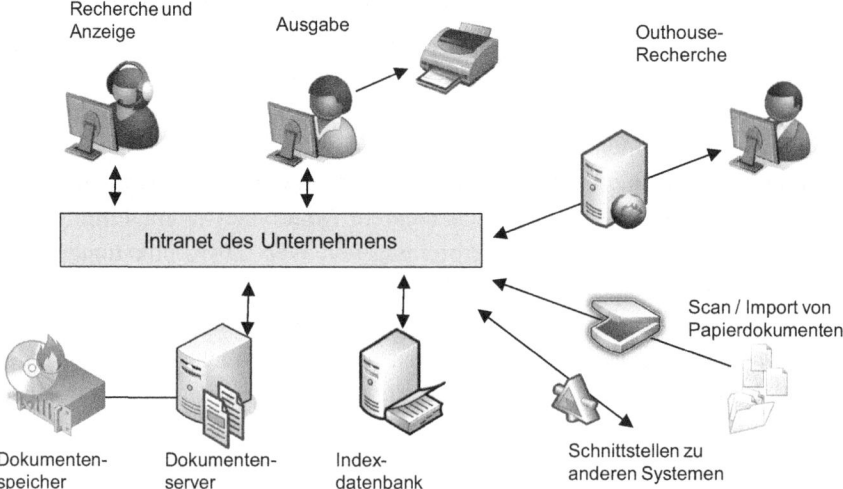

Abb. 3.15: Beispielkonfiguration eines Dokumenten-Management-Systems

Um die Ablage von klassischen Papierdokumenten zu ermöglichen, werden diese mithilfe von Scannern in eine elektronische Form (Bitmap) überführt. Dieser Prozess wird Imaging genannt. Handelt es sich bei dem Dokument um ein Schriftstück, kann der Text eventuell durch ein OCR-Verfahren (Optical Character Recognition) extrahiert und in ein Standardformat überführt werden. Wichtige Aufgaben von Dokumenten-Management-Systemen sind:

- *Dokumentenerfassung:* Papierunterlagen werden mittels Imaging digitalisiert. Dokumente, die schon in elektronischer Form vorliegen, werden in ein einheitliches Speicherformat konvertiert.
- *Indizierung:* Für das spätere gezielte Wiederauffinden von Dokumenten erfolgt eine Kennzeichnung mit Deskriptoren bzw. Indizes. Indexdaten werden entweder automatisiert durch Algorithmen zur Textanalyse oder personell,

3.5 Anwendungssysteme zur Prozessunterstützung

d. h. durch Verschlagwortung, vergeben. Ein spezieller Datenbankserver übernimmt die Speicherung und Verwaltung der Indexdaten.
- *Speicherung:* Elektronische Dokumente werden mit einer eindeutigen Identifikationsnummer versehen und durch den Dokumentenserver auf Massenspeichern abgelegt.
- *Retrieval:* Client-Stationen greifen zur Recherche auf Indizes zu, die in der Indexdatenbank abgelegt sind. Der Dokumentenabruf (Bildschirmanzeige oder Ausdruck) erfolgt mittels Zugriff auf den Dokumentenserver.

Besondere Bedeutung haben DMS im Rahmen von Workflow-Management-Systemen. Hier kann der Nutzen eines WMS durch die Reduzierung bzw. Substitution von Papierdokumenten sowie die Realisierung einer vollständig elektronischen Vorgangsbearbeitung verstärkt werden.

3.5.6 Webservices

Webservices sind modulare, plattform- sowie implementierungsunabhängige Anwendungen und Dienste, auf die über das Internet oder andere Netzwerke zugegriffen wird (Krcmar 2009). Webservices können sowohl direkt von einem Anwender als auch aus beliebigen Programmen heraus über eine standardisierte Schnittstelle aufgerufen werden. Für die erforderliche Datenübertragung zwischen dem Aufrufer und einer Servicekomponente wird die vorhandene Netzinfrastruktur genutzt. Dazu werden standardisierte Technologien verwendet, die sich im Internet-Umfeld bewährt haben (vgl. Abschnitt 2.3.1).

Der Webservices-Technologie liegt ein einheitliches Architekturmodell, die *Serviceorientierte Architektur* (SOA), zugrunde. Dabei handelt es sich um eine Klassifikation der Teilnehmer und ihrer Beziehungen in einem auf Webservices basierenden Anwendungsszenario. Es werden drei Rollen unterschieden:

Während ein *Service Requestor* einen Dienst nachfragt, stellt ein *Service Provider* einen Dienst (Webservice) zur Nutzung bereit. Aufgrund der hohen Zahl möglicher Servicegeber im Internet wird mittels einer *Service Registry* das Angebot an zur Verfügung stehenden Diensten zentral verwaltet. Zu diesem Zweck trägt jeder Servicegeber seine Dienste in einer einheitlichen Beschreibungsform in der Registry ein. Ein Service Requestor kann dann über entsprechende Suchverfahren der Registry einen passenden Dienst ausfindig machen. Die Service Registry ist jedoch nur als Intermediär an der Zusammenführung von Service Requestor und Service Provider beteiligt. Der eigentliche Aufruf eines Dienstes erfolgt letztlich direkt zwischen Dienstnehmer und Dienstleister.

Beispiel 3.6: Webservice-Aufruf zur Bonitätsprüfung

Viele Unternehmen verzichten aus Kostengründen auf eine sofortige Bonitätsprüfung bei Bezahlung mit einer Kredit- oder EC-Karte. Hier kann die Verwendung einer Webservice-basierten IT-Architektur die Möglichkeit einer unmittelbaren, sicheren und kostengünstigen Bonitätsprüfung bieten.

Nach der Bestellung und dem Prüfen der Produktverfügbarkeit beim Händler ruft dessen Bestellabwicklungs-System automatisiert über standardisierte Schnittstellen einen Webservice zur Bonitätsprüfung bei seiner Hausbank auf.

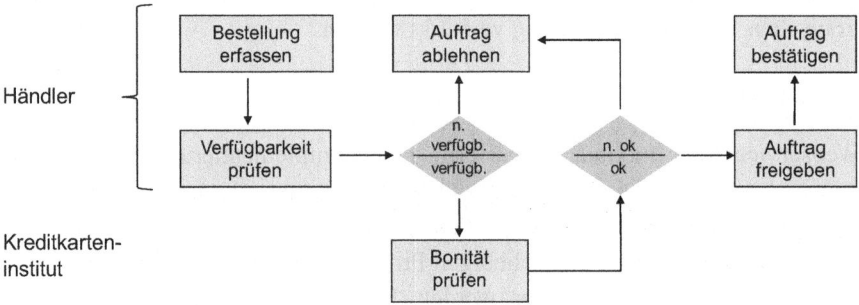

Abb. 3.16: Webservice-Aufruf zur Bonitätsprüfung

In einem weiteren Entwicklungsschritt könnte das Bestellabwicklungssystem des Händlers vor der eigentlichen Bonitätsprüfung eine zentrale Service Registry mit Angabe der gewünschten Funktionalität (Bonitätsprüfung Kredit-/EC-Karte) kontaktieren, die ihm daraufhin verschiedene alternative Webservices vorschlägt. Das Bestellabwicklungs-System wählt dann dynamisch anhand verschiedener Zielparameter (z. B. Kosten pro Prüfung, Verfügbarkeit, Umfang der Prüfung) einen dieser Webservices aus und lässt durch diesen die Bonitätsprüfung durchführen.

Die Kombination verschiedener Dienste oder Daten über Webservices in einem Angebot („Mashup") bietet ein Potenzial zur Umsatzsteigerung und Kostensenkung. Heute werden vor allem öffentlich über Webservices zugängliche Schnittstellen, beispielsweise von Anbietern geografischer Karten, genutzt. Ein Einsatzszenario für Mashups ist die Zusammenführung von Angebotsdaten eines Kleinanzeigenportals mit den Geodaten eines Kartenanbieters über Webservices. Dem Nutzer des Mashups können auf diese Weise Produktanbieter in seiner Umgebung auf einem Stadtplan angezeigt werden.

Lernkontrollfragen

- Wie definieren Sie den Begriff Geschäftsprozessmanagement?
- Welche Phasen beinhaltet der Lebenszyklus des operativen Prozessmanagements?
- Worin besteht der Zusammenhang zwischen Unternehmenszielen und Geschäftsprozessen?
- Wozu dienen Prozessmodelle?
- Welche Modellierungselemente können EPK und eEPK enthalten und was symbolisieren diese Elemente?
- Welche Voraussetzungen gibt es für den Einsatz eines Business-Process-Management-Systems?
- Wie lassen sich Workflows von Prozessen abgrenzen?
- Welche Art von Aufgaben in einem Unternehmen können WMS unterstützen?
- Was sind typische Komponenten eines Geschäftsprozess-Portals?
- Was zeichnet Workgroup-Support-Systeme aus?
- Welche Einsatzbereiche hat ein Dokumenten-Management-System?
- Wozu dient das Process-Performance-Measurement?

Literatur

Becker J, Kugeler M, Rosemann M (2005) Prozessmanagement. Springer, Berlin.
Hammer M, Champy J (1994) Business Reengineering. Campus, New York.
Jablonski S (1995) Workflow-Management-Systeme: Motivation, Modellierung, Architektur. Informatik Spektrum 18(1):13-24.
Krcmar H (2009) Informationsmanagement, 5. Aufl. Springer, Berlin.
Mertens P, Bodendorf F, König W, Picot A, Schumann M, Hess T (2010) Grundzüge der Wirtschaftsinformatik, 10. Aufl. Springer, Berlin.
Puschmann T (2004) Prozessportale: Architektur zur Vernetzung mit Kunden und Lieferanten. Springer, Berlin.
Riemer K (2009) eCollaboration: Systeme, Anwendung und aktuelle Entwicklungen. HMD – Praxis der Wirtschaftsinformatik (267):7-17.
Schacher M, Grässle P (2006) Agile Unternehmen durch Business Rules: Der Business Rules Ansatz. Springer, Berlin.
Schmelzer HJ, Sesselmann W (2008) Geschäftsprozessmanagement in der Praxis. Hanser, München.
Teufel S, Sauter C, Mühlherr T, Bauknecht K (1995) Computerunterstützung für die Gruppenarbeit. Oldenbourg, Bonn.

4 Servicemanagement

Am Ende dieses Kapitels sollten Sie ...

... sich der Besonderheiten bei der Dienstleistungserbringung im Gegensatz zur Produktion eines Sachgutes bewusst sein,

... wissen, welche Phasen des Servicemanagements unterschieden werden,

... Beispiele kennen, wie das Servicemanagement in verschiedenen Wirtschaftszweigen und Branchen durch Informationssysteme unterstützt werden kann.

4.1 Ziele des Servicemanagements

Die Bedeutung von Dienstleistungen nimmt ständig zu. In hoch entwickelten Ländern wird inzwischen der Großteil des Bruttoinlandsprodukts im Dienstleistungssektor erwirtschaftet. In Deutschland sind mittlerweile über 70 % aller Erwerbstätigen in diesem Bereich beschäftigt. Neben reinen Dienstleistungsunternehmen, die z. B. im Handel, Finanzwesen oder Tourismus zu finden sind, bieten auch immer mehr Industriebetriebe Dienstleistungen an. Beispiele für industrielle Dienstleistungen sind Finanzierungs-, Transport-, Wartungs- oder Versicherungsleistungen. Diese dienen häufig als Differenzierungsmerkmal gegenüber Wettbewerbern (Meier u. Piller 2001).

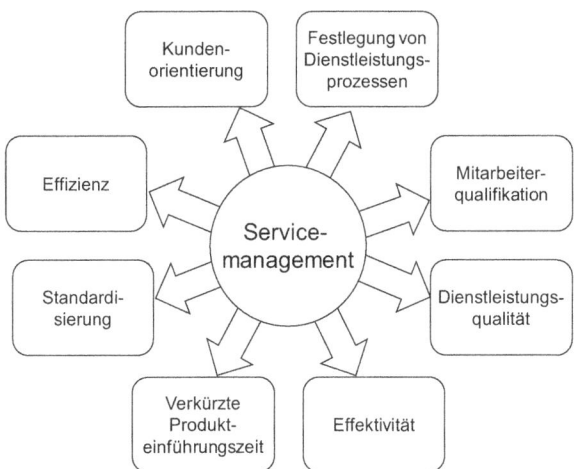

Abb. 4.1: Anforderungen des Servicemanagements

Während sich Wissenschaft und Praxis in der Vergangenheit ausführlich mit dem Management von Sachgütern beschäftigt haben, wurde das Management von Dienstleistungen lange vernachlässigt. Aufgrund des zunehmenden Wettbewerbsdrucks und der Internationalisierung der Märkte müssen Dienstleistungen jedoch immer höheren Ansprüchen gerecht werden, wie sie beispielhaft in Abb. 4.1 skizziert sind (Bruhn u. Stauss 2007).

Das Management von derartigen Dienstleistungen muss systematisch durchgeführt werden. Neben der strukturierten Entwicklung von Dienstleistungsprodukten mit einer starken Kundenorientierung verfolgt das Servicemanagement vor allem das Ziel, die Dienstleistungsproduktion schneller und mit einem geringeren Ressourceneinsatz zu gestalten. Dazu müssen zunächst Dienstleistungsprozesse festgelegt und modelliert werden. Die Einführung von Dienstleistungs-Produktionsprozessen im Unternehmen macht eine frühe Information der Mitarbeiter bezüglich des neuen Produkts sowie die Durchführung entsprechender Schulungsmaßnahmen erforderlich. Auf diese Weise wird nicht nur die Akzeptanz der Mitarbeiter sondern auch die Gesamtqualität der Dienstleistung gesteigert.

Ein Unternehmen kann sich nur auf dem Markt behaupten, wenn die erbrachte Leistung den Ansprüchen der Kunden genügt oder diese gar übertrifft. Daher steht eine konsequente Kundenorientierung im Zentrum des Servicemanagements. Die Dienstleistung muss nicht nur geplant eingeführt und effizient durchgeführt, sondern auch permanent evaluiert und verbessert werden.

Das Servicemanagement zielt folglich einerseits auf hohe Produktivität der Dienstleistungserbringung sowie andererseits auf eine hohe Kundenzufriedenheit durch entsprechende Dienstleistungsqualität ab.

4.2 Merkmale einer Dienstleistung

Basismerkmale einer Dienstleistung sind ihre „Immaterialität" und die „Integration eines externen Faktors". Aus diesen leiten sich die Merkmale „Bedarfsdeckung durch Leistung", „mehrstufige Produktion" „Interaktivität" sowie das „Uno-Actu-Prinzip" ab (Bodendorf 1999).

Die *Immaterialität* der Dienstleistung, d. h. ihre Nichtgreifbarkeit bzw. fehlende Stofflichkeit, wird als ihre prägnanteste Eigenschaft angesehen. Häufig wird auch der Begriff Intangibilität verwendet. Diese Eigenschaft erschwert die Vermittlung des Nutzens für den Kunden, da dieser die Qualität der Dienstleistung, anders als bei einem Sachgut, nicht vorher überprüfen kann. Der Kunde muss dem Anbieter folglich vor der Dienstleistungserbringung ein bestimmtes Maß an Vertrauen entgegenbringen.

4.2 Merkmale einer Dienstleistung

Das zweite zentrale Merkmal einer Dienstleistung ist die Integration eines sog. *externen Faktors* in den Dienstleistungserstellungsprozess. Hier kann es sich um den Kunden selbst, ein Objekt aus dessen Besitz oder um Informationen bzw. Wissen des Kunden handeln. Folglich wird der Kunde in die Erstellung der Dienstleistung mit einbezogen. Der externe Faktor ist als notwendiger zusätzlicher Produktionsfaktor in den Wertschöpfungsprozess integriert. So kann z. B. eine Transportdienstleistung nicht ohne die zu befördernde Person oder das zu transportierende Sachgut durchgeführt werden.

Erwirbt ein Kunde eine Ware, so deckt er durch den Kauf einen Bedarf und hat durch die spätere Verwendung des Gutes einen Nutzen. Bei einer Dienstleistung wird bereits bei der Leistungserstellung der Bedarf des Kunden gedeckt und durch die „Verrichtung" ein Nutzen geschaffen. Dieses Charakteristikum einer Dienstleistung wird als *Bedarfsdeckung durch Leistung* bezeichnet.

Das *Uno-Actu-Prinzip* sagt aus, dass die Erstellung und Verwertung einer Dienstleistung zusammenfallen. Der Anbieter und der Kunde bzw. der externe Faktor müssen zur gleichen Zeit am gleichen Ort zusammentreffen. Dies ist bei klassischen Dienstleistungen, wie z. B. einem Haarschnitt oder einem Hotelaufenthalt, regelmäßig der Fall. Allerdings relativieren elektronische Medien und IT-Systeme das Uno-Actu-Prinzip, da sie die räumliche und oft auch zeitliche Entkopplung von Leistungserbringung und -konsum erlauben. Hierdurch wird die mögliche Flexibilität von Dienstleistungen deutlich erhöht.

Durch die Integration des Kunden in den Leistungserstellungsprozess *interagiert* dieser mit dem Anbieter. Das Ausmaß der Interaktivität ist von der Art des externen Faktors und der Individualität der Dienstleistung abhängig (Meier u. Piller 2001). Besonders hoch ist die Interaktivität bei Dienstleistungen, die individuell auf den Kunden zugeschnitten sind und bei denen der externe Faktor der Kunde selbst ist.

Die Produktion einer Dienstleistung erfolgt *mehrstufig*:

- Vor der eigentlichen Erstellung der Dienstleistung werden interne Produktionsfaktoren des Anbieters vorkombiniert und damit eine Leistungsbereitschaft realisiert. In dieser Phase ist der externe Faktor in der Regel noch nicht beteiligt. Dem Kunden wird lediglich signalisiert, dass er eine Dienstleistung beanspruchen kann.
- Besteht von Seiten des Kunden Interesse, wird eine Leistungsvereinbarung getroffen. Hier wird die Dienstleistung hinsichtlich ihrer Eigenschaften und des Preises konkretisiert und vertraglich vereinbart, z. B. in Form einer Flugbuchung.

- Anschließend wird die Dienstleistung unter Integration des externen Faktors erbracht. In dieser Phase werden interne Produktionsfaktoren mit dem externen Faktor kombiniert, im obigen Beispiel befördert die Fluggesellschaft unter Einsatz von Personal, Betriebsmitteln und Material (interne Produktionsfaktoren) den Kunden (externer Faktor).

4.3 Phasenmodell des Servicemanagements

Ein Standardmodell des Servicemanagements umfasst fünf Phasen (siehe Abb. 4.2). Zu Beginn wird festgelegt, welche Strategie mit einem neuen Service verfolgt werden soll. Anschließend sammelt man Ideen zu dem zu entwickelnden Service und erarbeitet Innovationskonzepte. Im Prozessschritt Service Engineering wird der neue Service entworfen und umgesetzt. Im Mittelpunkt der Serviceproduktion steht vor allem der optimierte Einsatz der Ressourcen, um die Dienstleistung möglichst effizient zu erbringen. In der Phase Serviceevaluation soll mithilfe von Controlling-Instrumenten sichergestellt werden, dass die Dienstleistung das erwartete Ergebnis erzielt. Im Folgenden werden diese einzelnen Phasen näher betrachtet.

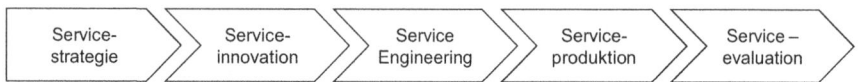

Abb. 4.2: Phasenmodell des Servicemanagements

4.4 Servicestrategie

Die erste Herausforderung, vor der ein Unternehmen bei der Entwicklung einer Dienstleistung steht, ist deren strategisches Ziel zu definieren. So kann das Unternehmen beispielsweise anstreben Produktivität, Qualität, Kundenbindung oder Mitarbeiterzufriedenheit zu steigern. Als Grundlage der Strategiedefinition dienen Analysen des eigenen Unternehmens und des Unternehmensumfeldes.

Im Rahmen von Umfeldanalysen werden unter anderem der Markt und die Wettbewerber untersucht. Auch können Veränderungen von rechtlichen und gesellschaftlichen Rahmenbedingungen sowie neue technologische Entwicklungen von Interesse sein. Trends sollen auf diese Weise schnell erkannt und in der Strategiedefinition berücksichtigt werden.

Zur Abschätzung der Marktposition des eigenen Unternehmens eignet sich eine Stärken-Schwächen-Analyse. Erweiterungspotenziale des eigenen Angebots lassen sich durch Portfolioanalysen aufdecken. Diese unterstützen das Unternehmen zudem in der sinnvollen Einordnung einer neuen Dienstleistung in das bestehende Angebotsprogramm.

Neben der Definition der Ziele werden in dieser Phase auch die Rahmenbedingungen der neuen Dienstleistung abgesteckt. Das Unternehmen muss sich entscheiden, ob es eine neue Dienstleistung entwickelt oder einen bestehenden Service verbessert. Auch könnten vorhandene Produkte oder Dienstleistungen des Unternehmens durch den neuen Service ergänzt bzw. „veredelt" werden.

4.5 Serviceinnovation

Sind die Rahmenbedingungen nach der Strategiephase definiert, muss man Ideen zu möglichen Services gewinnen. In die Ideenfindung können einzelne Fachabteilungen oder auch alle Mitarbeiter des Unternehmens einbezogen werden. Unterstützend bei der Ideenfindung wirken Methoden wie Brainstorming oder Mindmapping. Diese dienen dazu, das Kreativitätspotenzial der Mitarbeiter zu aktivieren. Auch kann der Einsatz von Intranet-Plattformen helfen, Ideen zu sammeln und zu diskutieren.

Anstöße für die Entwicklung bzw. Weiterentwicklung von Dienstleistungen können auch von der Kundenseite kommen. Dies kann z. B. durch proaktive Kundenbefragungen, Feedbackauswertungen des Außendienstes oder Lead-User-Konzepte (vgl. Abschnitt 2.4.1) geschehen.

Die gesammelten Ideen werden bewertet und eine oder mehrere zur Umsetzung ausgewählt. Die Auswahl verläuft in mehreren Schritten. In der ersten Phase prüft man die Ideen auf Umsetzbarkeit und verwirft wenig erfolgversprechende Ansätze. Je weiter man in dem Entscheidungsprozess voranschreitet, desto mehr Informationen benötigt man zu den verbleibenden Ideen. Es stehen eine Vielzahl von Bewertungsmethoden zur Verfügung, von einfachen Checklisten bis hin zu komplexeren Ansätzen wie Nutzwert- und Conjoint-Analysen oder Wirtschaftlichkeitsrechnungen (vgl. Abschnitt 1.4).

4.6 Service Engineering

Die Phase des Service Engineering stellt den Kern der Dienstleistungsentwicklung dar. In einem ersten Schritt werden konkrete Anforderungen an den neuen Service definiert. Erneut wird die Meinung von Kunden eingeholt um die Dienstleistung mit deren Vorstellungen und Wünschen abzustimmen (Scharp u. Jonuschat 2004).

Bei der Konkretisierung der neuen Dienstleistung können die „Vier Marketing Ps" als Orientierung dienen. So müssen das Produkt (product), dessen Preis (price), das Vertriebskonzept (place) sowie die Kommunikationspolitik (promotion) festgelegt werden. Diese Anforderungen werden in einem Lastenheft spezifiziert. Das Unternehmen definiert anschließend in einem Pflichtenheft, wie es plant, die Anforderungen des Lastenhefts zu erfüllen. Das Pflichtenheft dient im Weiteren als Richtlinie für die Konstruktion der Dienstleistung.

Nachdem die Anforderungen an das Dienstleistungsprodukt festgelegt sind, wird im Prozessschritt Design die Dienstleistung entworfen. In einem Produktmodell legt man fest, welche Eigenschaften die Dienstleistung aufweisen soll. Dabei geht es unter anderem um die Beschreibung der Leistung und die Festlegung der einzelnen Bestandteile. Die Erstellung von Produktmodellen kann mit Softwarewerkzeugen unterstützt werden. Prototyping und Simulationen helfen an dieser Stelle, das Produkt frühzeitig an die Kundenanforderungen anzupassen (vgl. Abschnitt 2.4.2).

Daneben ist der genaue Ablauf der Dienstleistungserbringung festzulegen. Hierzu wird ein Prozessmodell entworfen, das die Arbeitsabläufe und Schnittstellen mit dem Kunden abbildet. Für die Modellierung eignet sich das sog. Service Blueprinting. Diese Methode betrachtet die Dienstleistung aus Kundensicht. Verschiedene Handlungsbereiche sind durch Interaktions- und Sichtbarkeitslinien getrennt. An der Interaktionslinie sind Funktionen platziert, an denen der Kunde aktiv beteiligt ist. Die Sichtbarkeitslinie trennt Prozessteile ab, die der Kunde nicht wahrnimmt. Abb. 4.3 illustriert beispielhaft das Blueprinting einer Angebotserstellung.

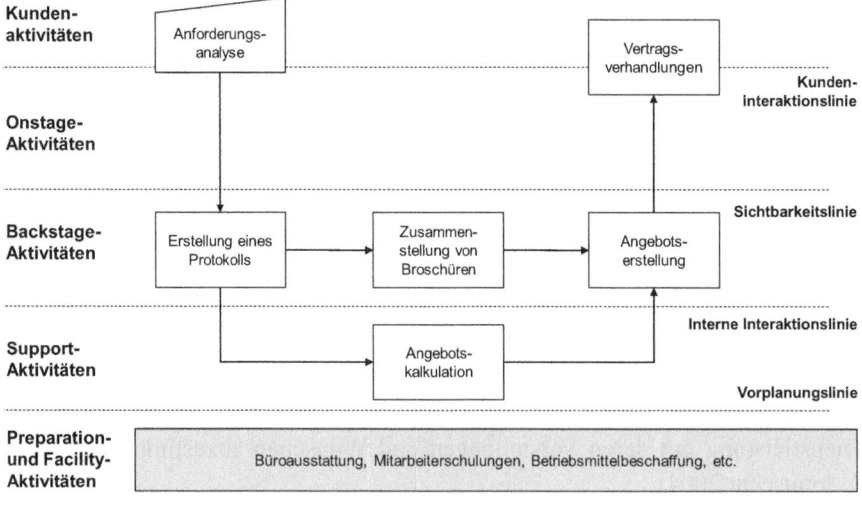

Abb. 4.3: Service Blueprinting für eine Angebotserstellung

Anschließend wird ein Potenzial- oder Ressourcenmodell erstellt, um zu definieren, welche internen Faktoren (Ressourcen) zur Bereitstellung des Dienstleistungspotenzials notwendig sind. Interne Faktoren können hierbei Mitarbeiter, die technische Infrastruktur, Informations- und Kommunikationssysteme sowie das notwendige Wissen zur Erstellung und Durchführung der Dienstleistung sein.

Am Ende der Design-Phase wird das Marketingkonzept für die Dienstleistung entworfen. Strategische und operative Marketingmaßnahmen werden geplant und die Dienstleistung positioniert.

4.7 Serviceproduktion

4.7.1 Überblick

Wie in Abb. 4.4 dargestellt, erfolgt die Produktion einer Dienstleistung in mehreren Prozessphasen. So wird zunächst durch die Vorkombination von internen Faktoren, wie der Anmietung von Geschäftsräumen, dem Kauf von Fahrzeugen oder der Einstellung von Mitarbeitern, eine generelle Leistungsbereitschaft erzeugt. Weiterhin müssen ggf. betroffene Abteilungen auf die Dienstleistung vorbereitet oder neue Abteilungen gebildet werden. Die Mitarbeiter sind zu schulen und die technische Infrastruktur bereitzustellen. Gehen mit der Einführung der Dienstleistung größere Änderungen z. B. strategischer Art einher, kann ein Change-Management-Konzept eingesetzt werden, um die Akzeptanz bei den Mitarbeitern zu steigern. IT-Systeme können hierbei beispielsweise durch E-Learning-Maßnahmen helfen, die notwendigen Schulungen zu dezentralisieren und Schulungsinhalte leichter zugänglich zu machen.

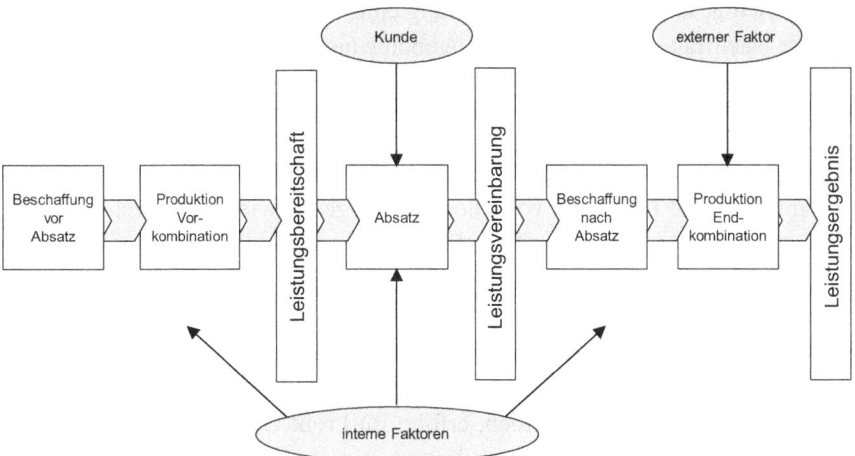

Abb. 4.4: Serviceproduktion

Die Vorkombination schafft eine generelle Leistungsbereitschaft und versetzt das Unternehmen in die Lage, die Dienstleistung anzubieten. Wenn sich der Kunde für die Leistung interessiert, tritt er im Rahmen des Dienstleistungsabsatzes mit dem Unternehmen in Kontakt. Sind sich Kunde und Anbieter über die Konditionen einig, wird eine Leistungsvereinbarung, wie z. B. die Buchung eines Fluges oder Reservierung eines Mietwagens, getroffen.

Im Anschluss wird die Dienstleistung produziert. Zusätzlich zu den Produktionsfaktoren, die bereits für die generelle Herstellung der Leistungsbereitschaft notwendig sind, müssen häufig noch weitere Produktionsfaktoren für die Erbringung der Dienstleistung beschafft werden. Dies können z. B. Cateringdienstleistungen bei Flügen oder spezielle Ersatzteile im Fall einer Reparaturdienstleistung sein. Insbesondere muss jedoch der externe Faktor in den abschließenden Schritt des Produktionsprozesses einbezogen werden. Bei dem externen Faktor kann es sich um den Kunden selbst, aber auch um ein Objekt im Besitz des Kunden oder um Informationen oder nominale Güter handeln.

Um das Leistungspotenzial auf einem hohen Niveau zu halten, bedarf es ständiger Qualitätsprüfungen. Mitarbeiter müssen regelmäßig geschult und durch Anreize wie z. B. Prämien motiviert werden. Zudem sind die notwendigen Betriebsmittel, wie Räumlichkeiten oder IT-Systeme, in Stand zu halten bzw. zu warten.

Die Integration des externen Faktors stellt das Unternehmen vor das Problem der Kapazitätsplanung. Da die genaue Nachfrage nicht vorhersehbar und das Produktionsergebnis nicht lagerfähig ist, muss die Produktion sehr genau geplant werden. Schätzt eine Fluggesellschaft beispielsweise den Bedarf an Plätzen falsch ein und kann sie nur einen kleinen Teil der vorgehaltenen Kapazität verkaufen, entstehen hohe Leerkosten. Hier werden Yield-Management-Systeme eingesetzt, die bei der Erstellung eines inhaltlich und preislich optimal auf die Nachfrage ausgerichteten Angebotes unterstützen und gleichzeitig die Erträge des Unternehmens maximieren.

4.7.2 Unterstützungssysteme für Mitarbeiter

Der immaterielle Charakter von Dienstleistungen sowie die notwendige Integration eines externen Faktors beeinflussen ganz wesentlich die Gestaltung der IV-Architekturen zur Unterstützung der Dienstleistungserbringung. Diese erfolgt durch eine Kombination von Aktivitäten im sog. Back und Front Office. Während im Back Office ohne direkten Kundenkontakt Geschäftsprozesse zur Dienstleistungsvorbereitung und -erzeugung entweder automatisiert oder von Mitarbeitern durchgeführt werden, erfolgt im Front Office die Integration des Kunden, der die Dienstleistung im Rahmen einer wirtschaftlichen Transaktion bezieht. Ist die immaterielle Leistung digitalisierbar, z. B. in der Finanzdienstleistungsbranche (vgl. Abschnitt 4.9.4), so lassen sich wesentliche Prozesse im Back Office automatisieren. Aber auch bei der Dienstleistungserbringung im Front Office können Mitarbeiter des Unternehmens in ihren Aufgaben durch IT-Systeme unterstützt werden. Derartige Unterstützungssysteme stellen elektronische Dienste bereit, die vielfach individuell auf einzelne Teilaufgaben zugeschnitten sind.

Durch die direkte Anbindung an die unternehmenseigenen Anwendungssysteme sind weitere Informationen zum Kunden, wie z. B. die Vertragsstruktur, Garantiebedingungen, Kostensätze oder die Einsatz- und Störhistorie, verfügbar.

Beispiel 4.1: Unterstützungssysteme

Ein Servicetechniker eines Herstellers von Kopiergeräten im Außendienst kann durch ein mobiles Endgerät bei seiner täglichen Arbeit unterstützt werden. Ein solches Endgerät erlaubt dem Techniker bei Wartungseinsätzen am Ort des Kunden den Zugriff auf die IT-Systeme des eigenen Unternehmens.

Am Einsatzort gibt der Techniker die Seriennummer des defekten Kopierers in die auf seinem Endgerät vorhandene Wartungsapplikation ein. Die Wartungsapplikation ruft daraufhin drahtlos die bisherige Wartungshistorie des Kopiergeräts vom zentralen Server des Herstellers ab. Besonderheiten wie z. B. frühere Fehlbedienungen seitens des Kunden werden ebenfalls an den Techniker übermittelt.

Anhand von gerätespezifischen Diagnoseschemata prüft der Techniker die Funktionen, um den Defekt einzugrenzen. Ggf. kann das mobile Endgerät über technische Schnittstellen auch direkt mit dem Kopiergerät verbunden werden, um dessen interne Diagnoseroutinen auszuführen.

Nach der Identifikation des konkreten Defekts werden via Mobilfunk alle notwendigen Informationen über erforderliche Reparatur- oder Wartungsaktionen direkt vom zentralen System auf das mobile Endgerät des Servicetechnikers übertragen. Sofern notwendig, können erforderliche Ersatzteile online angefordert und ein weiterer Reparaturtermin anberaumt werden.

Ein weiteres, z. B. in der Versicherungsbranche vielfach genutztes, Anwendungsfeld für mobile Unterstützungssysteme von Mitarbeitern ist das sog. mobile CRM. Durch die Versorgung des Außendienstes mit aktuellen und relevanten Informationen zu jeder Zeit an jedem Ort können Versicherungsunternehmen ihre Kunden gezielter ansprechen und damit Verkaufsprozesse nachhaltig verbessern.

4.7.3 Self-Service-Systeme für Kunden

Unter Self-Service versteht man die computergestützte Mitwirkung des Kunden am Dienstleistungsprozess (Mertens et al. 2010). Bei Self-Service-Systemen interagiert der Kunde mit einem IT-System des Dienstleistungsunternehmens. Dies unterscheidet Self-Service-Systeme von einer bloßen Selbstbedienung im Handel oder von Do-It-Yourself-Tätigkeiten. Mithilfe von Informations- und Kommunikationssystemen übernimmt der Kunde aktiv Aufgaben im Dienstleistungsprozess, die möglicherweise auch vom Dienstleister selbst durchgeführt werden könnten. Hierzu muss er eine gewisse Steuerungskompetenz besitzen, da der Anbieter ihm keine Weisung z. B. bezüglich des Zeitpunkts für seine Aktivität geben kann. Beim Dienstleister verbleiben die grundsätzliche Prozessorganisation, der Aufbau der Leistungsbereitschaft und die Bereitstellung (teil-)automatisierter Leistungsdurchführungsmodule (Mertens et al. 2010).

Abb. 4.5 zeigt die schematische Architektur eines Self-Service-Systems.

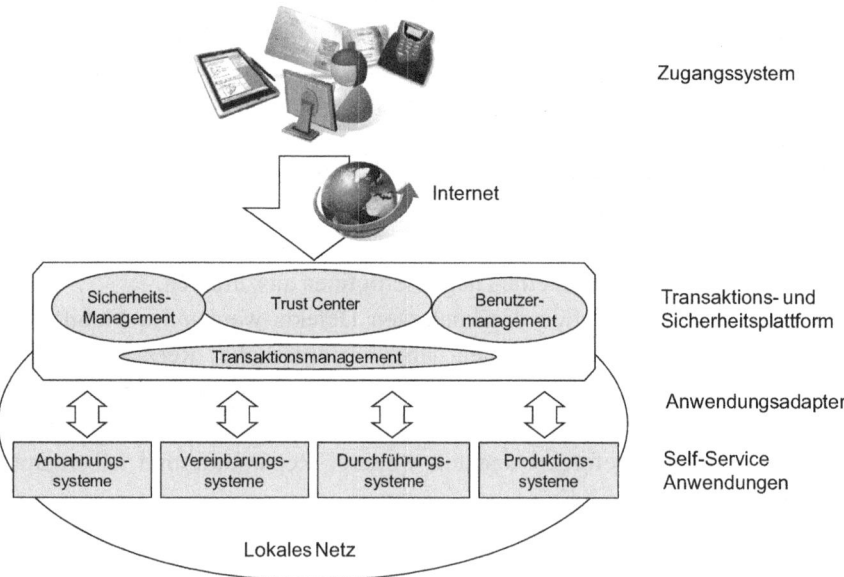

Abb. 4.5: Architektur eines Self-Service-Systems

4.7 Serviceproduktion

Der Kunde verschafft sich zunächst einen Zugang zum IT-System des Leistungsanbieters, indem er z. B. mit seinem Arbeitsplatz- oder Heim-PC über das Internet eine Verbindung herstellt. Eine wichtige Aufgabe des Zugangssystems ist die Überprüfung der Authentizität des Kunden. Dies kann durch Kenn-Nummern und Passwörter, mittels Chipkarten oder mithilfe biometrischer Erkennungssysteme geschehen. Eine Transaktions- und Sicherheitsplattform fungiert als Schnittstelle zu den Self-Service-Anwendungen, um eine sichere, schnelle und ordnungsgemäße Abwicklung zu gewährleisten. Sie stellt die Verbindung zwischen dem unternehmensinternen Netzwerk, auf dem die Anwendungen abgelegt sind, und dem offenen Internet, über das die Anwender zugreifen, dar. Sie übernimmt sog. Trust-Center-Funktionen sowie die Zugangs- und Zugriffskontrolle für verschiedene Benutzer bzw. Benutzergruppen.

Neben dem Zugangssystem und der Sicherheitsplattform sind Self-Service-fähige Anwendungssysteme der Kern einer Self-Service-Architektur. Sie ermöglichen einen vom Kunden gesteuerten Abruf von Dienstleistungsfunktionen. Hier lassen sich verschiedene Grade einer Self-Service-Unterstützung unterscheiden. So kann der Funktionsaufruf z. B. dazu führen, dass ein Mitarbeiter einen Arbeitsauftrag erhält und diesen elektronisch erledigt, indem er über E-Mail mit dem Kunden kommuniziert. Hier würde die Transaktions- und Sicherheitsplattform evtl. die Verbindung zu einem Workflow-Management-System (vgl. Abschnitt 3.5.3) herstellen. Bei einer hoch automatisierten Lösung wird die Dienstleistung von einem Computersystem erbracht, welches über einen Anwendungsadapter angesprochen wird und direkt mit dem Kunden interagiert.

Eine spezifische Form von Self-Services sind Sprach-Self-Services, d. h. sprachgestützte Dienstleistungen, mit der Kunden selbstständig per Telefon bestimmte Parameter ändern oder Informationen abfragen können. So sind beispielsweise die Tarifmerkmale eines Mobilfunkvertrages durch ein Telefongespräch mit dem Servicecomputer ohne zusätzliches Personal anpassbar (Mertens et al. 2010).

Hürden für den Einsatz von Self-Service-Systemen ergeben sich für Dienstleistungen, bei denen der persönliche Kontakt zu einem menschlichen Mitarbeiter erforderlich oder vom Kunden (z. B. aus Vertrauensgründen) erwünscht ist. Tangible Dienstleistungen, die physische Veränderungen an einem externen Faktor bewirken, eignen sich ebenfalls nur eingeschränkt für Self-Services.

4.7.4 Mobile Services

Mobile Endgeräte ermöglichen die ortsunabhängige Verfügbarkeit von Dienstleistungen. Mit diesen Geräten ist der Benutzer in der Lage, jederzeit und überall Informationen abzurufen und spontan Transaktionen durchzuführen. Technologien wie GPS erlauben es, den Standort des Kunden zu bestimmen und auf die aktuelle Situation ausgerichtete Services anzubieten (vgl. Abschnitt 2.3.2).

Die ortsunabhängige Erreichbarkeit des Kunden macht mobile Medien vor allem für Situationen attraktiv, bei denen der Anbieter aktiv auf den Kunden zugehen möchte. Daneben kann der zeitlich unbeschränkte Kontakt zum Kunden für Dienstleistungen genutzt werden, die von Echtzeitinformationen abhängen (z. B. im Aktienhandel) oder auf ein bestimmtes Erlebnisumfeld abgestimmt sind.

Anwendungsfelder für mobile Services sind grundsätzlich im Vertrieb sowohl physischer Güter als auch immaterieller Dienstleistungen denkbar. Beispiele sind:

- *Mobile Ticketing:* Kunden reservieren oder kaufen mobil Eintrittskarten für Veranstaltungen oder Fahrkarten für Personenverkehrsdienstleistungen. In neueren Anwendungen ist der Download des Tickets auf das mobile Endgerät möglich. Die Eintrittsberechtigung oder ein Fahrschein kann in Form eines zweidimensionalen Barcodes auf dem mobilen Endgerät gespeichert und angezeigt werden.
- *Mobile Auctions:* Mit mobilen Auktionen kann der Kunde seine Gebote an jedem Ort in Echtzeit verfolgen und ohne Zeitverzögerung in die Auktion einsteigen.
- *Mobile Advertisement:* Einfach und Erfolg versprechend sind Applikationen, die es ermöglichen, einem Besucher eines bestimmten, abgegrenzten Areals automatisch eine Nachricht, z. B. eine SMS, zu senden. Eine mögliche Anwendung ist folgende: Auf dem Display des mobilen Endgeräts wird zur Mittagszeit das nächstgelegene Restaurant mit Wegbeschreibung und Speiseangeboten angezeigt. Dabei erhält der Umworbene nicht nur die reine Werbebotschaft, sondern durch Individualisierung einen wahrnehmbaren Mehrwert.
- *Mobile Portale:* Aggregatoren bieten auf mobilen Portalen Anwendungen in gebündelter Form an. Häufig offerieren mobile Portale lokale und aktuelle Informationen sowie Unterhaltungsangebote. Hierzu gehören z. B. die Rubriken lokales Wetter, Standortinformationen, Wegbeschreibungen, Restaurants und Hotels, Politik- und Wirtschafts-Nachrichten, Freizeit- und Sportinformationen sowie Spiele.

4.7.5 Automatisierte Services

Automatisierte Services erbringen eine Dienstleistung teilweise oder vollständig ohne personelle Steuerung durch Kunden oder Anbieter. An die Stelle von menschlichen Akteuren treten autonom handelnde Softwaresysteme. Agieren diese in Vertretung von Personen als Auftraggeber, so spricht man auch von Softwareagenten.

Eine agentenbasierte Verhandlungsunterstützung verfolgt z. B. den Anspruch, die notwendigen Benutzereingriffe auf ein Minimum zu reduzieren und so die anfallenden Transaktionskosten zu reduzieren. Die Suche nach geeigneten Verhandlungspartnern und die eigentliche Verhandlung werden an einen Verhandlungsagenten delegiert. Die zur Aktionsauslösung eingesetzten „Effektoren" eines Verhandlungsagenten sind Nachrichten (sog. Sprechakte), durch die er mit seiner Umwelt kommuniziert (z. B. Unterbreitung eines Angebots, Verhandlungsabbruch, Zustimmung zum Vertragsschluss). Diese Nachrichten werden oft in Form von Webservice-Aufrufen und -Antworten verschickt. Die Entscheidung über Zeitpunkt, Adressat und Inhalt dieser Aufrufe und Antworten obliegt dem Agenten. Er verfügt also über Handlungsfreiräume. Ziel des Agentenentwurfs ist es, den Agenten mit der Fähigkeit auszustatten, seine Entscheidungen rational zu treffen, also z. B. auf Nutzenmaximierung auszurichten. Nur ein rational handelnder Agent kann einen menschlichen Verhandler ersetzen. Der Einsatz (pseudo-)intelligenter Softwareagenten ist vor allem durch die Modellierbarkeit der kognitiven Fähigkeiten des Menschen begrenzt. Bereits einfache Gedankengänge sind nur mit großem Aufwand zu formalisieren und in einer Entscheidungskomponente umzusetzen.

Ein weiteres Beispiel automatisiert erbrachter Services sind Navigationssysteme im Fahrzeugsektor. Die Dienstleistung besteht hierbei in der Verkehrsleitung (Routing) zu einem gewählten Zielort unter der Berücksichtigung zusätzlicher, durch den Kunden festgelegter Parameter (z. B. Minimierung der benötigten Fahrzeit oder der zurückzulegenden Kilometer). Die Streckenberechnung und die visuelle und akustische Präsentation von Navigationshinweisen erfolgt durch ein IT-System mithilfe von automatisierter Positionsbestimmung und der Verwendung digitalisierten Kartenmaterials. Aktuelle Informationen zu Verkehrsstauungen oder Baustellen werden ad hoc durch das Navigationssystem empfangen und in die Streckenberechnung mit einbezogen.

4.8 Serviceevaluation

Aufgabe der Serviceevaluation ist, Daten über die Serviceproduktion und -qualität zeitnah zu erheben und mithilfe von Controlling-Instrumenten auszuwerten. Weisen Kennzahlen auf Schwächen im Produktionsprozess der Dienstleistung hin, so müssen Anpassungsmaßnahmen, wie z. B. eine Aufstockung oder Reduktion des Personals, angestoßen werden.

Dienstleistungen werden kontinuierlich, unter anderem mit Instrumenten des Prozessmanagements, auf Verbesserungsmöglichkeiten hin überprüft (evaluiert). Mithilfe von Wirtschaftlichkeitsanalysen, die im Rahmen des internen Controllings stattfinden, können ineffiziente Prozessabschnitte aufgedeckt werden. An dieser Stelle ist eine Rückkopplung zum Service Engineering sinnvoll.

Das Controlling von Dienstleistungen unterscheidet sich zum Teil stark von dem Controlling produzierender Unternehmen. Dies liegt vor allem am externen Faktor, der mit in die Produktion einbezogen wird. Dieser unterscheidet sich bei jeder Dienstleistungserbringung und erschwert eine Standardisierung der Prozesse. Auch ist das Ergebnis der Dienstleistung oft stark von der Bereitschaft des Kunden zur Zusammenarbeit abhängig. Dieser beeinflusst nicht nur das Ergebnis der Dienstleistung, sondern bewertet diese am Ende auch. So ist der Vergleich mehrerer gleichartiger Dienstleistungen nur schwer möglich. Eine weitere Herausforderung stellt die notwendige ständige Aufrechterhaltung der Leistungsfähigkeit dar. Diese führt zu hohen Fixkosten, die oft nur schwer einzelnen Dienstleistungen zuzuschlüsseln sind.

Eine besondere Bedeutung kommt in Dienstleistungsunternehmen dem Qualitätsmanagement zu. Dieses stellt sicher, dass das Leistungspotenzial sowie das Leistungsergebnis die geforderte Qualität aufweisen. Interne Faktoren, wie Mitarbeiter und Betriebsmittel, werden durch den Einsatz von Qualitätsaudits regelmäßig auf den Prüfstand gestellt.

Ursachen dafür, dass die erwartete Qualität der Dienstleistung nicht der wahrgenommenen entspricht, können vielfältig sein. Eine Systematisierung möglicher Ursachen bietet die GAP-Analyse (Gap, englisch für Lücke). Die GAP-Analyse ist ein Instrument des strategischen Controllings. Durch sie lassen sich Abweichungen zwischen dem Ist-Zustand und dem geplanten Ziel-Zustand feststellen (Welge u. Al-Laham 2007).

Weitere Controlling-Instrumente, die eingesetzt werden, um die Qualität der Dienstleistung zu überprüfen, sind Kundenbefragungen sowie Wirkungs- und Erfolgskontrollen. Prozesskostenrechnungen dienen der Kontrolle der Wirtschaftlichkeit. Ein Unternehmen kann eine Dienstleistung langfristig nur dann anbieten, wenn diese profitabel ist.

4.9 Beispiele

4.9.1 Handel/E-Commerce

In Handelsbetrieben findet ein Austausch von Waren und Dienstleistungen zwischen Wirtschaftssubjekten statt. E-Services können hierbei sowohl die internen Abläufe des Handelsbetriebes als auch den Waren- und Dienstleistungsaustausch mit dem Kunden unterstützen.

Warenwirtschaftssysteme (WWS) dienen der Steuerung des Warendurchflusses, d. h. aller physischen Warenbewegungen nach Menge und Wert. Sie bilden die Warenprozesse informationstechnisch ab und ermöglichen die Verarbeitung aller warenbegleitenden Daten.

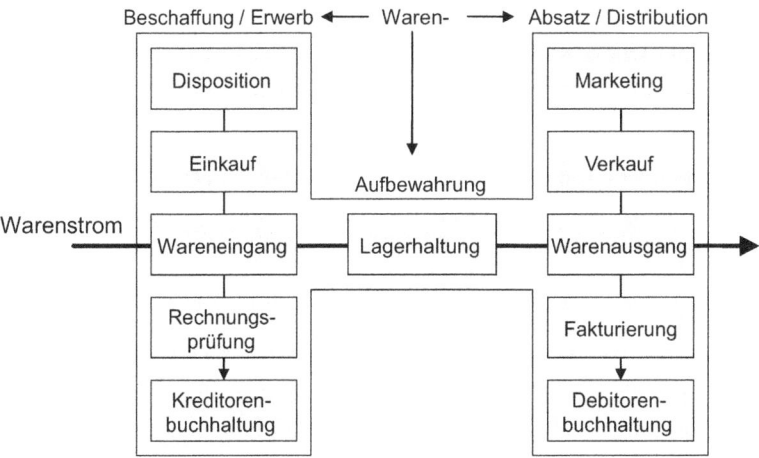

Abb. 4.6: Elemente eines Warenwirtschaftssystems

Abb. 4.6 zeigt die funktionalen Elemente eines Warenwirtschaftssystems in Form des sog. „Handels-H". Der linke Schenkel illustriert dabei von oben nach unten den Prozess der Beschaffung. Teilprozesse sind der Einkauf als Ergebnis der Disposition, der Wareneingang, die Rechnungsprüfung und die Verbuchung der Zahlungen in der Kreditorenbuchhaltung. Der rechte Schenkel zeigt den Prozess der Warendistribution. Marketingmaßnahmen dienen der Verkaufsförderung. Bei oder nach dem Warenausgang erfolgt die Rechnungserstellung. Die Verbuchung der Zahlungseingänge in der Debitorenbuchhaltung schließt den Absatzprozess im Warenwirtschaftssystem ab.

Die Lagerhaltung bildet die Schnittstelle der beiden im Handel weitgehend entkoppelten Prozesse von Beschaffung und Distribution. Die Ware kann z. B. in Zentral-, Regional- oder Filiallagern im Rahmen des Beschaffungsprozesses eingelagert und im Rahmen des Distributionsprozesses wieder abgerufen werden.

Warenwirtschaftssysteme dienen primär der innerbetrieblichen Prozessunterstützung. Präsentations-, Auskunfts- und Beratungssysteme bieten ergänzende Funktionalität, die insbesondere auf die Information und Kommunikation an der Kundenschnittstelle ausgerichtet ist.

Präsentationssysteme dienen dazu Produkt- und Dienstleistungsangebote möglichst ansprechend darzustellen, und unterstützen damit die Entscheidung des Kunden, ob ein Kauf erfolgen soll.

Aufgaben von Präsentationssystemen sind unter anderem (Mertens et al. 2010):

- das Interesse des Kunden zu wecken,
- einen Überblick über die Produkte und/oder das Unternehmen zu vermitteln und diese attraktiv darzustellen sowie
- Besonderheiten oder einzelne Aspekte der Produkte im Detail zu zeigen oder vorzuführen.

Hierzu setzt man oft multimediale Systeme ein, die verschiedene Arten der Informationsdarstellung wie Text, Grafik, Bild, Animation, Video und Audio kombinieren. So findet man unter anderem auch sog. Virtual-Reality-Systeme, die es dem Kunden ermöglichen, sich in einer dreidimensionalen künstlichen Welt zu bewegen.

Auskunftssysteme zielen auf eine effiziente Informationserschließung d. h. sie bearbeiten gezielt konkrete Kundenanfragen und stellen die Ergebnisse übersichtlich zusammen. Die Visualisierung der Informationen ist dabei weniger wichtig als ihr Inhalt. Aufgabe von Auskunftssystemen ist vor allem die Unterstützung des Kunden bei

- der Vorauswahl aus einem umfangreichen Angebot, um anschließend eine Kaufentscheidung treffen zu können,
- der Auswahl eines einzelnen Dienstes oder Produktes nach festen, einfach zu identifizierenden Merkmalen und
- dem Einholen spezieller Informationen, die ein Mitarbeiter des Unternehmens nicht ad hoc bieten kann (Mertens et al. 2010).

Bei der softwaretechnischen Realisierung von Auskunftssystemen liegt der Schwerpunkt auf einer komfortablen und effizienten Unterstützung des Information Retrieval und der übersichtlichen Darstellung der Suchergebnisse. Unternehmensinterne Auskunftssysteme bestehen meist aus umfassenden Datenbanken und zugehöriger Abfragesoftware. Suchmaschinen im Internet sind eine besondere Form von überbetrieblichen Auskunftssystemen. Sie beantwor-

4.9 Beispiele

ten Suchanfragen mit einer nach Relevanz geordneten Trefferliste von Dokumenten aus dem World Wide Web (WWW).

Sprachauskunftssysteme (vgl. Abschnitt 4.7.3) ermöglichen dem Kunden einen einfachen und intuitiven Zugang zu benötigten Informationen. Da das Vokabular in Kundendialogen häufig begrenzt ist, eignen sie sich zur Rationalisierung von standardisierbaren Abläufen. Sprachauskunftssysteme bestehen im Wesentlichen aus Modulen zur Spracherkennung, zur Dialogsteuerung sowie zur Sprachausgabe.

Beratungssysteme unterstützen den Kunden, indem sie unter anderem die Produktinformation oder zur Auswahl stehende Varianten unter Berücksichtigung der speziellen Kundenerfordernisse bewerten und eventuell darüber hinaus Empfehlungen geben. Dabei sind unter anderem folgende Funktionen zu unterscheiden (Mertens et al. 2010):

- Das System leitet den Bedarf des Kunden aus seiner persönlichen Situation und seinen Präferenzen ab.
- Angebote werden in Bezug auf die Wünsche des Kunden bewertet.
- Es werden individuell ausgerichtete Auswahlempfehlungen mit entsprechenden Erläuterungen gegeben.
- Die für den Kunden geeignete Alternative wird automatisch ausgewählt.

Um diese Aufgaben erfüllen zu können, steht bei Beratungssystemen die Interaktion mit dem Kunden im Vordergrund. So müssen zunächst die Vorlieben und Präferenzen sowie die spezielle Situation des Kunden bekannt gemacht werden, sofern diese Merkmale nicht schon in einem Kundenprofil hinterlegt sind. Als Inputdaten für ein Beratungssystem eignen sich somit unter anderem weitere ausgewählte Produkte, gewünschte Produktmerkmale oder gespeicherte, bereits gekaufte Produkte, Produktbewertungen und Käufereigenschaften.

4.9.2 Gütertransport

Gütertransportdienstleistungen werden hauptsächlich von Speditionen (häufig auch in Zusammenarbeit) erbracht. Daneben existieren Integratoren, die alle Dienstleistungen aus einer Hand als sog. Door-to-Door-Konzepte anbieten. Einige Unternehmen haben sich auf bestimmte Transportarten spezialisiert oder bieten zugleich Güter- und Personenverkehrsdienstleistungen an.

Zielsetzungen im Gütertransport sind eine kostengünstige Fahrtroutenplanung und hohe Kapazitätsauslastung. Während der Durchführung des Transports ändern sich oft die der Planung zugrunde liegenden Routinginformationen durch wechselnde Verkehrsbedingungen, Auftragsänderungen oder Fahrzeugdefekte. Um schnell reagieren zu können, ist eine Kommunikation der zentralen Disposition mit den Fahrern über Mobilfunk erforderlich.

Tracking & Tracing (*tracking* = Verfolgung, *tracing* = Rückverfolgung) gibt Auskunft darüber, wo und auf welchem Weg sich Waren zu einem bestimmten Zeitpunkt befinden. Dabei bezeichnet *Tracking* die Ortsbestimmung eines bestimmten Objekts zu einem definierten Zeitpunkt, während *Tracing* aufzeigt, welchen Weg z. B. Rohstoffe, Halbfertigfabrikate und Endprodukte im Zeitverlauf genommen haben (Mertens et al. 2010).

Die Lieferüberwachung prüft periodisch vorgemerkte Bestellungen und gibt Mahnungen an Lieferanten aus, wenn zugesagte Liefertermine überschritten werden, Auftragsbestätigungen fehlen oder einer Aufforderung zur Rückmeldung nicht gefolgt wurde. Neben der Anmahnung von Auftragsbestätigungen zählt auch die routinemäßige Generierung elektronischer Liefererinnerungen vor dem geplanten Liefertermin zum präventiven Störungsmanagement (Mertens et al. 2010).

Der Einsatz der RFID-Technologie (vgl. Abschnitt 2.3.2) ermöglicht eine bessere Lokalisierung von Objekten. Die Übermittlung von Standortdaten und Mitteilungen über das Erreichen kritischer Übergabepunkte erlaubt die transparente Protokollierung und Überwachung des Lieferprozesses durch Beschaffer und Lieferant (vgl. Abb. 4.7). Eine wichtige Aufgabe ist daneben die Wareneingangskontrolle. Je nach Ausstattung der Lieferung mit RFID-Etiketten (z. B. palettenweise, stückweise) kann diese als Ganzes erfasst oder nach Art und Stückzahl mit den Sollwerten verglichen werden.

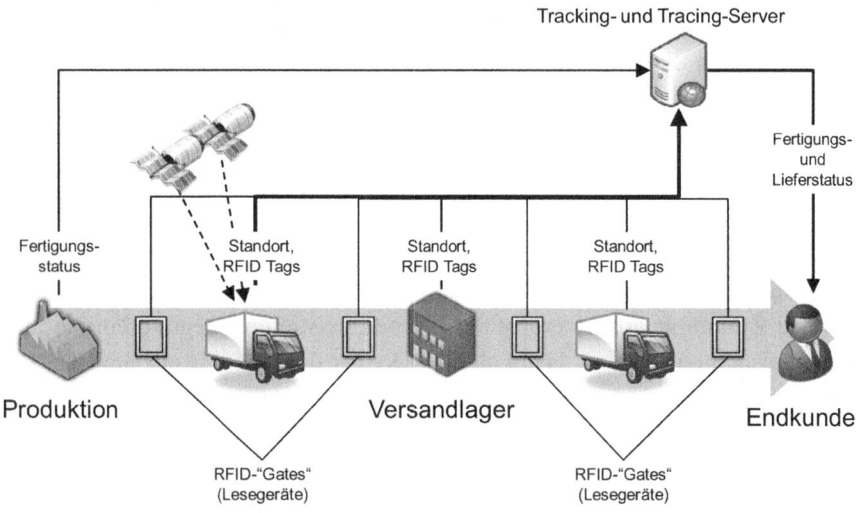

Abb. 4.7: Tracking & Tracing mit RFID

4.9.3 Tourismus

Touristik-Dienstleister sind Teil eines komplexen Wertschöpfungsnetzwerks. Abb. 4.8 zeigt Verknüpfungen über verschiedene Wertschöpfungsstufen. Ein Kunde kann hierbei eine Touristikdienstleistung sowohl direkt vom Leistungsanbieter erwerben als auch die Vermittlungs- bzw. Konfigurations-Leistung eines Intermediäres in Anspruch nehmen.

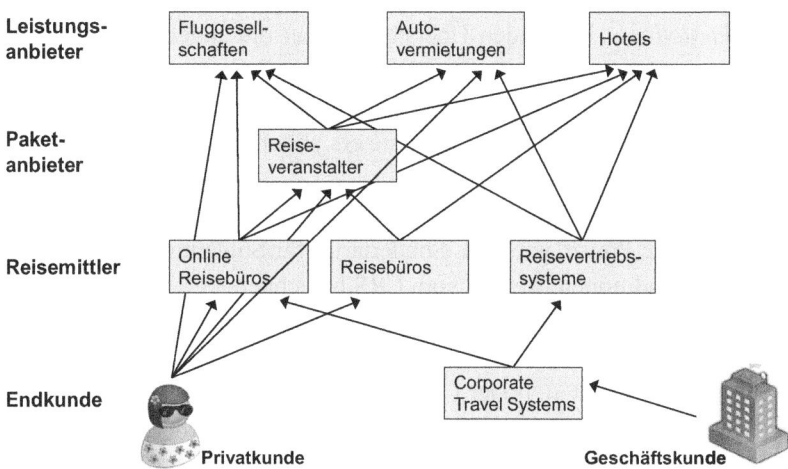

Abb. 4.8: Vernetzung der Dienstleister im Tourismussektor

Aus den unterschiedlichen Geschäftsmodellen von Leistungsanbietern, Paketanbietern und Reisemittlern ergeben sich verschiedene Szenarien für den unterstützenden Einsatz von IT-Systemen (vgl. Tabelle 4.1).

Tabelle 4.1: Einsatzszenarien für IT-Systeme im Touristik-Sektor

Typ	Beispiele für Leistungserbringer	Einsatz von IT-Systemen
Leistungsanbieter erbringt die Leistung	Fluggesellschaften, Bahnbetriebe, Autovermietungen, Hotels, Schifffahrtslinien	Yield-Management-Systeme, Online-Buchungssysteme, Reservierungssysteme, CRS
Paketanbieter bündelt und garantiert die Summe der Reiseleistung	Reiseveranstalter	Präsentationssysteme, Konfigurationssysteme, Reservierungssysteme
Reisemittler vermittelt (gebündelte) Reiseangebote	(Online-)Reisebüros, Corporate Travel Systems	Kollaborative Bewertungssysteme, Auskunftssysteme, Beratungssysteme

Im Rahmen des Vertriebs von Reisedienstleistungen werden umfangreiche Computergestützte Reisevertriebssysteme (Computerized Reservation Systems, CRS) eingesetzt. CRS bündeln Informationen über Preise, Verfügbarkeiten und Buchungsmöglichkeiten von Pauschalreisen, Flügen, Hotels, Mietwagen, Fähren, Kreuzfahrten, Bahnen, Bussen und anderen Produkten und unterstützen Buchungs- und Abrechnungsaufgaben. Ein CRS umfasst vier Kernfunktionen (Mertens et al. 2010):

- *Angebotsdarstellung:* Es werden Übersichten über die angebotenen Dienstleistungen erzeugt. Hierzu gehören Produktbeschreibungen, multimediale Präsentationen und Verfügbarkeitsinformationen. Das Angebot wird entweder durch das CRS vom Server des Anbieters abgefragt oder in der Datenbank des CRS vorgehalten.
- *Tarifierung:* Feste Angebotspreise werden in der Angebotsdarstellung angezeigt. Individuelle Preise, wie z. B. Sondertarife für Studenten oder nachfrageabhängige Konditionen, werden vom CRS berechnet.
- *Reservierung:* Bei der Reservierung bzw. Buchung werden alle vereinbarten Teilleistungen in einer elektronischen Auftragsspezifikation, dem sog. Passenger Name Record (PNR) oder Guest Name Record (GNR) festgehalten. Die Speicherung erfolgt in einer Datenbank, die sich entweder im CRS oder im System des Leistungsanbieters befindet.
- *Ticketing:* Das CRS generiert ein elektronisches Ticket-Image, das am Bildschirm angezeigt und auf einem speziellen Drucker ausgedruckt werden kann.

4.9.4 Bankenbereich

Betrachtet man das nominelle Gut „Geld" als speziellen Informationstyp, so werden in Banken im Wesentlichen Informationen bearbeitet. Zu den wichtigsten finanzwirtschaftlichen Dienstleistungen gehören der Zahlungsverkehr, die Kreditvergabe an geschäftliche und private Kunden, die Vermittlung von Anlagemöglichkeiten sowie der Betrieb von Handelssystemen.

Abb. 4.9 skizziert Informationsflüsse in Zahlungsverkehrssystemen. Zur rationellen Bearbeitung der wachsenden Belegflut setzte man schon sehr früh Belegerkennungs- und Sortiermaschinen ein. Inzwischen ist die Anzahl der beleggebundenen Aufträge eher rückläufig, die elektronische Eingabe und Weiterleitung sind Standard. Überweisungsformulare werden über OCR-Belegleser, Schriftlesegeräte oder Scanner eingegeben und eventuell personell nachcodiert. In Unternehmen generieren meist jedoch Anwendungssysteme automatisch Datensätze für den elektronischen Zahlungsverkehr. Nach der Übertragung im Kommunikationsnetz der Banken werden diese im Rechenzentrum der Empfängerbank verarbeitet, z. B. in Form von Kontogutschriften (Mertens et al. 2010).

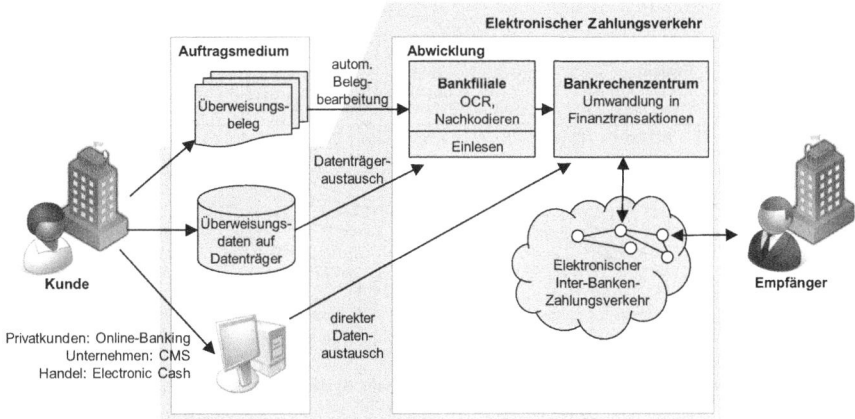

Abb. 4.9: Computerunterstützter Zahlungsverkehr

Die Bearbeitung von Kreditanträgen in Banken ist in der Regel ein gut strukturierter und nach definierten Regeln ablaufender Prozess. Deshalb werden zur Durchführung dieser Dienstleistung häufig *Workflow-Management-Systeme* (vgl. Abschnitt 3.5.3) eingesetzt. Beispiel 4.2 veranschaulicht das Zusammenspiel des WMS mit anderen IT-Systemen bei der Bearbeitung eines Kreditantrages.

Beispiel 4.2: Workflow-Management-Systeme

Das WMS beginnt mit einem Informations- und Beratungsmodul. Der Kreditantrag des Kunden wird im *Dokumenten-Management-System* erfasst. Zur Kreditwürdigkeitsprüfung eröffnet das WMS eine Vorgangsmappe und stellt mittels Zugriff auf das *Datenbanksystem* eine *Kreditakte* (Daten der Kreditnehmerdatenbank über alle Kredite und Sicherheiten usw.) bereit. Im nächsten Schritt erzeugt es ein Kreditprotokoll, das unter Einbezug des beantragten Kredits einen Überblick über die Situation des Kunden enthält. Das WMS leitet dieses weiter an das Kreditprüfungssystem. Daneben initiiert es z. B. Schufa-Auskünfte. Ist der Kredit bewilligt, so kommt es zum Vertragsabschluss. Dazu wird der Kreditvertrag an den Kunden gesandt, das unterschriebene Dokument abgelegt und der bewilligte Kreditbetrag auf das Kundenkonto überwiesen. Bei Ablehnung des Kreditantrags sendet die Bank eine entsprechende Mitteilung an den Kunden. Die gesamte Vorgangsmappe wird archiviert.

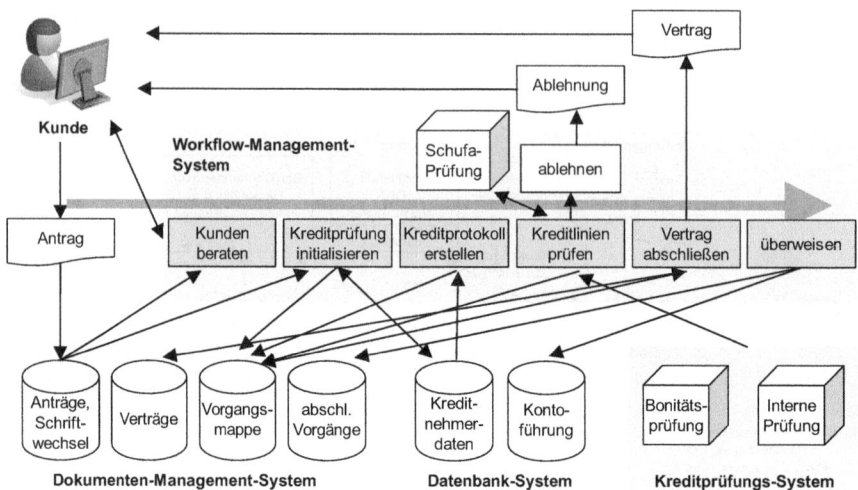

Abb. 4.10: Einsatz eines WMS bei der Bearbeitung eines Kreditantrags

Elektronische Finanzmärkte werden zumeist von Handelssystemen unterstützt, welche Anbieter und Nachfrager über den Informationsaustausch in Kommunikationsnetzen virtuell zusammenführen und marktliche Transaktionen zwischen ihnen unterstützen. Ein Beispiel für ein elektronisches Handelssystem ist Xetra der Deutsche Börse AG. Mit ihm sind alle an der Frankfurter Wertpapierbörse notierten Aktienwerte, Aktienoptionen und öffentlichen Anleihen vollelektronisch handelbar (Mertens et al. 2010).

4.9.5 Gesundheitswesen

Nicht nur in Deutschland ist das Gesundheitswesen, mit einem Anteil von mehr als 13 % am Bruttosozialprodukt, einer der bedeutendsten Wirtschaftsbereiche. Es steht unter erheblichem Reformdruck, bedingt unter anderem durch den demografischen Wandel in der Bevölkerung und erhebliche Kostensteigerungen. Mit Konzepten wie der sog. „Integrierten Versorgung" versucht man, die schwierige Aufgabe der Effizienzsteigerung bei gleichzeitiger Qualitätssicherung bzw. -erhöhung zu lösen. Integrierte Versorgung meint hierbei die Vernetzung zwischen den einzelnen medizinischen Versorgungssektoren. Das bedeutet z. B.: Niedergelassene Haus- oder Fachärzte arbeiten gemeinsam mit stationären Einrichtungen, kooperieren bei der Behandlung ihrer Patienten und teilen sich ggf. ein gemeinsames Budget. (Mertens et al. 2010)

Ein wichtiger Teilbereich von IT-Anwendungen im Gesundheitswesen sind Systeme, die der Bereitstellung medizinischer Informationen dienen. Diese richten sich entweder an den Patienten selbst, wie z. B. bei Gesundheitsportalen im Internet, oder an die medizinischen Fachkräfte. Diese können etwa durch Fachdatenbanken oder Entscheidungsunterstützungssysteme mit Spezialwissen versorgt werden. Im Rahmen von Behandlungsprozessen dienen Informations- und Kommunikationssysteme der Verwaltung und Übermittlung von Patienten-, Diagnose- und Therapiedaten. Integrierte Systeme steuern und unterstützen Versorgungsprozesse, an denen zahlreiche medizinische und auch nicht-medizinische Leistungserbringer beteiligt sind.

Für eine effiziente Leistungserbringung im Gesundheitswesen sind die Verfügbarkeit und der Austausch von benötigten Informationen von zentraler Bedeutung. Man spricht auch hier von Informationslogistik, d. h. die richtige Information muss zum richtigen Zeitpunkt am richtigen Ort für den richtigen Akteur in bester Qualität zur Verfügung stehen.

Beispiel 4.3 stellt die Verwendung einiger ausgewählter Technologien vor, die in integrierten Anwendungssystemen des Gesundheitswesens wichtige Bindeglieder bei dem Informationsaustausch zwischen Leistungserbringern, Verwaltungseinheiten (z. B. Versicherungen) und natürlich auch zum Patienten selbst darstellen.

Beispiel 4.3: Gesundheitswesen

Die elektronische Gesundheitskarte (eGK) ersetzt die bisherige Krankenversicherungskarte und soll insbesondere die Datenübermittlung zwischen Ärzten, Apotheken, Krankenkassen und Patienten vereinfachen und beschleunigen. Sie erlaubt den standardisierten Zugang zu patientenbezogenen medizinischen Daten, in Anspruch genommenen Leistungen und ärztlichen Befunden. Diese Daten erlauben unter anderem Prüfungen auf Arzneimittelverträglichkeit oder Schätzungen von Behandlungskosten.

Im Fall einer Rezeptverschreibung erzeugt der Arzt ein elektronisches Rezept (eRezept) und fügt seine digitale Signatur hinzu (elektronische Unterschrift).

Das Einlösen des Rezepts setzt ein sog. „Gesundheits-Terminal" voraus, welches sich z. B. in den Verkaufsräumen einer Apotheke befinden kann. Der Einlösevorgang beginnt mit einer gegenseitigen Authentifizierung zwischen dem Heilberufsausweis des Apothekers und der Gesundheitskarte. Sodann werden dem Versicherten alle für ihn gespeicherten Rezepte angezeigt.

Der Versicherte wählt (z. B. mittels Touch-Screen oder Tastatur) ein oder mehrere Rezepte aus, die er einlösen möchte. Der Apotheker entschlüsselt mit seinem System das Rezept und gibt das Medikament aus. Dies kann auch im Versandhandel erfolgen. Eingelöste Rezepte werden abschließend gelöscht.

Bei der Behandlung von Erkrankungen, aber auch in der Gesundheitsvor- und -nachsorge wirken in der Regel mehrere Leistungserbringer zusammen. Integrierte Anwendungssysteme haben die Aufgabe, zum einen Aktivitäten und Prozessabläufe bei einem einzelnen „Service Provider" zu unterstützen und zum anderen das Zusammenwirken unterschiedlicher Akteure und Organisationseinheiten effizienter zu machen. Im Folgenden werden einige Beispiele derartiger integrierter Systeme aufgeführt (Mertens et al. 2010).

- *Praxisinformationssysteme (PIS):* Im Kern verwalten Praxisinformationssysteme bzw. Praxisverwaltungssysteme (PVS) patientenbezogene administrative und medizinische Daten. Hierzu gehören unter anderem Krankengeschichte, Diagnosen, Laboranalysen, Arztbriefe und Therapienotizen. Die Funktionalität von PIS bzw. PVS umfasst neben der Datenverwaltung auch Organisationshilfsmittel, wie z. B. zur Terminvereinbarung oder Abrechnung mit Kostenträgern, sowie Kommunikationsschnittstellen zu anderen Leistungserbringern. Letzteres gewinnt zunehmend an Bedeutung, da sich immer mehr Arztpraxen in Praxisgemeinschaften, Praxisnetzen, medizinischen Versorgungszentren oder anderen Kooperationsstrukturen zusammenfinden.
- *Patientendatenmanagementsysteme (PDMS):* Ähnlich wie PIS bzw. PVS im ambulanten Bereich dienen sog. Patientendatenmanagementsysteme im stationären Bereich, d. h. in Krankenhäusern und Kliniken, der zentralen Erfassung, Verwaltung und Verarbeitung von Patienten- und Behandlungsfalldaten. Wesentliche Funktionen sind die Aufnahme, Verlegung und Entlassung von Patienten, die ärztliche und pflegerische Basisdokumentation, die Erfassung von abrechnungsrelevanten Daten sowie die Generierung von Dokumenten und Statistiken.
- *Laborinformationssysteme (LIS):* Laborinformationssysteme beinhalten die Erfassung, Verwaltung und Analyse von im Laborbetrieb anfallenden Messwerten und Analyseergebnissen. Diese werden heute weitgehend durch automatische Laborsysteme mit angekoppelten Analysegeräten erzeugt.
- *Krankenhausinformationssysteme (KIS):* Ein Krankenhausinformationssystem unterstützt und integriert die Informationsverarbeitung in allen Bereichen eines Krankenhauses, einer Klinik oder eines gesamten Klinikums. Es verknüpft eine große Zahl von IT-Systemen zur Bearbeitung administrativer und medizinischer Daten. Darüber hinaus dient es zur Koordinierung und Optimierung der Arbeitsabläufe der Leistungserbringer sowie der „Prozess-Landschaft" generell.

Neuere Einsatzfelder zur Prozessunterstützung durch IT-Systeme im Gesundheitswesen ergeben sich aus den Möglichkeiten der mobilen Kommunikation und Datenübermittlung.

So verfolgt die *Telekonsultation* das Ziel, Experten mittels Daten-, Video-, und Sprachverbindungen bei der Beurteilung von Krankheitsbildern und Verletzungen zurate zu ziehen. Dies ermöglicht beispielsweise eine Rücksprache des Hausarztes mit räumlich weit entfernten Fachärzten, wodurch die Notwendigkeit eines Patiententransports entfällt. Weiterhin können Mehrfachuntersuchungen vermieden und eine Zeitersparnis in Notfällen erreicht werden.

Die *mobile Patientenüberwachung* erlaubt eine lokale Messung der Vitalparameter eines Patienten. Sensordaten wie Herzschlag, Blutdruck, Atmung oder Glukosespiegel werden hierbei von einem tragbaren Messgerät drahtlos an Orte mit medizinischem Fachpersonal übertragen. Man bezeichnet diesen Vorgang auch als Telemetrie (Fernmessung). Als Vorteile ergeben sich sowohl eine höhere Bewegungsfreiheit für den Patienten als auch eine schnellere Reaktionsfähigkeit im Notfall. Der Einsatz mobiler Messgeräte kann sowohl in der Prävention als auch in der Nachsorge erfolgen.

Lernkontrollfragen

- Welche Merkmale unterscheiden eine Dienstleistung von einem Sachgut?
- Welche Phasen werden im Rahmen des Servicemanagement durchlaufen?
- Welche Analysemethoden können im Rahmen der Strategiedefinition im Servicemanagement angewandt werden?
- Welche Aktivitäten finden in der Prozessphase „Service Engineering" statt?
- Welche Besonderheiten zeichnen Self-Service-Systeme aus?
- Welche neuen Servicepotenziale ergeben sich durch mobile Technologien?
- Welche Elemente sind üblicherweise Bestandteile eines Warenwirtschaftssystems?
- Welche Arten von IT-Systemen erleichtern die Information und Kommunikation an der Kundenschnittstelle im Handel?
- Was versteht man unter den Begriffen Tracking und Tracing? Welche Rolle spielt hierbei die RFID-Technologie?
- Wie lässt sich die Streckenplanung im Gütertransportsektor durch IT-Systeme optimieren?
- Welche Szenarien für den Einsatz von IT-Systemen existieren im Tourismus-Sektor?
- Welche Typen von IT-Systemen eignen sich zur Unterstützung von stark strukturierten Finanzdienstleistungen?
- Welche neuen Technologien im Gesundheitssektor erleichtern den Informationsaustausch zwischen medizinischen Leistungserbringern?

Literatur

Bodendorf F (1999) Wirtschaftsinformatik im Dienstleistungsbereich. Springer, Berlin.
Böhmann T, Krcmar H (2007) Hybride Produkte – Merkmale und Herausforderungen. Gabler, Wiesbaden.
Bruhn M (2008) Qualitätsmanagement für Dienstleistungen. Springer, Berlin.
Bruhn M, Stauss B (2002) Electronic Services Jahrbuch 2002. Gabler, Wiesbaden.
Bruhn M, Stauss B (2006) Dienstleistungscontrolling. Forum Dienstleistungsmanagement XII, Gabler, Wiesbaden.

Bruhn M, Stauss B (2007) Wertschöpfungsprozesse bei Dienstleistungen. Gabler, Wiesbaden.
Bulllinger H-J, Scheer A-W (2004) Service Engineering. Entwicklung und Gestaltung innovativer Dienstleistungen. Springer, Berlin.
Corsten H (2007) Dienstleistungsmanagement. Oldenbourg, München.
DIN, Deutsches Institut für Normung e.V. (1998) DIN-Fachbericht 75 – Service Engineering. Entwicklungsbegleitende Normung (EBN) für Dienstleistungen. Berlin.
Falk T (2007) Elektronische Dienstleistungsqualität. Gabler, Wiesbaden.
Fließ S (2009) Dienstleistungsmanagement – Kundenintegration gestalten und steuern. Gabler, Wiesbaden.
Meffert H, Bruhn M (2006) Dienstleistungsmarketing. Gabler, Wiesbaden.
Meier R, Piller F (2001) Systematisierung von Strategien zur Individualisierung von Dienstleistungen. Arbeitsbericht TU München.
Mertens P, Bodendorf F, König W, Picot A, Schumann M, Hess T (2010) Grundzüge der Wirtschaftsinformatik, 10. Aufl. Springer, Berlin.
Meyer A (1993) Kommunikationspolitik von Dienstleistungsunternehmen. In: Berndt R, Hermanns A (Hrsg) Handbuch Marketing-Kommunikation: Strategien – Instrumente – Perspektiven. Gabler, Wiesbaden.
Scharp M, Jonuschat H (2004) Service Engineering: Entwicklungsverfahren, Praxisbeispiele und Dienstleistungen der Wohnungswirtschaft. IZT – Institut für Zukunftsstudien und Technologiebewertung, Berlin.
Welge M, Al-Laham A (2007) Strategisches Management. Gabler, Wiesbaden.

5 Innovationsmanagement

Am Ende dieses Kapitels sollten Sie …

… *sich der Unterschiede zwischen den Begriffen Invention, Innovation und Innovationsmanagement bewusst sein.*
… *den Paradigmenwechsel von „Closed Innovation" zu „Open Innovation" erklären können.*
… *wissen, welche Rolle Information für Innovation und Innovationsmanagement spielt.*

5.1 Innovation und Innovationsmanagement

Innovation ist heute in aller Munde. Gibt man den Begriff „Innovation" bei Google ein, erhält man rund 100 Mio. Treffer. Bei dieser Anzahl an Treffern stellt sich allerdings die Frage, ob es sich lediglich um ein „Modewort" handelt, das in keinem Artikel und auf keiner Unternehmenshomepage fehlen darf oder ob Innovationen wirklich ein Erfolgsmotor sind. In der Tat ist Innovation ein zentraler Treiber für Wertschöpfung und Erfolg in Unternehmen und Märkten. Auch wenn längst nicht alle Unternehmen den Wert der Innovation für ihre Zukunftsentwicklung erkannt haben, weisen Vorreiterunternehmen wie Adidas, Apple, Google, Siemens oder Procter & Gamble heute vielen den Weg. Aber auch unbekannte Newcomer schaffen es, als „Top-Innovatoren" zu überraschen: In 2010 gehören beispielsweise www.patientslikeme.com, www.spotify.com oder www.hulu.com zu den Überraschungssiegern.

Doch was beinhaltet der Begriff „Innovation" konkret? Auch wenn „Innovation" etymologisch gesehen nur die „Neuerung" bzw. „Erneuerung" bedeutet, muss der Begriff doch klar von dem Ideensplitter, der Idee, der Erfindung oder Invention unterschieden werden. Die Innovationsforschung unterscheidet heute strikt zwischen dem Begriff der Invention und dem der Innovation. Die Invention bezeichnet dabei die Idee, die Erfindung, den Geistesblitz – also den kreativen ersten Schritt im Innovationsprozess. Die Innovation bezeichnet hingegen die Umsetzung einer Invention in eine marktreife Lösung – also ein marktfähiges neues Produkt, ein implementierter neuer Prozess bis hin zur eingeführten neuen Systemlösung. Zwar ist die Idee der nötige Grundbestandteil einer jeden Innovation, doch bleibt eine Idee ohne geeigneten Anwendungskontext oder adäquate Umsetzung noch weitgehend wertlos. Ein spannender

Schritt liegt daher in der Kommerzialisierung von Inventionen. Dies kann durch die unmittelbare Umsetzung in eine Innovation oder den kommerziellen Transfer in einen geeigneten Anwendungskontext erfolgen. Der Schutz der Invention beispielsweise durch Patentierung kann hierfür der erste Schritt sein. Die Richtlinien des Deutschen Patentamts geben dabei einen klaren Kriterienkatalog vor, der festlegt, wann eine Idee auch als Erfindung gilt:

> „Die Erfindung muss auf einer erfinderischen Tätigkeit beruhen. Dazu darf sie sich für den Fachmann nicht in naheliegender Weise aus dem Stand der Technik ergeben (§ 4 PatG). [...] Indizien für das Vorliegen einer erfinderischen Tätigkeit sind z. B. eine sprunghafte Weiterentwicklung, die Überwindung technischer Vorurteile, vergebliche Bemühungen von Fachleuten, die Befriedigung eines lange bestehenden Bedürfnisses, ein einfacher und billiger Weg zur Herstellung von Massenartikeln oder die Verbilligung von Fertigungsmethoden." (Deutsches Patent- und Markenamt 2004)

Zur Innovation wird die auf einer erfinderischen Tätigkeit beruhende Erfindung aber erst, wenn sie in eine nützliche und auch genutzte Leistung überführt wird. So gab es auch bei der Glühbirne gewisse „Anlaufschwierigkeiten", die dazu führten, dass es rund 50 Jahre dauerte, bis aus der Invention die Innovation wurde. Beispiel 5.1 umreißt ihren langen Weg zur marktreifen Innovation.

Beispiel 5.1: Der lange Weg der Glühbirne von der Invention zur Innovation

> „Die größte Herausforderung für Thomas Edison war die Entwicklung eines elektrischen Glühlichts für den praktischen Gebrauch. Entgegen der weitverbreiteten Meinung hat er die Glühbirne nicht erfunden, sondern er verbesserte nur diese schon 50 Jahre alte Idee. Im Jahre 1879 konnte er bereits mit Schwachstrom, einem kleinen karbonisierten Draht und einer mit Vakuum gefüllten Kugel eine zuverlässige, lang anhaltende Lichtquelle erzeugen. Die Idee des elektrischen Lichts war nicht neu, eine Reihe von Menschen hat bereits daran gearbeitet oder sogar schon Formen elektrischer Beleuchtung entwickelt. Aber bis zu dieser Zeit gab es nichts, was in irgendeiner Weise praktisch für den häuslichen Gebrauch gewesen wäre. Edisons Erfolg war letzten Endes, dass er nicht nur eine Glühbirne erfunden hatte, sondern auch ein System, das alle notwendigen Elemente beinhaltet, die elektrisches Licht praktisch, sicher und wirtschaftlich machten. Als nach eineinhalb Jahren Arbeit eine Glühlampe mit einem Glühdraht aus karbonisiertem Nähgarn dreizehneinhalb Stunden brannte, hatte er sein Ziel erreicht."
>
> (Übersetzung aus dem Englischen, Quelle: http://inventors.about.com/library/inventors-/bledison.html)

5.1 Innovation und Innovationsmanagement

Im weiteren Verlauf des Buchs wird nur von Innovation gesprochen, wenn sich eine Erfindung im innerbetrieblichen Einsatz bewährt oder im Markt wertschöpfend verwerten lässt.

Die Innovationsforscher Hauschildt u. Salomo (2007) unterscheiden insgesamt fünf Dimensionen zur systematischen Abgrenzung des Innovationsbegriffs:

- Inhaltliche Dimension: Was ist neu?
- Intensitätsdimension: Wie neu?
- Subjektive Dimension: Neu für wen?
- Prozessuale Dimension: Wo beginnt, wo endet die Neuerung?
- Normative Dimension: Ist neu gleich erfolgreich?

Unter anderem kann eine Einordnung von Innovationen anhand der beiden Kriterien „Neuartigkeit für das Unternehmen" und „Neuartigkeit für den Markt" erfolgen (von Stamm 2008). Abb. 5.1 zeigt diese Unterscheidung.

Abb. 5.1: Art der Innovation in Abhängigkeit von der Neuheit für den Markt und das Unternehmen

- *„Weltneuheiten"* beschreiben Innovationen, die sowohl für das produzierende Unternehmen als auch für den Absatzmarkt einen hohen Neuigkeitsgrad besitzen. Die Glühbirne war zum Zeitpunkt ihrer Markteinführung als eine solche „Weltneuheit" zu bezeichnen.
- Produkte, die als *„Sortimentserweiterungen"* bezeichnet werden, sind charakterisiert durch einen neuen Absatzmarkt, allerdings wurde dafür ein dem Unternehmen bereits bekanntes Basisprodukt verwendet. Ein Beispiel für eine solche Sortimentserweiterung ist beispielsweise das Anbieten einer Software für Privatkunden, die bislang nur für Geschäftskunden angeboten wurde.
- Unter *„Nachahmer-Produkten"* versteht man solche, die zwar im Markt bereits bekannt sind, für das Unternehmen aber Neuland darstellen. Ein Beispiel hierfür ist die Einführung des Zune, eines iPod-ähnlichen Produkts von

Microsoft. Dem Markt sind MP3-Player seit geraumer Zeit bekannt. Für den Hersteller Microsoft stellen diese aber ein neues Angebot dar; er dringt in den Markt für MP3-Player ein und tritt somit in Konkurrenz zu Unternehmen, die bereits MP3-Player anbieten.
- *„Produktmodifikationen"* besitzen weder für den Absatzmarkt noch für das Unternehmen einen hohen Neuigkeitsgrad. Es handelt sich lediglich um Variationen von Bekanntem. Beispielhaft lässt sich hier die Markteinführung einer verbesserten Version bestehender Software nennen.

Alle neuen Produkte, Dienstleistungen oder Prozesse, die in eine dieser vier Kategorien fallen, können als Innovationen bezeichnet werden, sie unterscheiden sich lediglich im Hinblick auf den Grad ihrer Neuartigkeit. Das Wertschöpfungspotenzial ist jedoch von diesem Neuigkeitsgrad zunächst unabhängig.

Um den Sprung von der Idee zur Innovation erfolgreich zu meistern, implementieren Unternehmen Innovationsprozesse. Diese lassen sich in Prozessmodellen beschreiben. Ein bekanntes und allgemein anerkanntes Modell nach Tidd u. Bessant (2009) beinhaltet die Prozessschritte Ideensuche, Ideenauswahl, Implementierung und Evaluierung. Um nachhaltige Erfolge und langfristiges Bestehen einer Innovation zu gewährleisten, sind die Faktoren Erfolgswirksamkeit und Prozessablauf regelmäßig zu kontrollieren. Abb. 5.2 zeigt diesen idealtypischen Innovationsprozess schematisch auf.

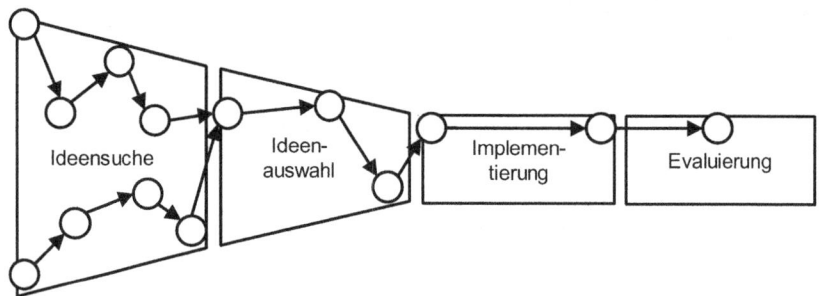

Abb. 5.2: Ein idealtypischer Innovationsprozess (in Anlehnung an Tidd u. Bessant 2009)

Im generischen Innovationsprozess wird, wie oben dargestellt, nach einer Selektionsphase nur ein Teil der Ideen wertschöpfend implementiert.
- *Ideensuche und -entwicklung*: Um zunächst einen Ideenpool zu bilden, der die Grundlage für den weiteren Verlauf des Innovationsprozesses bilden soll, können Informationen sowohl aus internen als auch aus externen Quellen geschöpft werden. Dies kann anhand einer Ideengenerierung in einem kreativen Verfahren oder aber auch aus einem bestehenden Ideenpool erfolgen.

- *Ideenauswahl und Investitionsentscheidung*: Welche von den gesammelten Ideen am Ende zukunftsträchtig erscheinen, entscheidet sich im zweiten Schritt, dem Selektionsvorgang. Wichtig ist, dass die „Selektionsstrategie" und die daraus resultierenden Ergebnisse mit den strategischen Innovationszielen einer Unternehmung kompatibel sind.
- *Implementierung*: Nach Auswahl der Idee wird im Prozessschritt der Implementierung eine Idee zur marktfähigen Innovationsleistung konkretisiert. Ein leistungsfähiges Innovationsmanagement bildet die Grundlage, um die strategischen Innovationsziele zu realisieren und in Wertschöpfung für das Unternehmen umzusetzen.
- *Evaluierung und Controlling*: Eine bloße Einführung einer Innovation ist unzureichend. Es muss gewährleistet sein, dass sie auch eine „Überlebenschance" auf dem Markt hat. Deshalb wird im Rahmen der Evaluierung analysiert, ob die in den vorangegangenen Prozessschritten getroffenen Entscheidungen vorteilhaft waren. Mögliches Verbesserungspotenzial kann somit aufgedeckt werden.

Werden Innovationen aufgrund einer bestehenden Marktnachfrage realisiert und am Markt eingeführt, so spricht man von einer „Market Pull"-Strategie. Ist die Realisierung durch neue Technologiepotenziale unabhängig von am Markt identifizierten Kundenbedürfnissen getrieben, handelt es sich um eine „Technology Push"-Strategie.

Auch wenn Innovationsprozesse unterschiedlich verlaufen mögen, so kann man die vier Elementarstufen des oben genannten Modells auf jeden beliebigen Innovationsprozess übertragen. Für jede dieser Einzelphasen haben die Verantwortlichen (z. B. die F&E-Abteilungen) bestimmte Praktiken, Methoden und Werkzeuge, die sie zur Anwendung bringen. Innovationsprozesse, die ausschließlich in einer eigenen Abteilung für Forschung und Entwicklung stattfinden, bezeichnet man als „Closed Innovation".

5.2 Open Innovation

In jüngster Zeit ist der Trend zu beobachten, externe Akteure unabhängig von deren institutioneller Zugehörigkeit verstärkt systematisch in den Innovationsprozess einzubeziehen. So fungieren beispielsweise Kunden sowohl als Ideengeber als auch als Konzeptentwickler. Man spricht von einem Wandel von „Closed Innovation" zu „Open Innovation".

Im folgenden Unterkapitel werden das Konzept der „Open Innovation" sowie die fünf zentralen Werkzeugklassen, die ein Unternehmen im Zuge der Realisierung von Open Innovation einsetzen kann, näher erläutert. Abschließend werden Spannungsfelder und Herausforderungen beschrieben, die es im Zusammenhang mit der Implementierung von Open Innovation zu bedenken gilt.

5.2.1 Grundlagen

„Open Innovation" bezeichnet eine Öffnung der traditionell geschlossenen Innovationsprozesse für externe Akteure und eine entsprechend zunehmende Innovationsaktivität über die Grenzen von Organisationen hinweg. Unternehmen treten mit externen Innovatoren und Institutionen in Interaktion, mit dem Ziel, neues Wissen und Innovationen zu generieren. In der betriebswirtschaftlichen Literatur wird dieses Phänomen auch als „Interaktive Wertschöpfung" oder „Demokratisierung von Innovation" beschrieben und vielfach empirisch belegt. Speziell die Interpretation des Innovationsprozesses als interaktives, verteiltes und offenes Innovationssystem ist in diesem Zusammenhang zu betonen.

Der Begriff „Open Innovation" wurde vor allem von Chesbrough (2003) geprägt, der diesen dem Begriff „Closed Innovation" gegenüberstellt. Unter „Closed Innovation" wird der klassische geschlossene Innovationsprozess verstanden, in dem Innovationsaktivitäten ausschließlich innerhalb des Unternehmens, zumeist in dezidierten Abteilungen, wie beispielsweise der Forschungs- und Entwicklungsabteilung, stattfinden. Voraussetzung für eine erfolgreiche Öffnung der Innovationsaktivitäten ist die Bereitschaft Externer, für das Unternehmen tätig zu werden. Im Zusammenhang mit dieser wachsenden Bereitschaft zahlreicher Akteure, sich in Innovationsprozesse einzubringen, spricht von Hippel (2005) von der „Demokratisierung von Innovation".

Als Unterscheidungskriterium der Paradigmen der „Closed Innovation" und der „Open Innovation" wird meist der Grad der Beteiligung Externer herangezogen. In geschlossenen Innovationsprozessen findet keine Beteiligung externer Partner statt. Feedback von Kunden wird in der Regel nur in Form von Studien der Marketingabteilung erhoben oder extern von Konsumforschungsorganisationen zugekauft. Eine unmittelbare Integration und Beteiligung Externer ist nicht vorgesehen. Unternehmen, die Innovationen in dieser Form entwickeln und kommerzialisieren, haben keine Infrastruktur aufgebaut, um Ideen von bestehenden oder potenziellen Kunden effektiv in den Prozess zu integrieren. Im Gegensatz dazu werden im Paradigma der „Open Innovation" Innovationsprozesse auf eine intensive Zusammenarbeit mit Externen ausgerichtet. Dieser Austausch kann zwischen Individuen und Organisationen aber auch zwischen mehreren Organisationen stattfinden.

5.2 Open Innovation

Vollständig geschlossene bzw. geöffnete Innovationsprozesse können als Extrema eines Kontinuums betrachtet werden, in welchem Unternehmen die für sie geeignete Kombination finden müssen. Obwohl „Open Innovation" nach Chesbrough (2003) als neues Paradigma betrachtet wird, haben Unternehmen auch schon in der Vergangenheit ihre Innovationsprozesse für Externe geöffnet. Beispielsweise nutzen viele Unternehmen schon seit langem Kooperationen mit Universitäten, um Innovationskonzepte außerhalb der Forschungs- und Entwicklungsabteilung zu suchen. Eine breite und interaktive Integration von Externen in den Innovationsprozess ist aber erst in jüngster Zeit zu beobachten.

Nun stellt sich die Frage, warum Externe überhaupt motiviert sind, sich freiwillig und meist unentgeltlich an den Innovationsaktivitäten eines Unternehmens zu beteiligen. Es lässt sich beobachten, dass Spaß an der Lösung der Innovationsaufgabe selbst besteht. Eine solche intrinsische Motivation durch die Aufgabe lässt sich auch häufig im Zusammenhang mit Open-Source-Projekten beobachten. Das Engagement wird hauptsächlich durch das Erleben der eigenen kreativen Leistung, den intellektuellen Austausch mit Gleichgesinnten und die Möglichkeit zur Verbesserung der Programmierfähigkeiten getrieben (Lakhani u. Wolf 2005). Motiviert durch diese Faktoren kann zum Teil Beträchtliches geleistet werden, so wurde beispielsweise das Betriebssystem Linux vollständig von freien Entwicklern aus der ganzen Welt programmiert.

Des Weiteren erhoffen sich Externe unter Umständen längerfristigen Nutzen von ihrem Engagement. Dies kann ein besser an die eigenen Bedürfnisse angepasstes Produkt sein, aber auch eine Expertise, die durch das eigene Engagement aufgebaut wird. Innovationswettbewerbe, welche auf Designlösungen abzielen, werden beispielsweise von Jungdesignern genutzt, um sich einen Namen in der jeweiligen Branche zu machen.

Eine strategische Ausrichtung des Unternehmens auf die Innovationsaufgabe ist Teil des Open Innovation-Paradigmas. Unternehmen, welche einen Open Innovation-Ansatz wählen, stehen vor der zentralen Aufgabe, eine sinnvolle, individuelle Balance zwischen Offenheit und Geschlossenheit zu finden. Insbesondere die Art der Unternehmenskultur und des Unternehmensumfelds sowie die übergeordnete Innovationsstrategie des Unternehmens sollten die Entscheidungen über Ausmaß und Form der Öffnung der Innovationsaktivitäten maßgeblich beeinflussen.

Beispiel 5.2: Apples iPod: Systeminnovation durch Integration externer Innovatoren

[...] Der iPod war eine Geschäftsidee von Tony Fadell, einem unabhängigen Unternehmer und Hardwareexperten, der ursprünglich mobile Endgeräte für General Magic und Philips mitentwickelte. „Tonys Idee war es, MP3-Player mit einem Napster-Musikverkauf als Ergänzung anzubieten und daraus ein Geschäft zu machen." sagte Knauss[5]. Fadell verließ Philips und machte sich selbstständig, um seine Idee zu verkaufen. Anfang 2001 verpflichtet ihn Apple und stellte ihm ein Team von 30 Leuten zur Seite. Fadell sagte, „Das ist ein Projekt, das Apple runderneuern wird. In 10 Jahren wird es ein Musik Business und kein Computer Business mehr sein." Tony hatte die Idee für einen Geschäftsprozess, und Apple veränderte seine Struktur aus dieser Laune heraus und aufgrund der Idee, die Tony Fadell einige Jahre vorher hatte. Fadell kannte sich mit den Designs einiger MP3-Player von Portal-Player aus, inklusive eines Players in der Größe einer Zigarettenschachtel[6]. Und obwohl das Design noch nicht fertig war, existierten bereits einige Prototypen. „Sie waren ziemlich hässlich", sagte er, „die sahen aus wie FM-Radios mit einem Haufen Knöpfen. Das Interface Design war für einen Hardware-Entwickler typisch. „(Portal Player) war attraktiv für Apple, weil sie ein Betriebssystem hatten", sagte Knauss. „Das war der eigentliche Kaufgrund für Apple. „Wir hatten die Software und die Hardware schon fertig und Apple hatte einen straffen Zeitplan." Knauss sagte, dass das Design zu 80 % abgeschlossen war, als Apple anrief. Die Prototypen unterstützten beispielsweise keine Playlists länger als 10 Songs. „Die meiste Zeit für die Entwicklung des iPod brauchten wir um unser Produkt fertigzustellen" sagte Knauss. Zu dieser Zeit hatte Portal Player 12 Kunden, die auf der Basis des unternehmenseigenen Designs MP3-Player entwarfen. Die meisten waren asiatische Hardwareproduzenten, aber auch Teac und IBM.

Big Blue plante einen kleinen, schwarzen MP3-Player, der auf der unternehmenseigenen Minifestplatte basierte mit einen kreisförmigen Bildschirm und drahtlosen Bluetooth-Kopfhörern. „Das Design für IBM war deutlich aufregender" sagte Knauss. (Quelle: Möslein u. Neyer 2009, Kahney 2004)

---

[5] Anm. d. V.: Knauss war damals ein enger Weggefährte Fadells.
[6] Anm. d. V.: PortalPlayer war damals Kooperationspartner von Apple.

5.2 Open Innovation

Prinzipiell können in allen vier Schritten des generischen Innovationsprozesses, nämlich der Suche, der Auswahl, der Umsetzung und der Evaluierung, sowohl externe als auch interne Akteure beteiligt sein. Letztlich ist es nur dem klassischen Primat der Innenorientierung von Organisationen zuzurechnen, dass sich historisch ein Paradigma der Closed Innovation herausbilden konnte. Hierbei werden alle Schritte einer einzelnen internen Abteilung (der F&E-Abteilung) zugeordnet, statt sie im Rahmen einer innovationsorientierten Unternehmensführung unternehmensweit zu verankern. An dieser Stelle ist es auch wichtig zu betonen, dass die Vision der Open Innovation nicht nur auf eine Öffnung des Innovationsprozesses für Unternehmensexterne abzielt, sondern auch beinhaltet, dass Mitarbeiter außerhalb der Abteilungen, welche klassischerweise für Innovation zuständig sind, die Möglichkeit erhalten, sich im Rahmen des Innovationsprozesses einzubringen. Damit geht die Auflösung von unternehmensinternen Grenzen einher. Oftmals wird diese durch geringere Anwendung von hierarchischen Koordinationsmechanismen und eine Stärkung der Selbstorganisation des Einzelnen offensichtlich.

Open Innovation beschreibt also einen Innovationsprozess, der für F&E-externen Input offen ist und eine Auslagerung von Aufgaben an F&E-externe Anspruchsgruppen unterstützt. Unternehmen können damit von den besonderen Kompetenzen und dem lokalen Wissen der externen Akteure profitieren. Dem Open Innovation-Ansatz können im Wesentlichen drei zentrale Vorteile zugeschrieben werden (Reichwald u. Piller 2009):

- Erstens kann eine Einbindung externer Akteure mit vielfältigen Blickwinkeln dem „Tunnelblick" etablierter Unternehmen entgegenwirken. Der Begriff „Tunnelblick" beschreibt in diesem Zusammenhang die eingefahrenen Denkmuster einer Branche oder Industrie, die verhindern, dass Unternehmen für sie wichtige Entwicklungen in anderen Branchen oder Bereichen zur Kenntnis nehmen. Um offener für Erfolg versprechende Ideen zu werden, lassen sich einige Unternehmen in der Phase der Ideenauswahl von ihren Kunden unterstützen. So experimentieren Unternehmen beispielsweise mit virtuellen Ideenbörsen. Ein ausgewählter Kundenkreis erhält die Möglichkeit, Aktien neuer Produktideen zu handeln. Der Kurs der Ideen wird als Indikator des potenziellen Markterfolgs der Innovation betrachtet.
- Zweitens ermöglicht Open Innovation, Entwicklungsprojekte voranzutreiben, die auf Basis vorhandener Kompetenzen nicht durchführbar wären. Durch die Integration externer Akteure mit komplementären Fähigkeiten werden vorhandene Ressourcen ergänzt, sodass sich mitunter neue strategische Optionen eröffnen können.

- Drittens können Unternehmen kurzfristig und flexibel Innovationspotenziale eigener Mitarbeiter, externer Forschungseinrichtungen oder Start-ups nutzen. Diese Integration mag zu einer Verkürzung der Entwicklungszeit und einer Verringerung der Entwicklungskosten führen.

Spezielle Methoden und Werkzeuge unterstützen die Einbindung externer Akteure.

5.2.2 Werkzeuge

Speziell zur Unterstützung von Forschungs- und Entwicklungsprozessen innerhalb von Unternehmen sind zahlreiche Werkzeuge im Bereich des Innovationsmanagements bekannt. Diese stehen hier nicht im Fokus. Vielmehr werden fünf zentrale Werkzeugklassen näher betrachtet, die den Trend des offenen Innovierens unterstützen und hierbei die Möglichkeiten des Webs 2.0 nutzen. Es sind dies (vgl. Abb. 5.3):

- Innovationswettbewerbe,
- Innovationsmarktplätze,
- Innovations-Communities,
- Innovations-Toolkits sowie spezielle
- Innovationstechnologien.

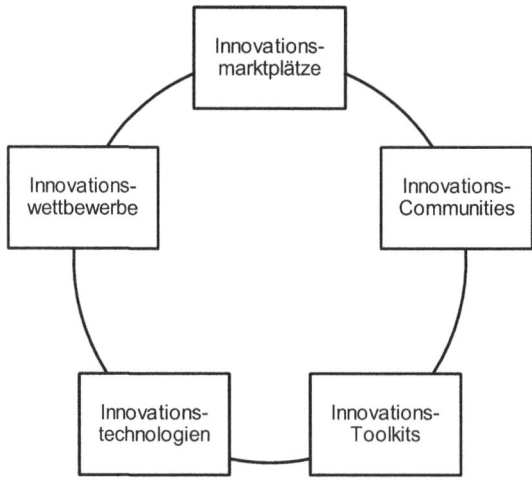

Abb. 5.3: Werkzeugklassen der Open Innovation

Alle fünf Werkzeugklassen sollen im Folgenden knapp vorgestellt und anhand von kurzen Beispielen erläutert werden.

Innovationswettbewerbe bilden zentrale Werkzeuge der Open Innovation. Hierbei liegt der Fokus auf einer wettbewerblichen Lösung des Innovationsproblems, bei der den beteiligten Innovatoren (z. B. durch einen zu gewinnenden Preis) der Anreiz zum kreativen Handeln geboten wird. Um mit konkreten Innovationsfragestellungen ein breites Spektrum an potenziellen Innovatoren erreichen zu können, eröffnet heutzutage das Internet kostengünstige Möglichkeiten. Vor allem die Mechanismen des Web 2.0 erleichtern es Unternehmen, Interesse für Innovation in der Öffentlichkeit zu wecken. Die Einsatzformen dieses Innovationswerkzeugs können den gesamten Innovationsprozess abdecken. Sie umfassen reine Ideen-, Design- und Konzeptwettbewerbe sowie auch auf marktfähige Innovationen zielende Wettbewerbe. Auffällig ist, dass Innovationswettbewerbe häufig nicht nur in Bezug auf Produktinnovationen, sondern vielmehr auch im Hinblick auf Prozess- und Organisationsinnovationen ausgerichtet werden.

Das Beispiel eines gelungenen Innovationswettbewerbs des Herstellers OSRAM unter dem Titel „LED – Emotionalize your light" verdeutlicht mit einem Ergebnis von 530 innovativen Ideen, welchen Umfang Innovationswettbewerbe annehmen können. Nutzer aus insgesamt 86 Ländern haben an diesem Wettbewerb teilgenommen, um mit einer innovativen Lichtlösung die Jury, bestehend aus OSRAM-Mitgliedern und Fachvertretern aus Medien und Design, zu überzeugen.

Dass Innovationswettbewerbe zu einer erheblichen Vergrößerung des Innovationspotenzials führen, ist weithin anerkannt. Die Durchführung eines Wettbewerbs stellt Unternehmen aber auch vor Herausforderungen. Besonders die Formulierung konkreter Innovationsprobleme, die über die reine Ideen- und Konzeptgenerierung hinausreichen, erweist sich häufig als schwierig. Die Schwierigkeit besteht darin, dem Konkurrenten keinerlei wettbewerbsstrategische Informationen oder Hinweise über mögliche Kompetenzdefizite preiszugeben. Eine unzulängliche Konkretisierung des Problems birgt jedoch andererseits die Gefahr der Ineffizienz. Erfahrung ist daher für die erfolgreiche Ausrichtung von Innovationswettbewerben entscheidend.

Innovationsmarktplätze bilden einen virtuellen Treffpunkt für Innovationssucher (typischerweise Unternehmen) und Innovationsanbieter (typischerweise Einzelinnovatoren oder Innovatorenteams). Die meistens über webbasierte Plattformen realisierten Innovationsmarktplätze vermitteln somit als Intermediäre zwischen Anbietern und Nachfragern. Für Unternehmen ist im Internet ein umfassendes Angebot solcher Intermediärplattformen auffindbar, wovon einige sich bereits als gängiges Werkzeug unter Vorreiterunternehmen etablieren konnten.

Ein etablierter Intermediär ist Innocentive, das sich selbst als „the world's first Open Innovation Marketplace" bezeichnet. Aus dem im Jahr 2001 gegründeten Unternehmen Innocentive, das antrat um die Herausforderungen der chemischen Industrie zu bewältigen, entwickelte sich bald ein beliebter Innovationsmarktplatz, der von über 40 Industrien in 175 Ländern genutzt wird. Im Jahre 2010 stehen einer Mitgliederzahl von über 200.000 Innovatoren Geldpreise in Höhe von 5.000 bis zu 1.000.000 US-Dollar gegenüber (Innocentive 2010). Innovationsmarktplätze können als eine Plattform für Innovationswettbewerbe aus verschiedenen Unternehmen, Branchen und Märkten verstanden werden.

Innovations-Communities bieten im Rahmen von Innovationsprozessen die Möglichkeit einer gemeinschaftlichen Diskussion und sind Zentrum gemeinschaftlicher kreativer Entwicklung. Unternehmen haben die Bedeutung solcher Gemeinschaften längst erkannt und sich in Form eines Innovationswerkzeugs zu eigen gemacht. Dabei erfolgte der Zusammenschluss interessierter Innovatoren in Communities zunächst unternehmensunabhängig. Die Community der Open Source-Entwickler sowie die Innovations-Community OScar (www.theoscarproject.org) sind Beispiele solcher Art: „Die Idee hinter dem Projekt OScar ist einfach: Eine Community plant und entwickelt ein neues Auto im Internet. Auf der einen Seite geht es darum, ein einfaches und innovatives Auto zu entwickeln, auf der anderen darum, wie dieses Ziel erreicht wird. Wir wollen die Idee der ‚Open Source'-Entwicklungen auf ‚Hardware' übertragen." Das Projekt wurde 1999 auf der Basis eines publizierten Manifests gestartet, das die Zielsetzung in seiner deutschen Version wie folgt formuliert: „Ein Auto bauen [...] ohne Fabrik, ohne Chef, ohne Geld, ohne Grenzen [...] dafür mit der Hilfe der vielen kreativen Menschen im Internet [...] der weltweiten Aufbruchsstimmung [...] was wahres Empowerment bedeutet. Das heißt, sich riesigen Herausforderungen zu stellen und das ‚Werkzeug Internet' im ursprünglichen Sinne zu nutzen." Im Jahre 2009, zehn Jahre später, wird das Projekt zwar weiterhin verfolgt, befindet sich aber noch immer in einem frühen Entwicklungszustand (Raasch et al. 2009).

Das Erfolgspotenzial von Innovation-Communities lässt einen Wandel von selbst organisierten zu unternehmensgesteuerten Communities erkennen. Einige repräsentieren sogar ein komplettes Geschäftsmodell, wie es z. B. bei der Apple Developer Connection der Fall ist. Die Mitwirkung in der internetbasierten Community als Innovator ist je nach Intensität entweder kostenfrei, kann aber auch bis zu 3.500 US-Dollar Mitgliedsbeitrag pro Jahr betragen. Apple profitiert von diesem Ansatz im doppelten Sinne: Zum einen von den Innovationslösungen (z. B. „Apps"), die von Usern entwickelt werden und zum anderen von den Beiträgen der Mitglieder.

5.2 Open Innovation

Innovation-Toolkits bieten auch unerfahrenen Externen durch Vorgabe eines strukturierten und beschränkten Lösungsraums die Möglichkeit der kreativen Eigengestaltung von Produkten, Prozessen und Dienstleistungen. Durch geeignetes Heranführen des Nutzers an strukturierte Innovationsprozesse wird er in die Lage versetzt, als Innovator tätig zu werden.

Das 2002 in Leipzig gegründete Unternehmen Spreadshirt stellt seinen Nutzern ein Toolkit zur Verfügung, den sog. „Spreadshirt Designer", mit dem Kunden T-Shirts nach den persönlichen Vorstellungen gestalten können. Der Kunde kann hier mithilfe des Toolkits einfache Texte oder Zeichnungen auf T-Shirts aufbringen. Das Toolkit bietet außerdem die Möglichkeit, Designelemente aus einer Galerie auszuwählen. Versierte Nutzer können aber auch komplexere Grafiken und Bilder hochladen und in ihre Designentwürfe integrieren.

Das Besondere am Toolkit-gestützten Innovieren ist die Tatsache, dass dem Innovator mehrere mögliche Lösungsschemen vorgegeben werden, deren Zusammensetzung und Anordnung nach eigenen Vorstellungen variieren kann. Es handelt sich um eine prozessorientierte Unterstützung bei der Lösungssuche. Unternehmen stehen vor der zentralen Herausforderung, die Freiheitsgrade des Toolkits entsprechend den Fähigkeiten ihrer Zielgruppe zu definieren.

Innovationstechnologien können genutzt werden, um das Design und die Umsetzung von (Produkt-)Innovationen zu unterstützen. Im Folgenden wird der Fokus auf Innovationstechnologien gerichtet, die prinzipiell von normalen Verbrauchern via Internet angesteuert werden können. Zu diesen gehören beispielsweise 3D-Scanner, 3D-Drucker oder Laserschneidegeräte. Diese Technologien ermöglichen dem Kunden völlig neue Möglichkeiten, Innovationsprozesse zu gestalten. Es wird deshalb mittlerweile häufig von „Personal Manufacturing" und einer „Personal Fabrication" gesprochen. Die Gemeinsamkeiten von Open Source-Software und den Möglichkeiten, die im Rahmen von Open Design, Open Development und Open Manufacturing geboten werden, liegen in der global verteilten, gemeinsamen Entwicklung von Leistungen. In der Open Source-Softwareentwicklung wird dabei der offengelegte Softwarecode gemeinsam weiterentwickelt. Analog dazu bieten Innovationstechnologien die Voraussetzung, gemeinsam mit global verteilten Akteuren über das Internet Spezifikationen für physische Produkte, Dienstleistungen und Lösungen zu entwickeln, auszutauschen und weiterzuentwickeln.

Die Möglichkeit, vielfältige Gegenstände und Accessoires eigenständig und kreativ zu entwerfen und unmittelbar herzustellen, wird mittels CNC (Computerized Numerical Control)-Schneidegeräten gewährleistet. Auch 3D-Drucker, die über die CNC-Funktion operieren und es erlauben, aus Kunststoffstaub dreidimensionale Objekte zu drucken, eröffnen neue Möglichkeiten der offenen, verteilten Produktinnovation. Nicht nur für Unternehmen, sondern für jeden Einzelnen ergeben sich daraus neue Wege, am Innovationsprozess wertschöpfend mitzuwirken. Steht unsere Gesellschaft tatsächlich, wie es Neil Gershenfeld, Professor am MIT Media Lab, darstellt, vor dem Durchbruch des „Personal Manufacturing?" Die Zeit wird diese Frage beantworten.

Eine Vorreiterrolle auf diesem Gebiet nimmt das Unternehmen Ponoko ein. Ponoko bietet jedem Internetnutzer die Möglichkeit, seine Ideen mit Hilfe von Innovationstechnologien in fertige Produkte zu überführen und diese dann zu vermarkten. Ponoko verbindet überdies in seinem Geschäftsmodell mehrere Werkzeugklassen. Im Rahmen von Innovationswettbewerben können Nutzer „design requests" ausschreiben, um das beste Design für verschiedene Fragestellungen zu finden, Community-Mitglieder können ihre Designs auf der Plattform verkaufen und Toolkits stellen Designtemplates bereit, die der Nutzer verändern kann. Innovationstechnologien wie CNC-Lasercutter werden genutzt, um die Designvorschläge zu produzieren.

Beispiel 5.3: Produkte nach eigenen Entwürfen – Ponoko

„Das neuseeländische Start-up Ponoko scheint mit seiner Idee den Nerv der Zeit zu treffen. Zumindest verkündete Derek Elley, Chef-Stratege von Ponoko, den millionsten Klick nach noch nicht einmal 24 Stunden des Bestehens." (Pietzsch 2008)

Das Unternehmen bietet seinen Kunden die Möglichkeit, die Rolle des innovativen Unternehmers einzunehmen. Ponoko nimmt über eine Internet-Plattform Gestaltungsentwürfe seiner Kunden entgegen und fertigt diese dann mithilfe moderner Produktionstechnologien wie beispielsweise 3D-Druckern, Laserschneidegeräte oder CNC-Fräsen. Die Produktionspläne werden über das Internet übermittelt und direkt gefertigt. Ponoko arbeitet gerade am Aufbau eines Netzwerks von Produktionsstätten, die die Designentwürfe dann mit ihren Maschinen fertigen, um so die Produktion in die Nähe des Kunden zu verlagern und die zum Teil noch erheblichen Versandkosten zu reduzieren.

Speziell durch die einfache Nutzung der Plattform und die Hilfe bei der Erstellung des Designs wird diese Art der Gestaltung individueller Produkte wie Möbel, Schmuck oder Kleidung auch für Durchschnittsnutzer ohne spezielle IT-Kenntnisse interessant. Die Ponoko-Plattform erlaubt dem erfahrenen Nutzer die Erstellung komplett eigener Entwürfe, stellt aber auch benutzerfreundliche Design-Vorlagen zur weiteren Anpassung an die eigenen Wünsche zur Verfügung. Mit der Software können Möbel, Objekte und Accessoires nach eigenem Geschmack entworfen werden. Es können Handskizzen der eigenen Ideen genauso auf die Plattform geladen werden wie

5.2 Open Innovation

Grafiken oder komplexe CAD-Dateien. Der Nutzer kann fertige Designs unmittelbar bestellen und somit produzieren lassen. Außerdem hat er die Möglichkeit, sie in einen Showroom zu laden und so anderen Mitgliedern der Community zugänglich zu machen. Im Showroom können Besucher durch eine Vielzahl von Vorlagen stöbern, diese bestellen oder Produkte, basierend auf den Vorlagen, weiterentwickeln.

Ponoko versetzt den Kunden in die Lage, zum innovativen Unternehmer zu werden und seine eigenen Vorstellungen von Möbeln, Schmuck, Küchenutensilien relativ kostengünstig umsetzen zu lassen. So kann der Kunde ohne Risiko seine Entwürfe verkaufen und in Konkurrenz zu Großunternehmen treten, ohne in Produktionsanlagen, Marketing oder Ähnliches zu investieren.

5.2.3 Herausforderungen und Spannungsfelder

Die dargestellten, internetbasierten Werkzeuge der Open Innovation weisen einige zentrale Effekte auf (Möslein u. Neyer 2009):

- Sie ermöglichen die *großzahlige Mitwirkung* von Akteuren am Innovationsprozess.
- Sie erlauben die Zusammenarbeit dieser Akteure in *großräumiger Verteiltheit*.
- Sie bewirken eine deutliche Erhöhung der *Geschwindigkeit* der Interaktion.
- Sie stellen für die Akteure im Innovationsgeschehen ein *globales Gedächtnis* bereit.

Die Verbreitung des Web 2.0 schafft damit die Voraussetzung zur Mitwirkung des Einzelnen an Innovationsprozessen. Für Unternehmen bergen die genannten positiven Effekte vielfältige Chancen. Bei der Umsetzung stehen Unternehmen allerdings zahlreichen Herausforderungen und klassischen Spannungsfeldern gegenüber, die sich im Zug der Verbreitung von Open Innovation noch weiter verschärfen. Diese sollen im Folgenden kurz erläutert werden:

Einzelinnovator oder Innovationsteam: Es stellt sich die Frage, in welcher Form die Akteure im Innovationsprozess organisiert werden sollen. Ist die Aufgabe der Invention und später auch ihrer Kommerzialisierung von einem einzelnen Innovator, dem klassischen Erfinder, zu übernehmen oder wird vielmehr ein Team benötigt, welches die Innovation vorantreibt und unterschiedliche Perspektiven und Kompetenzen in den Innovationsprozess einbringt? Zwischen diesen Extremen existieren die verschiedensten Konstellationen. Welche Art der Organisation der Akteure vorteilhaft ist, ist abhängig vom Unternehmenskontext und bringt unterschiedliche Herausforderung der Gestaltung der Informationsflüsse mit sich. Durch Open Innovation wird die Entscheidung über die Gestaltung der Zusammenarbeit der Akteure weiter erschwert. Global verteilt werden nun weitere Innovatoren in den Innovationsprozess eingebunden. Des Weiteren gewinnen internetbasierte Innovations-Communities zunehmend an Bedeutung. Als eine Standardform der Zusammenarbeit im Innovationsgeschehen etabliert sich zunehmend eine lose Kopplung von Einzelnen und Teams über Organisationsgrenzen hinweg.

Lokale Innovation oder globale Verteilung: Sollen Innovationsaktivitäten zentral gebündelt oder global verteilt werden? Längst handelt es sich bei dieser Frage nicht mehr um eine „Entweder-Oder"-Entscheidung, denn das eine schließt das andere nicht aus. Für das Innovationsmanagement bedeutet dies, eine gelungene Verbindung zwischen globaler Kreativität und lokaler Stärke unter Anwendung von Innovationswerkzeugen zu schaffen.

Innovationsschritt oder Sprunginnovation: Unter Innovationsschritten versteht man kontinuierliche Innovationen, die Vorhandenes verbessern. Der Begriff Sprunginnovation bezeichnet demgegenüber eine diskontinuierliche Innovation, welche eine grundlegende, meist unvorhergesehene Neuerung beinhaltet. Bestehende Innovationspfade werden verlassen, ein deutlicher Bruch mit Bestehendem ist erkennbar. Innovationsschritte erfordern andere Fähigkeiten, Fertigkeiten und organisatorische Gegebenheiten als Sprunginnovationen, was es schwierig macht, beide Formen in einer Organisation zu etablieren. Die Fähigkeit, sowohl kontinuierliche als auch diskontinuierliche Innovationen hervorzubringen, wird als „ambidexterity" bezeichnet. Fälschlicherweise wurde über lange Zeit hinweg die Annahme vertreten, dass externe Akteure lediglich zur Förderung von Innovationsschritten herangezogen werden können. Zahlreiche Erfolgsbeispiele widerlegen jedoch diese Annahme und zeigen, dass die Integration von externen Innovatoren auch Unterstützungspotenzial in Bezug auf Innovationssprünge aufweisen kann. Die konkrete Ausgestaltung der Innovationsprozesse ist hier von zentraler Bedeutung. Ein erfolgreiches Beispiel einer Sprunginnovation unter Nutzung von externem Unterstützungspotenzial ist der Apple iPod in Kombination mit iTunes (vgl. Beispiel 5.2). Er änderte nicht nur individuelles Verhalten, sondern auch die Grenzen klassischer Marktsegmente. Apple hat dabei in beeindruckender Weise, Elemente der Open Innovation (z. B. die Einbindung von Tony Fadell als externen Akteur in den Innovationsprozess) mit Elementen der Closed Innovation (z. B. strengste Geheimhaltungsrichtlinien) strategisch kombiniert.

Geschlossen oder offen Innovieren: Im Zuge der Verbreitung von Open Innovation stehen Unternehmen tatsächlich vor der Herausforderung, eine unternehmensspezifische Strategie der Kombination von Elementen der Open

Innovation und der Closed Innovation zu entwickeln; denn aus der Wertschöpfungsperspektive ist eine vollständige Öffnung des Innovationsgeschehens ebenso wenig sinnvoll wie eine vollständige Abschottung. Eine Balance muss in diesem Spannungsfeld gefunden werden, um die Vorteile der Öffnung mit den Stärken der Geschlossenheit zu kombinieren.

5.3 Rolle der Information für Innovation und Innovationsmanagement

Information spielt für Innovationen und die Organisation von Innovationsprozessen im Rahmen des Innovationsmanagements eine entscheidende Rolle. Ein Verständnis von Information und ihrer Rolle im Innovationsgeschehen bildet daher die Voraussetzung für eine Medienunterstützung von Innovationsaktivitäten in Unternehmen und Märkten (Picot et al. 2009; Mertens et al. 2010).

5.3.1 Grundbegriff Information

Neben Boden, Arbeit und Kapital zählt auch Information zu den Produktionsfaktoren. Während die Bedeutung der ersten drei Faktoren schon sehr früh erkannt und erforscht wurde, rückte die Information als Produktionsfaktor erst später in den Fokus des wissenschaftlichen Diskurses (Picot et al. 2009). Heute weiß man, dass Modelle der Information und Kommunikation helfen können, unternehmerische Strukturen und Verhaltensweisen zu erklären, besser zu verstehen und auch zu gestalten.

Information unterscheidet sich allerdings maßgeblich von den anderen Produktionsfaktoren. Dieser Unterschiede muss man sich bewusst sein, wenn man Modelle der Information und Kommunikation anwendet. Spezielle Charakteristika von Information sind:

- Information ist ein immaterielles Gut, das auch bei mehrfacher Nutzung nicht verbraucht wird.
- Käufer von Informationen erhalten immer nur Kopien.
- Der Wert einer Information hängt von ihrer Verwendung ab, man kann daher den Wert nicht allgemein bestimmen.
- Information ist kostengünstig und schnell über weite Strecken transportierbar.
- Information ist komprimierbar.
- Information neigt zur Diffusion. Man spricht auch von einem flüchtigen Gut.
- Die Bewertung von Information ist oft nur möglich, wenn man die Information bereits besitzt, dann ist der Kauf jedoch nicht mehr nötig (= Informationsparadoxon).

- Information wird codiert übertragen und bedarf gemeinsamer Standards, um verstanden zu werden.

Diese speziellen Eigenschaften bedingen einen besonderen Umgang und verbieten oftmals einen unmittelbaren Vergleich mit traditionellen Produktionsfaktoren.

Um Information noch klarer abzugrenzen, ist insbesondere die Einordnung im Kontext der Begriffe „Wissen", „Daten" und „Zeichen" zu klären. Diese Einordnung im Sinne einer Begriffshierarchie wird durch Abb. 5.4 grafisch verdeutlicht.

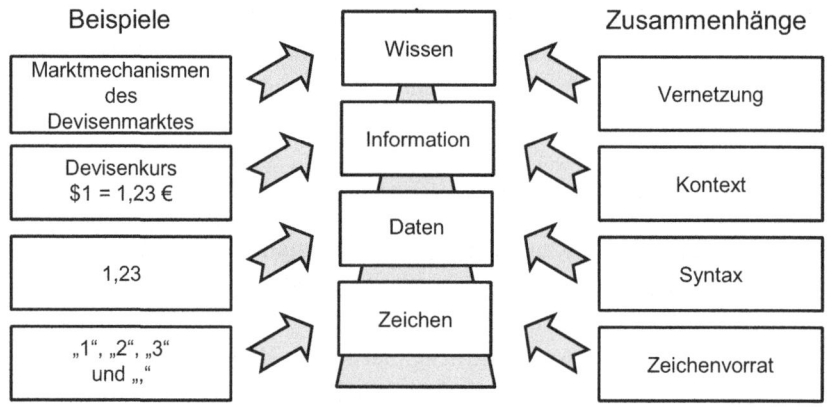

Abb. 5.4: Das Kontinuum von Daten, Information und Wissen
(vgl. hierzu und im Folgenden: Krcmar 2009, S. 14)

- Auf der untersten Ebene der Begriffshierarchie stehen *Zeichen*. Sie lassen sich als Elemente eines Zeichenvorrats auf der Basis einer Syntax zu *Daten* zusammenfügen. Auf dieser Ebene der Begriffshierarchie kann jedoch noch keine Aussage über den Verwendungszweck der Daten getroffen werden.
- Daten sind nun die Bausteine von *Informationen*. Sie können als Kombination von Daten beschrieben werden, welche in einen spezifischen Kontext gebracht wurden. Beispielsweise können die Daten „1,23" je nach Perspektive des Betrachters als Preis, Wechselkurs etc. angesehen werden. Dies hängt einerseits von dem Betrachter selbst oder aber von dem jeweiligen Kontext ab, in dem der Betrachter mit den Daten konfrontiert wird.
- Die Vernetzung von Informationen führt schließlich zu *Wissen*. Wissen unterscheidet sich von Information unter anderem dadurch, dass es nicht unabhängig vom Menschen selbst betrachtet werden kann. Man unterscheidet zwischen explizitem, also artikuliertem, und implizitem, nicht artikuliertem, Wissen.

5.3 Rolle der Information für Innovation und Innovationsmanagement

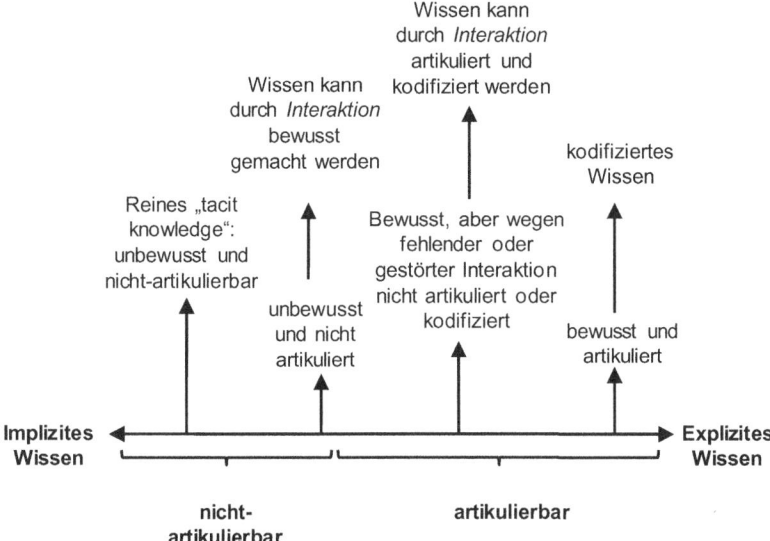

Abb. 5.5: Implizites Wissen – Explizites Wissen
(vgl. hierzu und im Folgenden: Reichwald u. Piller 2009, S. 64ff.)

Abb. 5.5 verdeutlicht das Kontinuum des Wissens zwischen rein implizitem und rein explizitem Wissen als Extrempunkte. Besonders spannend ist der Grenzbereich zwischen artikulierbarem und nicht artikulierbarem Wissen. Hier können verschiedene Methoden angewendet werden, um die relevanten Informationen zu explizieren (z. B. die Lead-User Methode, siehe Abschnitt 2.4.1). In jüngster Zeit werden hier Informations- und Kommunikationstechnologien (IKT) eingesetzt, um Wissensprozesse und Wissensmanagement in Unternehmen zu unterstützen. Eric von Hippel, Innovationsforscher am MIT, hat in diesem Kontext den Begriff der „sticky information" (der sog. „klebrigen" Information) eingeführt. Klebrige Information ist jene, die zu großen Teilen implizit ist und daher nicht leicht übertragen werden kann, sie „klebt" am eigentlichen Träger. Informationen über Kundenbedürfnisse sind für Unternehmen bei der Entwicklung neuer Produkte und Dienstleistungen von erheblicher Bedeutung. Leider kennen Kunden zwar häufig implizit ihre Bedürfnisse, haben aber Schwierigkeiten, diese zu äußern, also dem Unternehmen gegenüber explizit zu machen. Bedürfnisinformationen in der Kundendomäne werden daher oft als „sticky information" bezeichnet. Umso höher die „stickiness" der Bedürfnisinformation, desto aufwendiger und damit teurer wird es für Unternehmen, diese in Zusammenarbeit mit dem Kunden zu explizieren.

Des Weiteren gilt es, die Bedürfnisstrukturen innerhalb der Kundengruppe zu bedenken. Bei heterogenen Kundenbedürfnissen lassen sich durch einmalige Aufwendungen kaum Skaleneffekte im Informationstransfer für andere Kunden erzielen (Reichwald u. Piller 2009). Es ist also grundsätzlich abzuwägen, ob der Nutzen des Informationstransfers die entstehenden Kosten rechtfertigt.

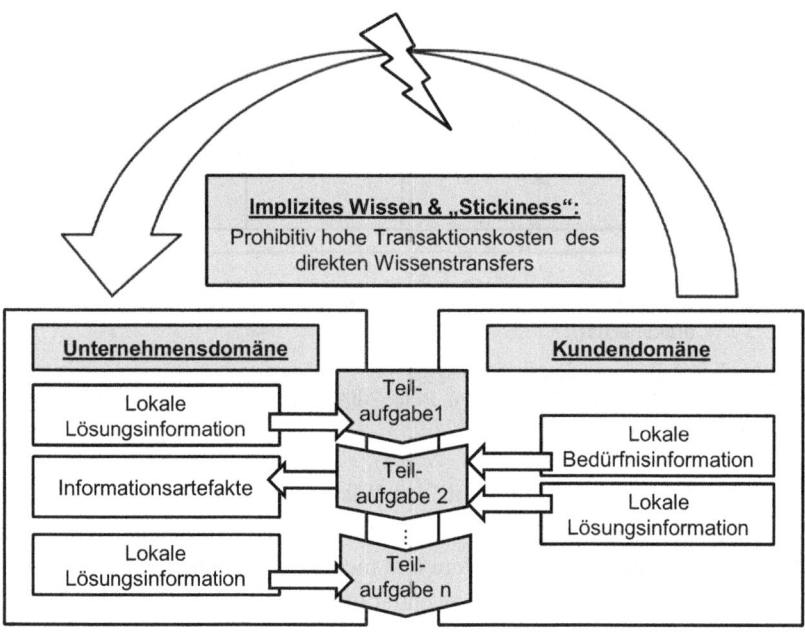

Abb. 5.6: Implizites Wissen und Stickiness
(vgl. hierzu und im Folgenden: Reichwald u. Piller 2009, S. 66ff.)

In Anbetracht der Tatsache, dass „sticky information" schwer zu transferieren ist, schlägt von Hippel (1990) eine Arbeitsteilung zwischen Unternehmen und Kunden vor, die so strukturiert ist, dass der Transfer von „sticky information" möglichst obsolet wird. Wie Abb. 5.6 zeigt, sollen die Aufgaben (z. B. Innovationsaufgaben) in Teilaufgaben zerlegt und den jeweiligen Akteuren zugeordnet werden, je nachdem ob primär Bedürfnis- (Kundendomäne) oder Lösungsinformationen (Unternehmensdomäne) benötigt werden. Übernehmen Kunden die Lösung der Aufgaben, bei welchen überwiegend implizites Wissen angewendet werden muss, dann ist der kostspielige „Trial- & Error"-Prozess des Explizierens des Wissens nicht mehr nötig. Die Teilaufgaben sollen allerdings weitgehend in sich abgeschlossen sein, um Koordinationsaufwand zu vermindern und Schnittstellenproblematiken möglichst gering zu halten.

Diese Logik der Arbeitsteilung ist auch auf Aufgaben im Innovationsprozess anwendbar. Ein ursprünglich vom Unternehmen dominierter Innovationsprozess kann gezielt in unternehmens- und kundendominierte Teilaufgaben zerlegt werden, je nachdem, welcher Partner das jeweils relevante lokale Wissen besitzt. Innovationswerkzeuge können die Verortung von abgeschlossenen Teilaufgaben in der Kundendomäne unterstützen. Die in Abschnitt 5.2.2 erläuterten Toolkits versetzen Kunden beispielsweise in die Lage, die Aufgabe der Erstellung eines Designs zu übernehmen.

5.3.2 Grundlagen menschlichen Informationsverhaltens

In Unternehmen ist das Management von Informationen von zentraler Bedeutung. Nur durch den Austausch von Informationen, also Kommunikation, können Aufgaben arbeitsteilig erfüllt werden.

Für die Organisation von Wertschöpfungsprozessen ist das individuelle Informationsverhalten von zentraler Bedeutung, daher wird zunächst das der Aufgabenträger beleuchtet. Die Vermutung liegt nahe, dass rationale Aufgabenträger ihre Informationsnachfragen am Informationsbedarf ausrichten. Dies trifft aber in der Praxis häufig nicht zu. Es wurde erkannt, dass die Informationsbeschaffungsaktivität als Signal gegenüber anderen Akteuren genutzt wird. Durch die gesteigerte Beschaffungsaktivität, die mitunter zur Nachfrage von zu vielen bzw. für den Entscheidungsprozess irrelevanten Informationen führt, wird eine fundierte Entscheidungsfindung signalisiert. Auch ist zu beobachten, dass Akteure ex post Informationen sammeln, um eigene Entscheidungen rückblickend zu rechtfertigen.

In solchen Situationen wird häufig ein sichtbares Informationsverhalten von Entscheidungsträgern als Substitut für die Güte von Informationen bzw. Entscheidungen herangezogen (Feldman u. March 1981). Durch ausgiebige Informationsbeschaffungstätigkeiten kann ein Entscheidungsträger die Wahrnehmung seiner Entscheidungsqualität signifikant beeinflussen. Das führt dazu, dass signalisierende Informationsaktivitäten entscheidungsbezogenes Informationsverhalten zum Teil verdrängen.

Nach O'Reilly (1983) werden Informationen mit größerer Wahrscheinlichkeit nachgefragt, wenn die Information:

- für die Aufgabe von zentraler Bedeutung ist,
- aus einer vertrauenswürdig erscheinenden Quelle stammt,
- über möglichst wenige Umwege und Zwischenstellen zum Entscheidungsträger gelangt ist,
- einfach zu- und begreifbar ist,
- zusammengefasst wurde,

- in ansprechender Weise dargeboten und
- mündlich überbracht wird.

Bei der Weitergabe von Informationen können Fehler unterlaufen. Treten Fehlfunktionen in der Gewinnung, Weitergabe oder Anwendung auf, so spricht man von Informationspathologien. Man kann drei Arten unterscheiden: wissensbasierte, interaktionsbasierte und aktorbezogene (Scholl 1992). Nachfolgend werden diese Pathologien im Einzelnen erläutert (vgl. Abb. 5.7):

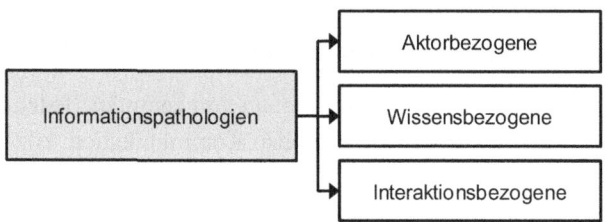

Abb. 5.7: Informationspathologien nach Scholl (1992)

„Aktorbezogene Informationspathologien" entstehen aufgrund menschlicher Unzulänglichkeiten des einzelnen Aktors. Wissen kann prinzipiell durch Assimilation und Akkommodation aufgebaut werden. Bei der Assimilation wird neue Information an bereits vorhandenes Wissen angeknüpft, wohingegen bei der Akkommodation bestehendes Wissen bzw. bestehende Wahrnehmungsschemata an nicht assimilierbare Aspekte angepasst werden (Piaget et al. 2003). Verschiedene individuelle Unzulänglichkeiten können diese Prozesse stören. So kann der Wissenstransfer beispielsweise scheitern, weil dem Akteur die Grundkenntnisse fehlen, auf denen Assimilation und Akkommodation aufbauen können. Auch das Phänomen der Betriebsblindheit ist eine aktorbezogene Informationspathologie. Aktoren halten sich über längere Zeit in der gleichen Umgebung auf, erwerben dort spezialisiertes Wissen, welches sich über einen langen Zeitraum bewährt und werden dadurch für andere Phänomene „blind". Nicht assimilierbare Aspekte werden nicht erkannt. Diese beiden Arten von aktorbezogenen Informationspathologien sind sehr häufig im Innovationsprozess zu beobachten.

Interaktionsbezogene Informationspathologien entstehen aus fehlerhaften Kommunikations- und Interaktionsprozessen zwischen verschiedenen Akteuren. Grundsätzlich wird davon ausgegangen, dass ein Informationsaustausch zwischen Akteuren zu einem Wissenszuwachs führt. Durch Erfahrungsaustausch und Interaktion werden „Lücken erkannt, Einseitigkeiten ausgeglichen, neue Ideen angeregt sowie unzulässige Verallgemeinerungen korrigiert"

(Scholl 1992, S. 906). Allerdings wurde bereits durch Festinger (1954) empirisch belegt, dass Meinungsaustausch vornehmlich unter Gleichgesinnten stattfindet. Wissensaustausch von Akteuren mit divergenten Perspektiven wird von den Akteuren als schwieriger empfunden und somit tendenziell schneller abgebrochen. Auch kann beispielsweise die Ausübung von Macht in hierarchisch organisierten Organisationen den Austausch unterschiedlicher Auffassungen limitieren. Dadurch werden die Entwicklung und die Einführung von Innovationen erschwert. Auch das „Not-invented-here-Syndrom" lässt sich in die Gruppe der interaktionsbezogenen Informationspathologien einordnen. Es bezeichnet das Phänomen, dass unternehmensfremde Ideen häufig auf Ablehnung im Unternehmen stoßen.

Wissensbezogene Informationspathologien werden durch die unterschiedliche Bewertung von Wissen aufgrund seiner Art verursacht. So werden häufig quantitative Informationen in ihrer Wichtigkeit höher eingeschätzt als qualitative Informationen und explizite Erkenntnisse (deklaratives Wissen) impliziten Erfahrungen (prozedurales Wissen) vorgezogen.

Wie bereits festgestellt, fragen Menschen Informationen unter bestimmten Rahmenbedingungen eher nach als unter anderen. Ob und wie diese aufgenommenen Informationen anschließend genutzt werden, ist eine weitere Frage. Einflussfaktoren bestimmen dabei die Nutzung von Informationen. So wird laut O'Reilly (1983) eine Information mit größerer Wahrscheinlichkeit genutzt, wenn sie:

- von einer Informationsquelle stammt, die mächtiger ist als der Entscheidungsträger,
- aus einer einzigen Quelle stammt, d. h. keine Kontrolle (und kein Widerspruch) durch andere Quellen möglich ist,
- aus der eigenen Abteilung bzw. Organisation stammt,
- durch Kritiker unangreifbar ist,
- durch Menschen übermittelt wird, die durch den Inhalt keine Nachteile erleiden,
- in der betroffenen Gruppe keine Konflikte auslösen kann und/oder
- die Entscheidung unterstützt, die den persönlichen Neigungen des Entscheidungsträgers entspricht bzw. die eigenen Meinungen bestätigt (z. T. erklärbar durch Theorie der kognitiven Dissonanz).

Das typisch menschliche Informationsverhalten mit seinen Eigenheiten und Pathologien birgt zahlreiche Probleme und Risiken, aber auch große Chancen für Innovation und Wertschöpfung. Eine detaillierte Auseinandersetzung mit den Grundmodellen menschlichen Informations- und Kommunikationsverhaltens findet sich in Picot et al. (2009).

5.3.3 Information, Innovation und Unternehmertum

Im wirtschaftlichen Kontext hängen Innovation, Information und Unternehmertum eng zusammen. Laut Schumpeters Theorie der wirtschaftlichen Entwicklung handelt es sich bei Innovationen um die „Durchsetzung neuer Kombinationen", die einen „kreativen Brückenschlag" zwischen Informationssphären schaffen. Der Kern unternehmerischer Aktivität liegt nach Schumpeter in der Gewinnung von Informationsvorsprüngen, aus denen „unternehmerische Ideen" geschöpft werden können. Konsequent bezeichnet er Unternehmer als „schöpferische Zerstörer", die mit der „Durchsetzung neuer Kombinationen" die Grundlage für Innovation und Wertschöpfung schaffen, sei es in Form von neuen Produkten oder Dienstleistungen, die Einführung neuer Prozesse und Produktionsverfahren, die Erschließung neuer Absatz- und Beschaffungsmärkte oder die Implementierung neuer Organisationsstrukturen (Schumpeter 1934).

Innovationen können Ergänzungen oder Substitute bereits auf dem Markt etablierter Leistungen oder Institutionen auf der Basis von Informationsvorsprüngen sein. Ein einmal erworbener Informationsvorsprung bietet einem Unternehmen temporär eine Monopolstellung im Markt und erlaubt Wertschöpfung und Gewinnrealisierung. Sobald Imitatoren in den Markt eintreten, löst sich die Monopolstellung wieder auf; Wertschöpfungsvorsprünge und Gewinne erodieren. Unternehmerische Wertschöpfung verlangt damit nach permanenter Innovation und immer neuen Brückenschlägen zwischen Informationssphären durch kreative Ideen und ihre Umsetzung. Dabei können neue Verbindungen zwischen unterschiedlichen Informationssphären hergestellt sowie bereits bestehende weiter ausgebaut werden. Einen zentralen Motor dieses permanenten Innovationsgeschehens bildet der Einsatz von Informations- und Kommunikationstechnik in Unternehmen und Märkten.

Links

- www.innocentive.com
- www.theoscarproject.org
- www.ronen-kadushin.com
- www.movisi.com
- www.developer.apple.com

Lernkontrollfragen

- Definieren sie Innovation und Innovationsmanagement!
- Worin unterscheidet sich das Paradigma der „Closed Innovation" von dem der „Open Innovation"?

- Welche Werkzeugklassen können Open Innovation unterstützen?
- Welche Informationspathologien gibt es und wie lassen sie sich charakterisieren?
- Was besagt Schumpeters Theorie der wirtschaftlichen Entwicklung?
- Was versteht man unter „sticky information"?
- Vor welche Herausforderungen werden Unternehmen durch Informationen gestellt, die implizit in der Kundendomäne gespeichert sind?

Literatur

Chesbrough HW (2003) Open Innovation. The New Imperative for Creating and Profiting from Technology. Harvard Business School Publishing, Boston (MA).

Deutsches Patent und Markenamt (2004) Richtlinien für die Prüfung von Patentanmeldungen. http://www.dpma.de/docs/service/formulare/patent/p2796.pdf. Abruf am 2010-05-14.

Feldman MS, March JG (1981) Information in Organizations as Signal and Symbol. Administrative Science Quarterly 26:171-186.

Festinger L (1954) A Theory of Social Comparison Processes. Human Relations 7:117-140.

Hauschildt J, Salomo J (2007) Innovationsmanagement, 4 Aufl. Vahlen, München.

Innocentive (2010). www.innocentive.com. Abruf am 2010-05-11.

Kahney L (2004) Inside Look at Birth of the IPod. http://www.wired.com/gadgets/mac/news/2004/07/64286. Abruf am 14-06-2010.

Krcmar H (2009) Informationsmanagement, 4 Aufl. Springer, Berlin.

Lakhani KR, Wolf RG (2005) Why hackers do what they do: Understanding motivation effort in free/open source software projects. In: Feller J, Fitzgerald B, Hissam SA, Lakhani KR (Hrsg) Perspectives on Free and Open Source Software. MIT Press, Cambridge:3-22.

Mertens P, Bodendorf F, König W, Picot A, Schumann M, Hess T (2010) Grundzüge der Wirtschaftsinformatik, 10. Aufl. Springer, Berlin.

Möslein KM, Neyer AK (2009) Open Innovation – Grundlagen, Herausforderungen, Spannungsfelder. In: Zerfaß A, Möslein KM (Hrsg) Kommunikation als Erfolgsfaktor im Innovationsmanagement – Strategien im Zeitalter der Open Innovation. Gabler, Wiesbaden.

O'Reilly CA (1983) The use of information in organizational decision making: A model and some propositions. Research in Organizational Behavior 5:103-139.

Piaget J, Fatke R, Kober H (2003) Meine Theorie der geistigen Entwicklung. Belz, Weinheim.

Picot A, Reichwald R, Wigand R (2009) Die grenzenlose Unternehmung, Nachdruck der 5 Aufl. 2003. Gabler, Wiesbaden.

Pietzsch E (2008) Produkte nach eigenen Entwürfen – Ponoko. http://meedia.de/web-special/neue-sites/detailansicht/artikel/neuesites/int/ponoko-1.html. Abruf am 2010-05-14.

Raasch C, Herstatt C, Balka K (2009) On the open design of tangible goods. R&D Management 39(4):382-393.

Reichwald R, Piller F (2009) Interaktive Wertschöpfung – Open Innovation, Individualisierung und neue Formen der Arbeitsteilung. Gabler, Wiesbaden.

Scholl W (1992) Informationspathologien. In: Frese E (Hrsg) Handwörterbuch der Organisation, 3 Aufl. Schäffer-Poeschel, Stuttgart:900-912.

Schumpeter JA (1934) The theory of economic development. Harvard University Press, Cambridge.

Tidd J, Bessant J (2009) Managing Innovation: Integrating Technological, Market and Organizational Change, 4 Aufl. Wiley, Chichester.

von Hippel E (1990) Task partitioning: An innovation process variable. Research Policy 19(5):407-418.

von Stamm B (2008) Managing innovation, design and creativity, 2 Aufl. Wiley, Chichester.

6 Wertschöpfungsmanagement

Am Ende dieses Kapitels sollten Sie ...

- ... ein Verständnis für die Koordination von Wertschöpfung durch Märkte und Unternehmen haben.
- ... den Einfluss von Informations- und Kommunikationstechnik (IKT) auf die Koordination der Wertschöpfung beschreiben können.
- ... erklären können, wie sich innovative Wertschöpfungsstrategien auf der Basis moderner Informations- und Kommunikationstechnik realisieren lassen.

6.1 Organisation der Wertschöpfung

Die Befriedigung menschlicher Bedürfnisse durch Wertschöpfung ist grundlegende Intention wirtschaftlichen Handelns. Nun übersteigen in aller Regel die subjektiven Bedürfnisse Einzelner die begrenzten Güter, die zur Befriedigung dieser Bedürfnisse vorhanden und geeignet sind. Die resultierende Knappheit gilt es zu überwinden. Hierzu bilden sich Mechanismen des Tauschs und des Handels heraus. Allerdings kann man mit einer prinzipiell begrenzten Ressourcenausstattung nicht nur die Herausbildung von Tausch und Handel erklären, sondern auch die Entstehung von Aufgabenteilung und Spezialisierung. Durch die Aufteilung von Aufgaben und die Verteilung der Teilaufgaben auf mehrere Personen lassen sich beträchtliche Produktivitätssteigerungen realisieren: Knappe Ressourcen werden effizienter genutzt.

- *Spezialisierung* ermöglicht Menschen, sich auf bestimmte Aufgabenbereiche zu konzentrieren und besondere Kenntnisse, Fähigkeiten und Verfahren zu entwickeln.
- Durch die *Aufgabenteilung* können auch umfangreiche Aufgaben, bei deren Bewältigung einzelne Akteure an ihre zeitlichen und kognitiven Grenzen stoßen würden, effektiv erledigt werden.

Arbeitsteilung und Spezialisierung machen allerdings eine Koordination und Organisation der Teilaufgaben notwendig. Diese kann klassischerweise einerseits innerhalb der Grenzen einer Unternehmung über hierarchische Strukturen, andererseits Organisationsgrenzen überschreitend in marktlichen Strukturen stattfinden. Im Folgenden wird zunächst die Organisation der Wertschöpfung innerhalb einer Unternehmung betrachtet. Anschließend rückt die

Unternehmung als Teil einer Wertschöpfungskette in den Fokus, um dann die Unternehmensgrenzen weiter aufzulösen und zu einer modernen Sichtweise der Unternehmung als Teil eines Wertschöpfungsnetzwerks zu kommen (siehe Abschnitt 6.1.1). Der Frage, welche Koordinations- und Organisationsform (Markt oder Hierarchie) unter welchen Bedingungen für die Organisation der Wertschöpfung vorteilhaft ist, wird in Abschnitt 6.1.2 unter Zuhilfenahme der Transaktionskostentheorie nachgegangen. Hybride Organisationsformen, die sowohl die Koordination über Märkte als auch über die Hierarchie vereinen, werden anschließend thematisiert.

6.1.1 Von der Wertschöpfungskette zu Wertschöpfungsnetzwerken

Es gibt zwei klassische Betrachtungsweisen der Organisation von Wertschöpfung innerhalb von Unternehmen, die Ablauf- sowie die Aufbauorganisation. Während es sich bei der Ablauforganisation um eine prozessuale Betrachtung der Anordnung von Arbeitsschritten handelt, wird im Rahmen der Aufbauorganisation eine statische Gliederung des Unternehmens in Koordinations- und Organisationseinheiten vorgenommen (vgl. hierzu auch Abschnitt 1.1.3). Letztere soll im folgenden Abschnitt näher betrachtet werden.

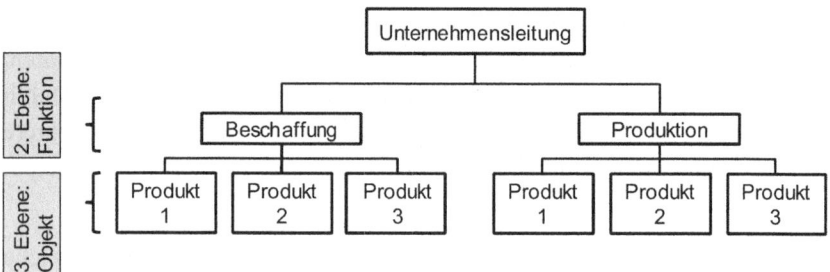

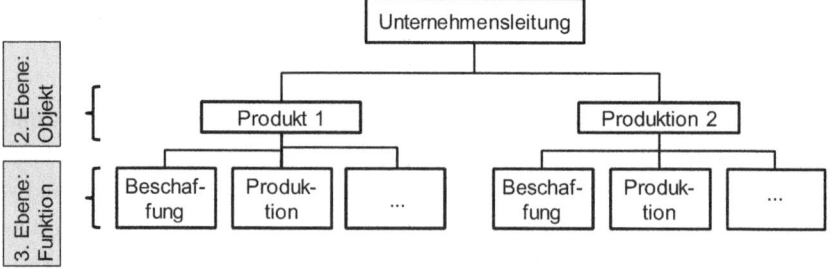

Abb. 6.1: Klassische Aufbauorganisationen eines großen Unternehmens

Die Strukturierung eines Unternehmens in Organisationseinheiten geht mit einer hierarchischen Anordnung der einzelnen Instanzen einher. Hierbei kann man eine Strukturierung in Ein- und Mehrliniensysteme unterscheiden. Bei Einliniensystemen erhält jede untergeordnete Instanz von nur einer übergeordneten Anweisungen. In Mehrliniensystemen sind mehrere Instanzen weisungsbefugt gegenüber einer untergeordneten Instanz. Ein weiteres Kriterium zu Unterscheidung von Aufbauorganisationen ist die Differenzierung zwischen funktionaler und objektorientierter Aufgabenspezialisierung. Erfolgt die Aufgabenspezialisierung auf der zweiten Ebene nach betrieblichen Funktionen (Beschaffung, Produktion, Absatz, …), so spricht man von funktionaler Aufgabenspezialisierung. Erfolgt sie nach Objekten (Produkt 1, 2, 3, …), so spricht man von objektorientierter (oder auch divisionaler) Aufgabenspezialisierung. Abb. 6.1 verdeutlicht diese Unterscheidung. Die Bezeichnung leitet sich dabei aus der Aufgabenverteilung der ersten Führungsebene unmittelbar unterhalb der Unternehmensführung ab.

Bei der funktionalen Aufgabenspezialisierung findet üblicherweise das Einliniensystem Anwendung. Es handelt sich hierbei um eine bewährte Organisationsform, die in der historischen Betrachtungsweise zu einer der Urformen der betrieblichen Organisationen gehört. Bei zunehmendem Wachstum ist allerdings häufig der Übergang zu alternativen Organisationsformen, wie beispielsweise der divisionalen Organisationsform, zu beobachten.

Die Form der vertikalen Arbeitsteilung und Koordination hat starke Auswirkungen auf den horizontalen Prozess der Aufgabenerfüllung und insbesondere auf den Informations- und Kommunikationsfluss. Wie ist in den einzelnen Organisationsformen der Informations- und Kommunikationsfluss strukturiert? Hierbei spielt der Begriff des „Dienstwegs" eine zentrale Rolle. Unter Dienstweg versteht man einen spezifischen Kommunikationspfads entlang der Linien des Organigramms, welcher bei der Klärung betrieblicher Angelegenheiten, seien es Problemlösungen, Beschwerden oder sonstige Angelegenheiten, einzuhalten ist. Unter diesem Aspekt werden sowohl für ein Ein- als auch für das Mehrliniensystem besondere Möglichkeiten und Hindernisse bezüglich der Kommunikation, Koordination und Aufgabenerfüllung im Unternehmen ersichtlich.

Während die in der Abbildung dargestellten, sog. Organigramme die Aufbauorganisation von Unternehmen abbilden, lassen sich Unternehmen auch prozessorientiert über ihre Ablauforganisation charakterisieren. Die von Harvard-Professor Michael Porter in den 80er Jahren eingeführte Wertschöpfungskette hat sich hier als wichtige prozessorientierte Darstellungsform für die Gesamtunternehmung durchgesetzt. Mit Hilfe dieser Wertschöpfungskette von Porter lässt sich der Prozess der Leistungserbringung und des Informationsflusses im Unternehmen überblicksartig und gesamthaft beschreiben. In diesem Zusammenhang wird nach Porter zwischen primären und sekundären Aktivitäten unterschieden. Primäre Aktivitäten schaffen direkt Wert, indem sie originär den Wert eines Produktionsfaktors erhöhen, während es sich bei sekundären Aktivitäten um solche handelt, die indirekt Wert schaffen, indem sie primäre Aktivitäten unterstützen.

Beispiele für Primäraktivitäten sind Eingangslogistik, Produktion, Ausgangslogistik, Marketing & Vertrieb und Kundendienst. Unternehmensinfrastruktur, Personalwirtschaft, Technologieentwicklung und Beschaffung zählen zu den unterstützenden, sekundären Aktivitäten. Klar voneinander zu unterscheiden sind die zwei Anwendungsbereiche des Begriffs Wertschöpfung. Während sich Porter mit seinem Modell der Wertschöpfungskette lediglich auf den Prozess innerhalb eines Unternehmen bezieht (vgl. Abb. 6.2), wird der Begriff im Allgemeinen verwendet, um unternehmensübergreifende Wertschöpfungsaktivitäten zu beschreiben.

Abb. 6.2: Klassische Wertschöpfungskette nach Porter

Auch wenn sich das Modell von Porter zunächst nur auf unternehmensinterne Zusammenhänge bezieht, so ist festzuhalten, dass die einzelnen Wertschöpfungsketten heute nur noch selten isoliert betrachtet werden können. Die primären und sekundären Aktivitäten eines Unternehmens im Rahmen von Wertschöpfungsprozessen sind zunehmend mit denen anderer Unternehmen in Netzwerken verbunden. Solche Vernetzungen entstehen, um optimale Ressourcennutzung im Produktionsprozess zu erlangen, Kosten zu minimieren

6.1 Organisation der Wertschöpfung

und die Effizienz der Produktion zu steigern. Gestaltungsempfehlungen bezüglich der internen und externen Vernetzung der Wertschöpfungskette können beispielsweise aus der Theorie der Kernkompetenzen (ressourcenorientierter Ansatz) und der Transaktionskostentheorie (marktorientierter Ansatz) abgeleitet werden.

Hinsichtlich der Vernetzung von Wertschöpfungsketten hat die IKT in den letzten Jahren zunehmend an Einfluss gewonnen. Die Eröffnung von neuen Kommunikationswegen hat sowohl unternehmensintern als auch -extern bestehende Handlungsbarrieren überwunden und Verknüpfungen zu externen Anspruchsgruppen hergestellt. Dieser Effekt löst die klassische Innenorientierung der Wertschöpfungsbetrachtung ab und erfordert die Kommunikation sowie den Austausch mit einem neuen Gegenüber. Folglich stoßen bei der Organisation der zunehmenden Interaktion durch IKT auch Märkte und klassische Netzwerkansätze an ihre Grenzen, da sie beispielsweise auf einer formalen (vertraglichen) Definition und Übertragung von Handlungs- und Verfügungsrechten zur Durchsetzung von Eigentum beruhen. Abb. 6.3 zeigt schematisch den Aufbau von Wertschöpfungsnetzwerken. Es werden daraus ebenfalls vorgelagerte Wertschöpfungsaktivitäten, die Zwischenprodukte liefern und nachgelagerte Wertschöpfungsaktivitäten, die Endprodukte erzeugen, ersichtlich.

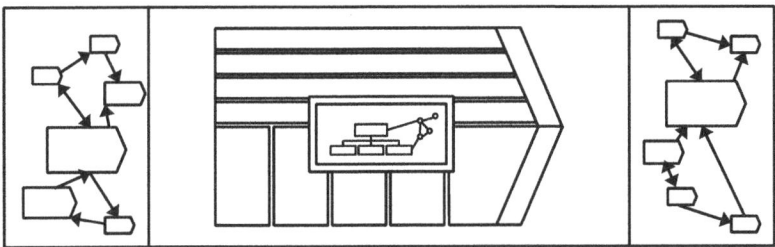

Abb. 6.3: Die vernetzte Wertschöpfungskette auf der Basis moderner IKT

Zwischen Unternehmen in Unternehmensnetzwerken übernimmt nicht die Hierarchie die Organisation der Leistungserstellung, sondern der Markt. Es handelt sich bei dem Markt um einen ökonomischen Ort der Tauschgeschäfte, an dem sich Nachfrager und Anbieter zusammenfinden. Er ermöglicht Tauschvorgänge zwischen Anbietern und Nachfragern, die aufgrund von Arbeitsteilung und Spezialisierung erforderlich werden. Im Folgenden werden die Koordinationsformen „Markt" und „Unternehmen" im Hinblick auf ihre Vorteilhaftigkeit bei der Koordination der Wertschöpfung beleuchtet.

6.1.2 Koordinationsformen der Wertschöpfung

Möchte man über die Vorteilhaftigkeit des Markts bzw. der Hierarchie als Koordinationsform der Wertschöpfung urteilen, so gilt es die Probleme bei Arbeitsteilung und Spezialisierung sowie Tausch und Abstimmung zu bedenken. Prinzipiell treten zwei Arten von Problemen auf: Koordinations- und Motivationsprobleme (Milgrom u. Roberts 1992; Wolff 1995).

Koordinationsprobleme werden durch Informationsdefizite hervorgerufen. Konkret bedeutet dies für den Wertschöpfungsprozess eine „Lücke im System", da beispielsweise beteiligte Akteure aufgrund mangelnder Informationen nicht in der Lage sind, ihre Aufgaben zu erfüllen. Man spricht auch von Problemen des „Nichtwissens".

Motivationsprobleme sind solche des „Nichtwollens". Trotz einer fehlerfreien Informationsübermittlung können sie – resultierend aus den unterschiedlichen Interessen der beteiligten Parteien – bestehen. Die jeweiligen Akteure sind zwar in der Lage ihre Aufgabe planmäßig zu erfüllen, jedoch nicht daran interessiert.

Die Überwindung der Koordinations- und Motivationsprobleme bei Tausch- und Abstimmungsvorgängen verursacht Kosten, die sog. Transaktionskosten. Es sind Kosten der Information und Kommunikation. Sie entstehen durch die Anbahnung, Vereinbarung, Durchführung und Kontrolle von Transaktionen. Die Transaktionskostentheorie erklärt, wann eine Abwicklung von Transaktionen vorteilhafterweise über den Markt und wann über die Hierarchie koordiniert werden soll (vgl. Exkurs 6.1). Betrachtungseinheit ist die einzelne Transaktion. Es sollte die Koordinationsform gefunden werden, bei der bei gegebenen Produktionskosten die Transaktionskosten minimiert werden können.

**Exkurs 6.1: Ursprung der Transaktionskostentheorie –
„Warum gibt es Unternehmen, wenn es doch Märkte gibt?"**

Der britische Wissenschaftler Ronald H. Coase (geboren 1910) zählt zu den bedeutendsten Wissenschaftlern, die sich mit dieser Thematik beschäftigt haben. Nachdem er ab 1964 als Professor für Ökonomie an der University of Chicago unterrichtete, ging er 1982 schließlich in den Ruhestand. Neun Jahre später, im Jahr 1991, erhielt er schließlich den Nobelpreis für eine Arbeit, die er bereits 1937 veröffentlichte und deren Grundlagen er bereits als Student gelegt hat. In diesem Beitrag stellt er die zentrale Frage: Warum gibt es eigentlich Unternehmen, wenn es doch Märkte gibt? Und warum gibt es eigentlich Märkte, wenn es doch Unternehmen gibt? Wenn, so seine Überlegung, eine der beiden Organisationsformen ökonomisch effizienter wäre, dürfte es die andere eigentlich gar nicht geben. Coase gelingt es zu zeigen, dass Leistungserstellung unter bestimmten Umständen besser im Unternehmen als über den Markt abgewickelt wird und unter anderen Umständen besser über Märkte als im Unternehmen. Keine der beiden Koordinationsformen ist der anderen absolut überlegen. Diese situationsabhängige, relative Vorteilhaftigkeit bedingt die gleichzeitige Existenz von Markt und Unternehmen. Als Ursache hierfür erkennt Coase die unterschiedlichen Kosten der Transaktionsabwicklung. Die Transaktionskostentheorie war entstanden.

Laut Transaktionskostentheorie bestimmt sich die Höhe der Transaktionskosten durch die gewählte Koordinationsform und die Spezifität der zu erbringenden Leistung bzw. die Unsicherheit, die mit der Leistungserbringung verbunden ist. Es werden zwei elementare Koordinationsformen unterschieden, der Markt einerseits und die Hierarchie im Sinne einer integrierten Unternehmung andererseits. Bei der Frage, welche Koordinationsform gewählt werden soll, ist zu betrachten, ob eine Transaktion zu niedrigeren Transaktionskosten innerhalb der Unternehmung abgewickelt werden kann oder ob eine externe Abwicklung vorteilhaft ist.

Die *Spezifität* der zu erbringenden Leistung wird durch den Wertverlust definiert, der entsteht, wenn die zur Leistungserbringung nötigen Ressourcen nicht der angestrebten, sondern der nächstbesten Verwendung zugeführt werden (Klein et al. 1978). Sind also beispielsweise für die Erstellung eines Produkts nach Kundenspezifikation besondere Maschinen und Werkzeuge notwendig, die nach Beendigung der Geschäftsbeziehung wertlos werden, steigt der Grad der Spezifität der Leistung.

Die *Unsicherheit* bezieht sich auf mögliche Änderungen der Transaktion und die Unklarheit über die genaue Spezifikation der zu erbringenden Leistung. Eine solche Unsicherheit erschwert die Vertragsgestaltung und verursacht die Notwendigkeit von Abstimmungsaktivitäten bei der Leistungserstellung.

Abb. 6.4 verdeutlicht den qualitativen Verlauf der Transaktionskosten für die Koordinationsformen Markt und Hierarchie in Abhängigkeit von der Spezifität der Aufgabe bzw. der Unsicherheit, die mit der Aufgabe verbunden ist. Bei geringer Spezifität und Unsicherheit der Leistungserstellung bzw. des Leistungsaustauschs besitzt der Markt Transaktionskostenvorteile gegenüber der integrierten Unternehmung („Hierarchie").

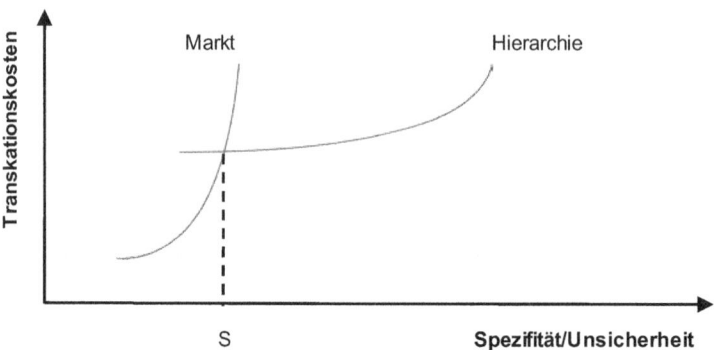

Abb. 6.4: Transaktionskosten: Markt versus Hierarchie (vgl. Williamson 1991)

Die Transaktionskosten des Marktes steigen jedoch bei zunehmender Spezifität und Unsicherheit rasch an, was dazu führt, dass eine Leistungserstellung im integrierten Unternehmen vorteilhaft wird. Zu erklären ist dieser Zusammenhang dadurch, dass marktliche Koordination im Wesentlichen über Verträge abgewickelt wird. Der Zusammenhang zwischen Spezifität/Unsicherheit und Markt bzw. Hierarchie als Koordinationsform lässt sich an einem Beispiel verdeutlichen.

Angenommen ein Unternehmen benötigt eine Softwareunterstützung für interne Prozesse, so stellt sich zunächst die Frage nach der Spezifität der Leistung: Gibt es bereits eine Standardsoftware, die das Unternehmen nutzen könnte? Falls ja, ist die Leistung durch geringe Spezifität gekennzeichnet? Die Transaktionskosten, verursacht durch die Koordination des Kaufs der Software, sind tendenziell niedriger als die Transaktionskosten, die entstehen würden, wenn man die Programmierung der Software im Unternehmen abstimmen und koordinieren müsste. Der Kaufvertrag kann schnell und einfach abgeschlossen werden. Zeichnet sich die Software allerdings durch hohe Spezifität aus, also ist z. B. keine Standardlösung verfügbar, gestaltet sich der Erwerb der Software über den Markt aufwendiger. Die Software muss genau spezifiziert, Wissen über die zu unterstützenden Prozesse muss transferiert und ein Preis muss ausgehandelt werden. Je unklarer die Anforderungen an die Software sind, umso schwieriger wird es, die Vertragskonditionen zu Anfang des Entwicklungsprojekts festzulegen. Die Vertragsverhandlungen können sich rasch umständlich, kosten- und zeitintensiv gestalten. Hohe Transaktionskosten entstehen. Unter der Voraussetzung, dass die unternehmensinterne IT-Abteilung die Entwicklungskompetenz besitzt, ist es unter Umständen sinnvoll, die Software intern programmieren zu lassen, was einer Koordination der Leistungserstellung durch die Hierarchie gleichkommt.

6.1 Organisation der Wertschöpfung

Im Gegensatz zur Koordinationsform Markt verursachen Hierarchien (im Sinne integrierter Unternehmen) bei geringer Spezifität und Unsicherheit vergleichsweise hohe Transaktionskosten. Allerdings nehmen die Transaktionskosten bei steigender Spezifität und Unsicherheit der Leistungserstellung bzw. des Leistungstauschs deutlich weniger stark zu. Die integrierte Unternehmung stellt eine Vielzahl von Kontroll- und Anreizmechanismen zur Verfügung, die die Durchführung spezifischer Transaktionen erleichtert. Aus diesem Grund steigen die Transaktionskosten mit zunehmendem Spezifitätsgrad relativ flach an. Unternehmen haben dabei aber höhere fixe Transaktionskosten, so beispielsweise die Kosten des bürokratischen Apparats. Bei Markttransaktionen fallen geringere Fixkosten an, da jegliche längerfristige vertragliche Vereinbarungen fehlen. Markt und Hierarchie lassen sich, wie bereits angeführt, als idealtypische Extreme eines Kontinuums alternativer Organisationsformen interpretieren. Diese, zwischen den beiden Extremformen liegenden Organisationsformen nennt man auch *hybride Koordinationsformen*. Hierzu zählen z. B. langfristige Unternehmenskooperationen, Wertschöpfungspartnerschaften, Allianzen oder Joint Ventures. Abb. 6.5 ergänzt die vorherige Darstellung um hybride Koordinationsformen.

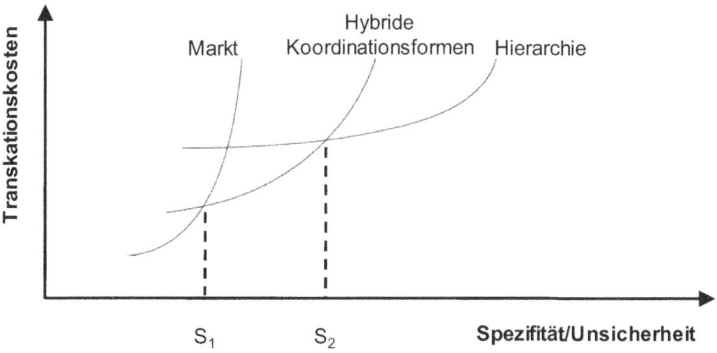

Abb. 6.5: Auflösung der Unternehmensgrenzen (vgl. Williamson 1991)

Marktliche Organisationsformen sind vor allem für Leistungen geringer Spezifität und Unsicherheit vorteilhaft (links von Punkt S_1). Weiterhin verdeutlicht die Abbildung, dass hybride Koordinationsformen ihre Vorteilhaftigkeit für Leistungen mittlerer Spezifität und Unsicherheit entfalten (zwischen Punkt S_1 und Punkt S_2), während die Vorteilhaftigkeit der Hierarchie im Bereich von Leistungen mit hoher Spezifität und Unsicherheit liegt (rechts von Punkt S_2). Weiterführende Erläuterung der Koordinationsformen und ihres Einflusses auf den Transaktionskostenverlauf finden sich in Picot et al. (2009).

6.2 Einfluss der Informations- und Kommunikationstechnik

Ausgelöst durch die technischen Entwicklungen und neuen Anwendungsgebiete der heutigen Informations- und Kommunikationstechnik unterliegen nahezu alle Wertschöpfungsbereiche seit einigen Jahren einem starken Wandel. Innovative Formen der Arbeitsteilung, beispielsweise zwischen Kunden und Unternehmen, werden durch neue Entwicklungen der IKT überhaupt erst möglich. Um unter verschärften Wettbewerbsbedingungen bestehen zu können, müssen Unternehmen die Potenziale der neuen Technologien aktiv nutzen. Die Auswirkung von IKT auf die Koordinationsformen der Wertschöpfung wird im Folgenden kurz erläutert. Im Anschluss wird der Einfluss der Digitalisierung auf die Wertschöpfung und insbesondere auf die Wertschöpfung im Bereich der Informationsgüterindustrie beleuchtet. Beide Abschnitte bilden die Basis für das Verständnis der innovativen Wertschöpfungsstrategien, *„interaktive Wertschöpfung"* und *„hybride Wertschöpfung"*, welche abschließend skizziert werden.

6.2.1 „Move-to-the-Market"

Seit geraumer Zeit beeinflusst die Informations- und Kommunikationstechnik die Effizienz von Unternehmen und Märkten maßgeblich. IKT hat einen starken Einfluss auf den Zusammenhang zwischen Transaktionskosten und Spezifität bzw. Unsicherheit. Transaktionskosten sinken, wenn Prozessschritte mit Hilfe von IKT standardisiert oder automatisiert werden (Picot et al. 2009). So kann die Koordination der Vertragsgestaltung für bestimmte Leistungen mittlerweile komplett elektronisch abgewickelt werden, was zu deutlichen Zeit- und damit Kosteneinsparungen führt. Auch innerhalb der Unternehmung lassen sich Transaktionskosten beispielsweise durch eine elektronische Abwicklung oder Unterstützung in der Verwaltung reduzieren. Dieser Einfluss lässt Märkte und hybride Koordinationsformen zunehmend auch für Leistungen höherer Spezifität und Unsicherheit zur Organisationsform der Wahl werden. Man spricht von einer zunehmenden „Vermarktlichung" wirtschaftlicher Leistungserstellung.

Wie Abb. 6.6 zeigt, kommen Märkte unter dem Einfluss der IKT zunehmend auch für ein Spektrum von Leistungen mittlerer Spezifität und Unsicherheit in Frage (ehemals S1 und nun S1'). Auch hybride Koordinationsformen weiten ihren „Zuständigkeitsbereich" in Richtung von Leistungen höherer Spezifität und Unsicherheit aus und verdrängen so zunehmend die klassische integrierte Unternehmung („Hierarchie").

6.2 Einfluss der Informations- und Kommunikationstechnik

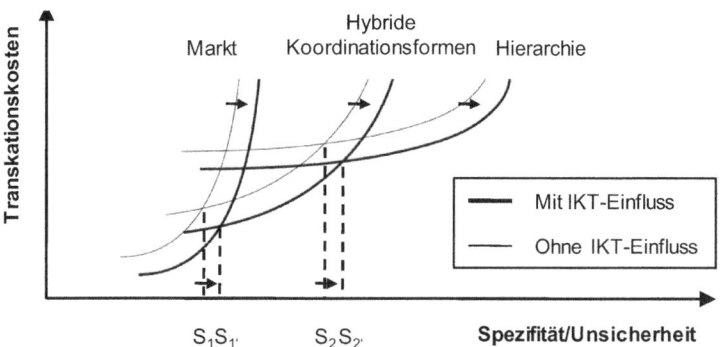

Abb. 6.6: „Move-to-Market" durch sinkende Transaktionskosten
(vgl. Reichwald u. Piller 2009)

Man bezeichnet die Vermutung, dass sich aufgrund der IKT der Zuständigkeitsbereich von Märkten bzw. hybriden Koordinationsformen in Richtung höherer Spezifität und Unsicherheit ausweitet und die Zuständigkeit der klassischen Hierarchie abnimmt, auch als „Move-to-the-Market"-Hypothese. Zu beachten ist, dass hierbei die Annahme zugrunde liegt, dass sich der Grad an Spezifität und Unsicherheit der Leistung beim Einsatz von IKT nicht ändert (Reichwald u. Piller 2009).

Durch den Einsatz modernster IKT, insbesondere interaktiver Web 2.0 Applikationen im Internet, zeichnet sich heute ab, dass zunehmend eine Zerlegung der Wertschöpfung in Kleinstaufgaben und deren offene, marktliche Ausschreibung rentabel wird. Man bezeichnet diese offene, verteilte Aufgabenausschreibung und -abwicklung als „Open Collective Work". Zahlreiche Plattformen unterstützen diese Extremform der IT-basierten Koordination der verteilten Abwicklung von Klein- und Kleinstaufgaben. So bietet beispielsweise Amazon eine Plattform an, auf welcher ein Unternehmen Aufgaben, die traditionell innerhalb des Unternehmens abgewickelt wurden, nun vielen Akteure außerhalb der organisationalen Grenzen zur Erledigung zur Verfügung stellen kann. Die Koordination erfolgt in hohem Maße standardisiert über die Plattform.

**Beispiel 6.1: Neue Möglichkeiten der Arbeitsteilung –
Amazon's Mechanical Turk**

> „Mechanical Turk is a market place for work. We give businesses and developers access to an on-demand, scalable workforce. Workers select from thousands of tasks and work whenever it's convenient."

So beschreibt Amazon ihre im November 2005 online gegangene Plattform „Amazon Mechanical Turk". Die Plattform, die sich des Prinzips des Crowdsourcing bedient, bringt Anbieter und potenzielle Bearbeiter von Kleinstaufgaben zusammen. Unter Crowdsourcing versteht man dabei die offene Ausschreibung von Aufgaben eines Unternehmens an eine breite Masse (engl. „crowd") von Internetnutzern. Anbieter können Beschreibungen der Aufgaben, die sie erledigt haben möchten, auf die Plattform laden und mit einem selbst gewählten Preis dotieren. Tausende Nutzer haben dann die Chance, die Aufgabe auszuwählen, zu erledigen und sich dann das Geld auf ein Konto oder auf ihren Amazon Account überweisen zu lassen. Schätzungsweise werden jeden Tag ca. 300.000 neue Aufgaben auf die Plattform gestellt. Dem gegenüber stehen ca. 300.000 Nutzer aus ungefähr 26 Ländern, die auf der Plattform aktiv sind. Durchschnittlich wird eine gestellte Aufgabe innerhalb eines Tages abgearbeitet. Laut Homepage bestand Amazons Inspiration bei der Erstellung der Plattform in der Tatsache, dass es trotz technologischer Fortschritte noch eine Vielzahl von Aufgaben gibt, die von Menschen deutlich schneller und effizienter ausgeführt werden können als automatisiert von Computern. Amazon nennt diese „Human Intelligence Tasks"; dazu zählen Bilderkennungsaufgaben, das Finden bestimmter Informationen oder auch einfache Übersetzungen. Typischerweise handelt es sich um solche Arbeiten, die zu ihrer Erledigung zwar menschliche Intelligenz erfordern, jedoch nur geringe Zeit und Anstrengung in Anspruch nehmen. Die Vergütung reicht von wenigen Cents bis zu einigen Dollars. Durch die Abwicklung der gesamten Geschäftsbeziehung über das Internet, von der Auftragsvergabe bis zur Lieferung der Leistung, können selbst diese Kleinstaufgaben zu niedrigen Transaktionskosten effizient abgewickelt werden. Bestimmte Aufgaben, die früher typischerweise organisationsintern erledigt wurden, können nun an die Nutzer der Mechanical Turk Plattform höchst effizient ausgelagert werden. (Quelle: http://aws.amazon.com/mturk/)

6.2.2 Digitalisierung

Um den Einfluss der Digitalisierung auf die Wertschöpfung verstehen zu können, werden zunächst vier zentrale Besonderheiten von Informationsgütern knapp erläutert (Reichwald u. Piller 2009):

6.2 Einfluss der Informations- und Kommunikationstechnik

- Informationsgüter haben den Charakter eines öffentlichen Guts.
- Sie weisen in der Erstellung deutliche „Economies of Scale" auf.
- Ihre Bewertung ist häufig nur nach Erfahrung möglich („Erfahrungsgut").
- Ihre Verbreitung ist durch Netzeffekte gekennzeichnet.

Öffentliches Gut: Öffentliche Güter sind solche, von deren Nutzung andere Konsumenten nicht oder nur unzureichend ausgeschlossen werden können und die nicht-rivalisierend sind, d. h., dass mehrere Konsumenten das Gut gleichzeitig nutzen/konsumieren können. Beide Charakteristika treffen insbesondere für solche Informationsgüter zu, die nicht an ein materielles Trägermedium gebunden oder mit einem technischen Kopierschutz versehen sind.

Economies of Scale: Informationsgüter unterscheiden sich bei der Erstellung, Bewertung, Verbreitung und Nutzung ganz wesentlich von physischen Produkten. Diese Unterschiedlichkeit zeigt sich auch in der spezifischen Kostenstruktur der Produktion von Informationsgütern (vgl. Abb. 6.7). Ihre Produktion ist durch einen hohen Fixkostenanteil und geringe variable Kosten gekennzeichnet. Die Ersterstellung von Software, Systemen und digitalen Produkten ist zunächst sehr aufwendig. Es stehen hohe Kosten der ersten Kopie der Information („First-Copy-Costs"). Nachdem die Vervielfältigung und die Verbreitung von Informationsgütern häufig Grenzkosten nahe Null aufweisen, verringern sich die Durchschnittskosten mit steigender Rezipienten-Zahl kontinuierlich. Es ergeben sich neue Skaleneffekte („Economies of Scale"), die durch die Digitalisierung und den weltweit vernetzten Marktzugang noch größer und leichter auszuschöpfen sind.

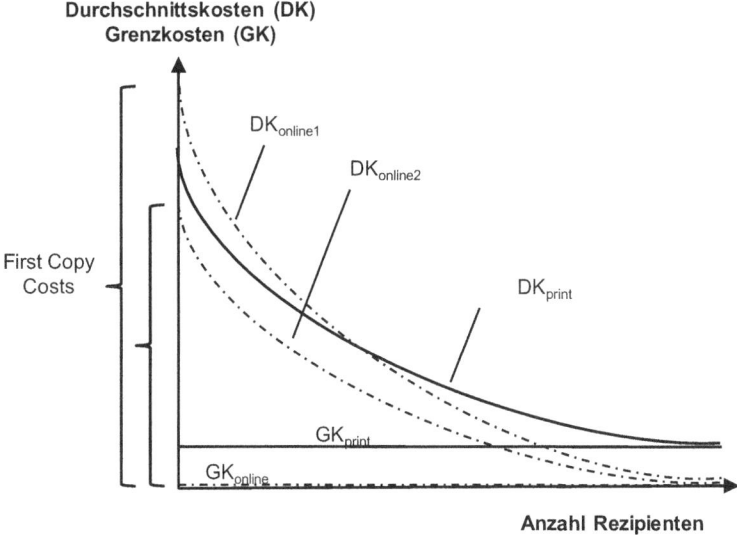

Abb. 6.7: Economies of Scale (in Anlehnung an Reichwald u. Piller 2009, S. 80)

Erfahrungsgut: Informationsgüter sind häufig erst nach „Erfahrung" bewertbar. Dabei tritt jedoch das sog. „Informationsparadoxon" zutage. Diesem Informationsparadoxon zufolge ist eine Verhandlung zwischen Anbietern und potenziellen Kunden ohne Schutzrechte über die Bedingungen des Informationstauschs besonders schwierig, da Information erst dann wirtschaftlich bewertet werden kann, wenn sie bekannt ist. Der Nutzer kann erst nach Kenntnis der Information feststellen, wie viel sie ihm Wert ist. Hat der Nutzer allerdings die Information erhalten, so wird er im Normalfall nicht mehr bereit sein, etwas dafür zu bezahlen.

Netzeffekte: Durch direkte und indirekte Netzeffekte steigt der Wert eines Guts mit zunehmender Verbreitung. Je mehr Kunden das Gut bereits besitzen bzw. nutzen, desto wertvoller wird es für den Einzelnen. Für Nutzer werden z. B. Social Networking Services wie Facebook erst dann interessant, wenn eine gewisse Anzahl von Mitgliedern ihres Netzwerks bereits dort vertreten ist. Dieser Effekt wird traditionell auch als „Fax-Effekt" bezeichnet und gilt für viele Netzwerk- und Kommunikationsinnovationen, die sich ab dem Erreichen einer sog. „kritischen Masse" häufig fast als Selbstläufer verbreiten.

Durch die Veränderungen des E-Business sind in besonderer Weise Wirtschaftszweige betroffen, deren Wertschöpfung in der Produktion, Aufbereitung und Distribution von digitalisierbaren Informations- bzw. Medienprodukten („Informationsgütern") besteht. Beispielsweise wird in der Medienbranche die gesamte Wertschöpfungskette durch den Einsatz digitaler Technologien verändert. Es kann nun über das Internet vereinbart, produziert und abgewickelt werden, was zuvor mittels spezifischer Trägermedien vertrieben wurde. Die digitalisierte Wertschöpfung hält aber zunehmend auch in traditionelle Branchen Einzug, in denen Information als Ressource an Bedeutung gewinnt. Es ändert sich in der Konsequenz auch die Rolle der Kunden, weil durch den Einsatz der Internet-Technologien auch in Massenmärkten eine Kommunikation effizient möglich wird, welche nicht nur kundenseitige Anforderungen an die offerierten Güter, sondern auch eine Kundenunterstützung vor, während und nach dem Kauf beinhaltet. Der eigentliche Leistungsprozess – die Interaktion der Transaktionspartner – wird durch den Abnehmer ausgelöst. Abb. 6.8 zeigt die Bedeutung von technologischen Innovationen im Informations- und Kommunikationsmarkt und marktliche Triebkräfte, die für die rasante Entwicklung von anonymen Massenmedien zu individuellen Informationsgütern verantwortlich gemacht werden können.

6.2 Einfluss der Informations- und Kommunikationstechnik

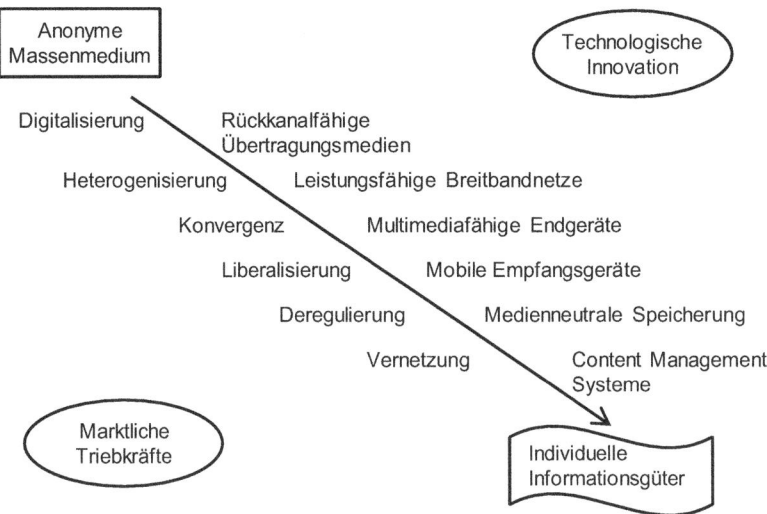

Abb. 6.8: Von anonymen Massenmedien zu individuellen Informationsgütern

Die Integration digitaler Informationsgüter aus dem Multimediamarkt in klassische Konsumgüterangebote ersetzt traditionelle Leistungen. Es entsteht dabei eine neue Generation von Leistungsangeboten, die auf zuvor separierten, nun konvergierenden Märkten angeboten werden.

6.2.3 Innovative Wertschöpfungsstrategien

Die dargestellte zunehmende Digitalisierung durchdringt und verändert nicht nur einzelne Wertschöpfungsschritte, sondern ermöglicht und treibt längst grundlegend neue Wertschöpfungsstrategien. Im Folgenden sollen zwei elementare Innovationsstrategien der Wertschöpfung knapp skizziert werden, die Strategie der hybriden sowie die der interaktiven Wertschöpfung. Eine detaillierte Beschreibung der beiden Strategien findet sich in Möslein u. Kölling (2007).

Unter *Hybrider Wertschöpfung* versteht man die systematische Bündelung von Produkt und Dienstleistungen. Leistungen, die traditionell getrennt angeboten werden, werden nun zu Leistungsbündeln zusammengefasst. Ziel ist es stets, den Kundennutzen zu erhöhen. Durch Leistungsbündelung ist es möglich, einen erheblichen Mehrwert für den Kunden zu schaffen und damit neue Märkte zu erschließen. Die Bündelung von Leistungen ist bereits lange bekannt, allerdings handelte es sich zumeist um Vermarktungsstrategien für Sachgüter, d. h. Produkte und Dienstleistungen werden zwar zusammen verkauft, sind aber nicht wirklich integriert. So wird seit Langem beobachtet, dass sich Produkte besser absetzen lassen, wenn Serviceleistungen sofort mit verkauft werden. Dieses Verständnis der Bündelung von Produkten und Dienstleistungen stammt primär aus den USA. „Bundling is selling separable products or services to buyers as a package, or 'bundle'" (Porter 1985, S. 425). Hybride Wertschöpfung umfasst allerdings mehr als das.

Produkte und Dienstleistungen werden nicht nur gemeinsam verkauft, sondern eng miteinander verwoben, sodass die Grenzen zwischen Dienstleistung und Produkt zunehmend verschwimmen. Ein integriertes Leistungsangebot entsteht. Die Bündelung der Hybridleistung kann dabei innerhalb von Organisationseinheiten und Organisationen, häufig aber gerade auch organisationsübergreifend stattfinden. Das folgende Beispiel der Innovation „Fusion" von Adidas und Polar stellt eine solche organisationsübergreifende Entwicklung dar (siehe Beispiel 6.2).

Beispiel 6.2: Adidas und Polar

Mit der Innovation Fusion haben die beiden Unternehmen Adidas und Polar im Jahr 2006 ein Angebot auf den Markt gebracht, das die Laufsportprodukte von beiden zu einem integrierten Trainingssystem kombiniert. Kooperationspartner der hybriden Leistungsbündelung sind die deutsche Polar Electro GmbH, eine Tochter des finnischen Konzerns Polar Electro Oy, und die Adidas AG mit Sitz in Herzogenaurach. Das Trainingssystem Fusion integriert Angebote beider Unternehmen zu einem ganzheitlichen Lösungsbündel. Der herkömmliche Polar-Sensor zur Herzfrequenzmessung ist hierbei direkt in die Bekleidungskollektion von Adidas integriert (z. B. lange und kurze T-Shirts), wodurch das Anbringen eines Brustgurts entfällt. Die Kleidungsstücke sind mit speziellen Fasern ausgestattet, die eine Anbringung des Senders ermöglichen. Die Fusion-Laufschuhe können mit Hilfe eines Polar-Sensors die Geschwindigkeit und die zurückgelegte Distanz messen. Diese Daten kann die Polar-Uhr empfangen und Ergebnisse zu Herzfrequenz, Kalorienverbrauch, absolvierter Strecke und Geschwindigkeit anzeigen. Soweit handelt es sich um eine reine Leistungsbündelung. Die Dienstleistungskomponente des Angebots umfasst Dienste, die dem Sportler auf einem Internet-Portal angeboten werden. Trainingsdaten von Läufern können auf einen Computer übertragen und auf dem Portal www.polarpersonaltrainer.com hochgeladen werden. Es bietet die Möglichkeit, persönliche Trainingspläne zu entwerfen, Termine von Wettkämpfen in einen Kalender einzutragen und zu überwachen. Dies eröffnet den ersten Schritt zu einer Interaktion mit den Nutzern der Leistungsangebote und bietet damit einen Interaktionskanal zur Einbindung von Nutzerwissen und Bedürfnisinformation für zukünftige Innovationsschritte des Unternehmens. (Quelle: Möslein u. Kölling 2007)

Als Innovationsstrategie schafft die hybride Wertschöpfung einen eindeutigen Mehrwert für den Kunden. Für die beteiligten Anbieterorganisationen birgt sie darüber hinaus das Potenzial, die Innovationsfähigkeit nachhaltig positiv zu beeinflussen. Treffen klassische Produkt- und Dienstleistungsanbieter im Prozess der Bündelung aufeinander, so sind ihre herkömmlichen Prozesse der Leistungsentwicklung, -umsetzung und -vermarktung unmittelbar zu hinterfragen. Klassische branchenspezifische Routinen, aber auch Grundverständnisse und Wertvorstellungen werden radikal auf den Prüfstand gestellt. In der lösungsbezogenen Neukombination von Leistungsangeboten liegt daher auch ein unmittelbares Potenzial für ein Aufbrachen überholter organisatorischer Denkmuster und die Herausforderung einer dynamischen Kombination, Bündelung und Fortentwicklung bislang getrennter organisatorischer und individueller Kompetenzen.

Unter *Interaktiver Wertschöpfung* versteht man einen Prozess der kooperativen (freiwilligen) Zusammenarbeit zwischen Hersteller und Kunde (Nutzer) (Reichwald u. Piller 2009), zwischen den Extremen einer gänzlich hersteller- bzw. kundendominierten Wertschöpfung.

Ein zentrales Merkmal der interaktiven Wertschöpfung ist es, dass sich Akteure freiwillig unter Verzicht auf bestimmte Eigentums- und Verfügungsrechte an dem Prozess der Leistungserstellung beteiligen. Die Ergebnisse dieser gemeinsamen Entwicklungsarbeit sind idealtypisch ohne traditionelle Restriktionen für andere Nutzer verfügbar, was eine produktive Zusammenarbeit motiviert. Diese Zusammenarbeit zeigt einen spezifischen Transaktionskostenverlauf, welcher dadurch hervorgerufen wird, dass sich die Akteure nicht an Preissignalen ausrichten und auch nicht in Hierarchien organisiert sind. Die Wertschöpfung spielt sich primär in der Informationssphäre ab und kommt im Wesentlichen ohne klassische Eigentumsrechte, Verträge oder hierarchische Organisationsstrukturen aus (Reichwald u. Piller 2009), wodurch externe Transaktionskosten weniger stark anwachsen. Für Wertschöpfungsprozesse im Rahmen der interaktiven Wertschöpfung ergibt sich also ein veränderter Verlauf der Transaktionskostenkurve, welchen Abb. 6.9 verdeutlicht.

Das in Abschnitt 5.2 vorgestellte Konzept der Open Innovation stellt demnach eine Anwendung des Prinzips der interaktiven Wertschöpfung auf Innovationsprozesse dar. Kunden arbeiten mit dem Unternehmen zusammen, beispielsweise bei der Suche nach Ideen und der Konzept- oder Produktentwicklung. Die Einbindung findet als kooperativer Prozess des sozialen Austauschs statt.

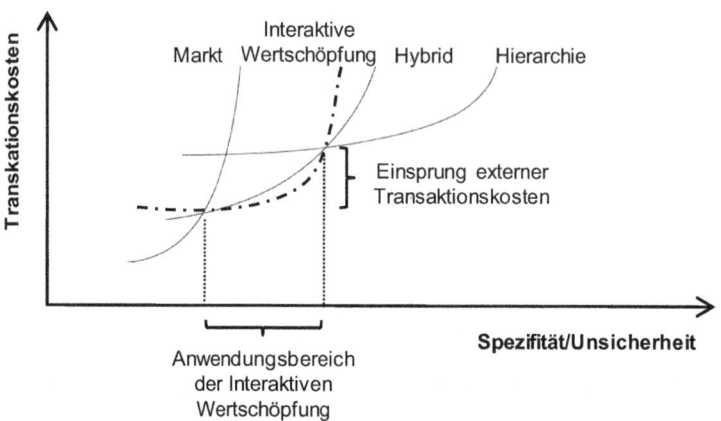

Abb. 6.9: Transaktionskostenverlauf bei der interaktiven Wertschöpfung (in Anlehnung an Reichwald u. Piller 2009)

Klassische marktliche wie hierarchische Koordinationsmechanismen treten dabei zugunsten einer kooperativen Wertschöpfung in den Hintergrund. Damit wird auch das von Michael Porter (1985) geprägte Bild der „Wertschöpfungskette" in Frage gestellt: „Erfolg im Wettbewerb leitet sich nicht daraus ab, bestimmte fest-gelegte Aktivitäten entlang einer sequenziellen Abfolge zu positionieren, sondern ist vielmehr Resultat der Fähigkeit eines Unternehmens, mit allen an der Wertschöpfung beteiligten Akteuren ein geschlossenes und abgestimmtes Wertsystem zu schaffen [...]. Wertschöpfung ist in dieser Vorstellung immer ‚co-creation' zwischen verschiedenen Akteuren" (Reichwald u. Piller 2009, S. 5). Eine tiefere Auseinandersetzung mit dem Konzept der interaktiven Wertschöpfung findet sich in Reichwald u. Piller (2009).

Beide Wertschöpfungsstrategien, die interaktive und die hybride Wertschöpfung, treten in der Unternehmenspraxis häufig in Kombination auf. Hybride Lösungen werden gestaltet, um spezielle Kundenprobleme zu lösen. Dieser kundenbezogene Zuschnitt erfordert allerdings die interaktive Mitwirkung des Kunden am Leistungserstellungsprozess.

Die zentrale Herausforderung sowohl interaktiver als auch hybrider Wertschöpfung ist es, die Interaktionskompetenz auf Anbieter- und Abnehmerseite herzustellen. Kunden müssen motiviert sein und die entsprechenden Fähigkeiten besitzen, um ihre Aufgabe im Wertschöpfungsprozess zu erfüllen. Unternehmen müssen die entsprechenden Strukturen als Voraussetzung für eine erfolgreiche Integration der Kunden in die Leistungserstellungsprozesse schaffen. Die IKT aber erweist sich aufgrund ihrer wachsenden Potenziale der Interaktionsunterstützung als Treiber der skizzierten Innovationsstrategien der Wertschöpfung.

Lernkontrollfragen

- Welche Rolle spielen Transaktionskosten für die Organisation?
- Wann entstehen bei der Abwicklung von Tausch- und Abstimmungsvorgängen Koordinations- bzw. Motivationsprobleme?
- Erklären sie den Verlauf der Transaktionskostenkurve von Märkten und Unternehmen in Abhängigkeit der Spezifität/Unsicherheit der Aufgabe! Bedienen Sie sich hierbei der Transaktionskostentheorie!
- Was versteht man unter der „Move-to-the-Market"-Hypothese?
- Nennen Sie Beispiele für hybride Organisationsformen!
- Skizzieren Sie einen typischen Durchschnitts- und Grenzkosten-Kostenverlauf für Informationsgüter! Erklären Sie den Verlauf!
- Welche Innovationsstrategien der Wertschöpfung haben Sie kennengelernt und wie lassen sich diese charakterisieren?

Literatur

Klein B, Crawford RG, Alchian AA (1978) Vertical integration, appropriable rents, and the competitive contracting process. Journal of Law & Economics 21(2):297-326.

Milgrom P, Roberts J (1992) Economics, organization and management. Prentice Hall, Englewood Cliffs.

Möslein KM, Kölling M (2007) Interaktive hybride Wertschöpfung als Innovationsstrategie. In: Streich D, Wahl D (Hrsg) Innovationsfähigkeit in einer modernen Arbeitswelt: Personalentwicklung, Organisationsentwicklung, Kompetenzentwicklung. Campus, Frankfurt:195-202.

Picot A, Reichwald R, Wigand R (2009) Die grenzenlose Unternehmung, Nachdruck der 5 Aufl. 2003. Gabler, Wiesbaden.

Porter ME (1985) Competitive advantage. Free Press, New York.

Reichwald R (2004) Organisationsgrenzen. In: Schreyögg GA, Werder A (Hrsg) Handwörterbuch der Unternehmensführung und Organisation, 4 Aufl. Stuttgart, Schäffer-Poeschel:998-1008.

Reichwald R, Piller, F (2009) Interaktive Wertschöpfung: Open Innovation, Individualisierung und neue Formen der Arbeitsteilung, 2 Aufl. Gabler, Wiesbaden.

Williamson OE (1991) Comparative economic organization: The analysis of discrete structural alternatives. Administrative Science Quarterly 36(2):269-296.

Wolff B (1995) Organisation durch Verträge: Koordination und Motivation in Unternehmen. Gabler, Wiesbaden.

Sachverzeichnis

Numerics
3D-Drucker 123, 124
3D-Scanner 123

A
Ablagesystem, gemeinsames 79
Ablauforganisation 9, 138
Abstimmungs
 -aktivität 143
 -vorgang 142
Adidas 152
Adjunktion 70
Akkommodation 132
Aktivität
 -primäre 140
 -sekundäre 140
Aktivitäten 60
Algorithmische Methoden 13
Allianz 145
Amazon 147, 148
ambidexterity 126
Amortisationsrechnung 18
Analogiemethode 14
Analysephase 63
Anbahnung 142
Annuitätenmethode 20
Anreizmechanismus 145
Anwendungssystem 72
App 122
Apple 122
 -iPod 118, 126
 -iTunes 126
Apple Developer Connection 122
Arbeitsteilung 130, 131, 148
Assimilation 132
Aufbauorganisation 6, 138, 139
Aufbereitung 150
Aufgabe 130, 137
Aufgaben
 -spezialisierung
  -funktionale 138, 139
  -objektorientierte 138, 139
 -teilung 137
 -träger 131
Aufwandsschätzung 13
Ausführungsphase 65
Auskunftssystem 100
Auswahl 119

B
Back Office 92
Balanced Scorecard 66
Balkendiagramm-Methode 11
Basistechnologie 35
Bedürfnis 137
 -information 129, 152
 -lokale 130
 -struktur 130
Begriffshierarchie 128
Benchmarking 66
Beratungssystem 101
Best-Practices 64
Betriebsblindheit 132
Blog 39
Bluetooth 41
Bottom-Up Ansatz 62
Brainstorming 89
Brückenschlag, kreativer 134
Business-Process-Management-System
 (BPMS) 65, 73, 74, 75

C
Change-Management 64, 91
Chesbrough 116
Client-Server-Konzept 80
Closed Innovation 115, 116, 126
Cloud Computing 43
CNC 123
 -Fräse 124
Coase, Ronald H. 142
Co-Authoring-System 79
co-creation 154
Community-Mitglieder 124
Computer Supported Collaborative Work 79

Computerized Reservation Systems (CRS) 104
Conferencing-System 79
Controlling 115
 -phase 65
Corporate Blogging 43
Crowdsourcing 148
Customer Relationship Management 61

D
Daten 128
 -bank 72
Delphi-Methode 17, 51
Demokratisierung von Innovation 116
Denkmuster 119
Designentwurf 123
Design
 -lösung 117
 -wettbewerb 121
Deutsches Patentamt 112
Dienstleistung 151, 152
 -tangible 95
Dienstleistungsunternehmen 85
Dienstweg 139
Differenzierung 139
Diffusion 127
Digitalisierung 146, 148
Disjunktion 70
Distribution 150
Dokument 72
Dokumentenerfassung 80
Dokumenten-Management-System (DMS) 80, 105
Durchführung 142
Durchlaufzeit 63
Durchlaufzeitenanalyse 63
Durchschnittskosten 149

E
E-Commerce 99
Economies of Scale 149
EDGE 42
Edison, Thomas 112
Effizienz 141
Eigengestaltung 123
Eigentum 141
Eigentumsrecht 153
Einfluss-Projektorganisation 6
Einheit, organisatorische 72

Einliniensystem 139
Einzel
 -innovator 121, 125
 -schätzung 17
E-Learning 91
E-Mail 39
Endprodukt 141
Enterprise
 -Application Integration (EAI) 74
 -Resource Planning (ERP) 74
Entscheidungs
 -prozess 131
 -träger 131
Entwickler 117
Entwicklungs
 -kosten 120
 -zeit 120
Ereignis 69
Ereignisgesteuerte Prozesskette (EPK) 69
 -erweiterte (eEPK) 71
eRezept 107
Erfahrungs
 -austausch 132
 -gut 149, 150
Erfinder 125
Erfindung 111, 112
Erfolgswirksamkeit 114
Erneuerung 111
E-Service 99
Evaluierung 114, 115, 119
Evolutionsmodell 35
Expertenbefragung 17

F
F&E-Abteilung 115, 119
Facebook 150
Fadell, Tony 118, 126
Failure Mode and Effects Analysis (FMEA) 24
Faktor, externer 87, 98
Fax-Effekt 150
First-Copy-Costs 149
Fixkosten 145, 149
Front Office 92
FTP 39
Führungsebene 139
Funktion 70, 138
Fusion 152

Sachverzeichnis

G
GAP-Analyse 98
Gartner 38
Gedächtnis, globales 125
Geistesblitz 111
Gemeinschaft 122
Gershenfeld, Neil 124
Geschäfts
   -beziehung 143
   -prozess 59, 68
   -prozess-Portal 75
Gesundheitskarte, elektronische 107
Gesundheitswesen 106
Gewichtungsmethode 13
Gewinnrealisierung 134
Glühbirne 112
GPRS 41
GPS 96
Green IT 43
Grenzen, unternehmensinterne 119
Grenzkosten 149
GSM 41
Guest Name Record 104
Gut
   -flüchtiges 127
   -immaterielles 127
   -öffentliches 149
Gütertransportdienstleistung 101

H
Handel 137
Handlungsrechte 141
Hierarchie 138, 141
HILTI 51
HSDPA 42
http//aws.amazon.com/mturk/ 148
Human Intelligence Task 148
Hybridleistung 152
Hype Cycle 38

I
Idee 111
Ideen
   -auswahl 114, 115
   -börse, virtuelle 119
   -findung 89
   -geber 115
   -generierung 114, 121
   -pool 114
   -splitter 111
   -suche 114
   -suche und -entwicklung 114
   -wettbewerb 121
Imaging 78, 80
Immaterialität 86
Implementierung 114, 115
Implementierungsphase 64
Indizierung 80
Ineffizienz 121
Information 127, 128, 134
Information Retrieval 100
Informations
   -artefakte 130
   -bedarf 131
   -beschaffungsaktivität 131
   -defizit 142
   -fluss 72, 139
   -güter 148, 149
    -industrie 146
   -nachfrage 131
   -objekt 72
   -paradoxon 150
   -pathologie
   -aktorbezogene 132
   -interaktionsbezogene 132
   -wissensbezogene 132, 133
   -produkt 150
   -sphäre 134, 153
   -tausch 150
   -technik 146
   -transfer 130
   -und Kommunikationstechnologie (IKT) 129
   -verhalten 131
   -verhalten, sichtbares 131
   -vorsprung 134
Innenorientierung 119, 141
Innocentive 122
Innovation 111, 134
   -diskontinuierliche 126
   -kontinuierliche 126
   -lokale 126
   -Toolkit 120, 123
Innovations
   -anbieter 121
   -begriff 113
   -Community 120, 122
   -management 111, 126

-marktplatz 120, 121
-prozess 114, 119
-schritt 126
-strategie 151, 153, 154
-sucher 121
-system, offenes 116
-team 125
-technologie 120, 123
-wettbewerb 117, 120, 121
Innovator, externer 116
Innovatorenteam 121
Instanz 139
Intangibilität 86
Interaktion 125, 129, 132
Interaktions
 -kompetenz 154
 -linie 90
 -unterstützung 154
Intermediär 121
 -plattform 121
Interne Zinsfuß-Methode 20
Internet-Technologie 38, 150
Invention 111
Investitions
 -entscheidung 115
 -rechnung
  -dynamische 19
  -statische 18
IPMA Competence Baseline (ICB) 29
IPTV 39
IrDA 42
Ist-Modellierungsphase 62
Ist-Zustand 62

J
Joint
 -Editing 79
 -Venture 145
Jury 121

K
Kapazitätsplanung 92
Kapitalwertmethode 19
Kaufvertrag 144
Kennzahl 65
Kennzahlenmethoden 16
Kernkompetenz 69
 -ressourcenorientierter Ansatz 141
Kernprozess 68

Kleinstaufgabe 147
Knappheit 137
Kommerzialisierung 112, 125
Kommunikation 131
Kommunikations
 -analyse 63
 -innovation 150
 -technik 146
Kompetenz 153
 -defizit 121
Konjunktion 70
Konnektor 70
Konsumforschung 116
Kontext 128
Kontrolle 142
Kontroll
 -fluss 70
 -mechanismus 145
Konzept
 -entwickler 115
 -generierung 121
 -wettbewerb 121
Koordinations
 -aufwand 130
 -form 138, 142, 144
  -hybride 145
 -mechanismus 119, 154
 -problem 142
Kopierschutz 149
Kopplung, lose 126
Kostenstruktur 149
Kostenvergleichsrechnung 18
Krankenhausinformationssystem 108
Kunden
 -bedürfnis 115, 129, 130
 -domäne 129, 130
 -feedback 116
 -nutzen 61
 -profil 101
 -spezifikation 143

L
Laborinformationssystem 108
Laserschneidegerät 123, 124
Lead-User-Methode 48, 89
Leistungs
 -bereitschaft 91
 -bündelung 151
 -erbringung 139

-erstellung 141, 153
-potenzial 92
-prozess 150
-vereinbarung 92
Lieferüberwachung 102
Line of Visibility 63
Linux 117
Lösung, marktreife 111
Lösungs
 -information, lokale 130
 -schema 123

M

Macht 133
Magisches Dreieck 3
Management 1
 -prozess 68
Market Pull-Strategie 115
Marketingkonzept 91
Markt 134, 138, 141
 -nachfrage 115
 -transaktion 145
 -zugang 149
Mashup 82
Masse, kritische 150
Massenmarkt 150
Materialobjekt 72
Matrix-Projektorganisation 6
Mechanical Turk 148
Medien
 -produkt 150
 -unterstützung 127
Mehrfachbefragung 17
Mehrliniensystem 139
Meilenstein 65
Methode
 -der Auflistung 10
 -der parametrischen Gleichungen 13
Metro Future Store 41
Microblogging 40
Middleware 76
Mindmapping 89
MIT Media Lab 124
Mitwirkung, großzahlige 125
Mobile
 -Advertisement 96
 -Auctions 96
 -CRM 93
 -Kommunikationstechnologien 40

-Portale 96
-Ticketing 96
Mobiles Endgerät 96
Modell
 -der Information 127
 -der Kommunikation 127
Modellierung 62
Monopolstellung 134
Motivation, intrinsische 117
Motivationsproblem 142
Move-to-the-Market-Hypothese 146
Multiplikatormethode 16
Multiprojektmanagement 27

N

Nachahmer-Produkt 113
Navigationssystem 97
Netzeffekt 149, 150
Netzplantechnik 12
Netzwerk 124
 -innovation 150
 -soziales 40
Neuartigkeit 113, 114
Neuerung 111
NFC 42
Not-invented-here-Syndrom 133
Nutzwertanalyse 21

O

Objekt 138
Open Collective Work 147
Open
 -Design 123
 -Development 123
 -Innovation 115, 126, 153
 -Manufacturing 123
 -Source
  -Entwickler 122
  -Softwareentwicklung 123
 -Projekt 117
Optical Character Recognition (OCR) 80, 104
Organigramm 139
Organisation 137
Organisations
 -form 138
  -alternative 139, 145
 -grenze 126, 137

-innovation 121
-struktur 134, 153
OSRAM 121
Outsourcing 64

P

Passenger Name Record 104
Patentierung 112
Patientendatenmanagementsystem 108
Performance Measurement 65
 -System 65
Personal Manufacturing 123
Podcast 39
Polar 152
Ponoko 124
Portal 75
Porter, Michael 139, 154
Portfolioanalyse 88
Portlet 75
Präsentationssystem 100
Praxis
 -informationssystem 108
 -netz 108
PRINCE2 (Projects in Controlled Environments) 29
Process
 -Engine 74
 -Monitoring 66
Product-Lifecycle-Management 60
Produkt 151, 152
 -führerschaft 60
 -innovation 121, 124
 -modifikation 113, 114
Produktion 150
Produktions
 -faktor 87, 127, 140
 -kosten 142
 -prozess 140
Produktivitätssteigerung 137
Programmmanagement 28
Project Management Body of Knowledge (PMBOK) Guide 29
Project Management Office (PMO) 28
Projekt 1
 -organisation, reine 6
 -portfoliomanagement 28
Prototyp 118
Prototyping 54, 90
 -technischer 55

-Basis 55
-Rapid 56
-Virtual 56
Prozentsatzmethode 16
Prozess 3, 59, 130
 -ablauf 114
 -Benchmarking 66
 -feld 67
 -gruppe 67
 -innovation 121
 -kostenanalyse 63
 -management 60
 -management-Lebenszyklus 61
 -modell 74
 -modellierung 66
 -wegweiser 70

Q

Qualitäts
 -audit 98
 -management 98

R

Relationenmethode 15
Rentabilitätsvergleichsrechnung 18
Resistance to Change 65
Ressourcen
 -ausstattung 137
 -nutzung 140
 -objekt 72
Retrieval 81
Rezipient 149
Radio Frequency Identification (RFID) 41, 102
Risiko
 -analyse-Workshop 23
 -bewertung 24
 -Checkliste 23
 -identifikation 23
 -Matrix 23
Routing 97
Royal Dutch / Shell 47
RSS 39

S

Schlüsseltechnologie 35
Schneidegerät 123
Schnittstellenproblematik 130
Schrittmachertechnologie 35

Schutzrecht 150
Screen-Sharing-System 79
SDA 43
Selbstorganisation 119
Selektions
 -phase 114
 -strategie 115
Self-Service-System 94
Service
 -Blueprinting 90
 -Engineering 89
 -Provider 81
 -Registry 81
 -Requestor 81
 -evaluation 97
 -innovation 89
 -leistung 152
 -management 85, 86, 88
 -orientierte Architektur (SOA) 81
 -strategie 88
Sicherheitsplattform 95
Sichtbarkeitslinie 90
Signal 131
Signatur, digitale 107
Simulation 90
Skaleneffekt 130, 149
S-Kurven-Konzept 34
SMART-Regel 9
Social Networking Service 150
Software
 -agent 97
 -Prototyp 55
 -unterstützung 144
Soll-Modellierungsphase 63
Sollprozess 64
Sortimentserweiterung 113
Spezialisierung 137
Spezifität 143, 144, 145
Spiralmodell 26
Sprachauskunftssystem 101
Sprach-Self-Service 95
Spreadshirt 123
Sprunginnovation 126
Stakeholder 64
Standard 128
 -software 144
Stärken-Schwächen-Analyse 88
stickiness 129
sticky information 129

Strategie 60
Stufen-Evolutionsmodell 35
Suche 119
Suchmaschine 100
Supply Chain Management 61
Supportprozess 69
Surface Computer 43
Syntax 128
Systeminnovation 118
Szenario 44
 -Technik 44

T
Tausch 141
 -vorgang 142
Technologie 33
 -filterung 43
 -potenzial 115
 -verdrängte 35
Technology Push-Strategie 115
Teilprozesskosten 63
Telekonsultation 109
Telemetrie 109
Terminplanung 10
Toolkit 123
Top-Down Ansatz 62
Tourismus 103
Tracing 102
Tracking 102
Trägermedium 149, 150
Transaktion 60
Transaktions
 -kosten 130, 144
  -theorie 141, 142
  -verlauf 153
 -partner 150
 -prozess 60
Trial- & Error 130
Trust-Center 95
Tunnelblick 119

U
Umsetzung 119
UMTS 42
Uno-Actu-Prinzip 87
Unsicherheit 143, 144, 145
Unternehmens
 -domäne 130
 -führung 139

-grenze 138, 145
-kooperation 145
-kultur 117
-umfeld 117
-ziel 60
Unternehmertum 134
Unterstützungspotenzial, externes 126
User 122

V

Vereinbarung 142
Verfügungs
  -recht 153
  -rechte 141
Vergleichsmethoden 14
Verknüpfungsoperator 70
Vermarktungsstrategie 151
Vernetzung 128
Versorgung, integrierte 106
Verteiltheit, großräumige 125
Verteilung, globale 126
Vertrag 153
Vertrags
  -gestaltung 143, 146
  -verhandlung 144
Virtual-Reality-System 100
VoIP 39
von Hippel 116, 129
Vorgehensmodelle 24
Vorkombination 91

W

Wahrnehmungsschema 132
WAP 42
Warenwirtschaftssystem (WWS) 99, 100
Wasserfallmodell 25
Web 2.0 79, 120, 121, 125, 147
Webservice 75, 81, 97
Weltneuheit 113
Werkzeugklassen 115, 120
Wertschöpfung 134, 137, 150
  -herstellerdominierte 153
  -hybride 146, 151
  -interaktive 116, 146, 151, 153
  -kundendominierte 153
Wertschöpfungs
  -kette 138, 139, 140, 141, 150, 154

-management 137
-netzwerk 103, 138
-partnerschaft 145
-prozess 131
-strategie 151, 154
Wertverlust 143
Wettbewerbsvorteil 69
Wiki 39
Wireless LAN 41
Wirtschaftlichkeits- und Rentabilitätsplanung 17
Wissen 128, 132
  -artikulierbares 129
  -deklaratives 133
  -explizites 129
  -implizites 129
  -nicht artikulierbares 129
  -prozedurales 133
Wissens
  -management 129
  -prozess 129
Workflow 76
  -Management 76
  -Management-System (WMS) 65, 76, 77, 95, 105
  -Modell 78
Workgroup-Support-System 79
World Wide Web 38
www.developer.apple.com 134
www.hulu.com 111
www.movisi.com 134
www.patientslikeme.com 111
www.polarpersonaltrainer.com 152
www.ronen-kadushin.com 134
www.spotify.com 111
www.theoscarproject.org 122

Y

Yield-Management-System 92

Z

Zahlungsverkehrssystem 104
Zeichen 128
Zukunftstechnologien 42
Zusammenarbeit 153
Zuständigkeitsbereich 146
Zwischenprodukt 141

The manufacturer's authorised representative in the EU is Springer Nature Customer Service Centre GmbH, Europaplatz 3, 69115 Heidelberg, Germany. If you have any concerns regarding our products, please contact ProductSafety@springernature.com

Printed and bound by CPI Group (UK) Ltd, Croydon, CR0 4YY

27/03/2026

02080143-0005